会计学原理

主　编　潘　莹　刘旺霞
副主编　李婷婷　桂高山　李建立

ZHEJIANG UNIVERSITY PRESS
浙江大学出版社

图书在版编目(CIP)数据

会计学原理／潘莹，刘旺霞主编. —杭州：浙江大学出版社，2016.4

ISBN 978-7-308-15808-4

Ⅰ. ①会… Ⅱ. ①潘…②刘… Ⅲ. ①会计学 Ⅳ. ①F230

中国版本图书馆 CIP 数据核字（2016）第 089982 号

会计学原理

主　编　潘　莹　刘旺霞

副主编　李婷婷　桂高山　李建立

责任编辑　张颖琪
责任校对　朱　玲
封面设计　晨　宇
出版发行　浙江大学出版社
（杭州市天目山路 148 号　邮政编码 310007）
（网址：http://www.zjupress.com）
排　　版　杭州中大图文设计有限公司
印　　刷　杭州丰源印刷有限公司
开　　本　787mm×1092mm　1/16
印　　张　18
字　　数　427 千
版 印 次　2016 年 4 月第 1 版　2016 年 4 月第 1 次印刷
书　　号　ISBN 978-7-308-15808-4
定　　价　36.00 元

浙江大学出版社发行中心联系方式：0571－88925591；http://zjdxcbs.tmall.com

前　言

经济越发展，会计越重要。会计是国际通用的商业语言，会计学提供了一整套将经济信息转化为会计信息的理论和方法。在互联网和大数据时代，会计行业将借助“互联网＋”思维，创新生产方式、组织结构和服务模式，在创新、变革和融合中不断发展壮大，日益凸显其在经济生活中的重要地位和作用。“会计学原理”是会计专业各层次学生学习与掌握会计基本理论、基本知识与基本技能的一门核心主干课程，也是经济、管理类专业学生及其他专业人士了解会计初步知识的平台之一，为初学者展现了会计信息形成的基本流程和方法。

本书吸收了国内外教材的优点和教研成果，使用通俗、简洁的专业语言，以理论必需和够用为度，注重引进新知识、新技能、新财经制度、会计法规等。章节内容的设计合理：课前提出学习目标和教学重点、难点；课中系统地描述专业知识，标注重点专业词汇和教学难点，答疑解惑；课后进行小结和应知应会能力训练，循序渐进地加深读者对会计专业知识的理解，让读者形成运用会计理论解决问题的能力。本书编写团队制作了配套课件，供教师教学使用。教材内容在满足应用型本科、专科教学需求的同时，兼顾了会计从业资格考试的要求。本书定位于普通本科院校、独立学院、高职高专等院校会计学专业及其他经济、管理类专业基础会计课程的教材。

本书由潘莹、刘旺霞老师担任主编，李婷婷、桂高山、李建立老师任副主编。编写分工如下：湖北大学知行学院的潘莹老师编写第一章，湖北第二师范学院的刘旺霞老师编写第六、十章，湖北文理学院理工学院的李婷婷老师编写第二、三、四、五章，湖北广播电视大学的桂高山老师编写第七、八、九章，最后由潘莹老师负责统稿和定稿工作，李建立老师负责习题的编撰修改。在此，感谢湖北大信博文图书发行有限公司刘娟编辑的热情鼓励和大力支持！同时也要向本书参考的教材及著述的原作者表示感谢！

由于作者水平有限，加之时间仓促，书中难免有疏漏和不当之处，敬请读者不吝赐教、批评指正，以便再版时加以修订和完善。

编　者

2016 年 1 月 21 日

目　录

第一章

总　论

本章学习目标和教学重点、难点

学习目标：

通过本章的学习，应使学生了解会计的产生与发展、会计的概念与特点，掌握会计的基本假设、核算基础、信息质量要求，熟知会计核算方法，理解现代会计学科的基本构架。

教学重点：

会计的含义、内容与目标，会计核算基础的理解和应用，会计信息与会计信息质量特征的内容，会计学科基本架构的理解。

教学难点：

会计的含义、会计假设、会计信息质量要求。

第一节　会计概述

为什么会计专业在校园内如此受欢迎？会计专业的毕业生可以做哪些工作？为什么会计对企业如此重要？为什么政治家和商业领袖们如此关心会计规范？在我们生活的信息时代，会计信息及其可靠性影响到我们每个人。

一、会计的含义和职业机会

（一）会计的含义及特点

1. 会计的含义

在我国基本理论研究中，学者们对“会计本质”进行了深入探讨，形成了以余绪缨、葛家澍为代表的会计程序观，认为会计是一个信息系统；以阎达五、杨纪琬为代表的会计地位观，认为会计是一种管理行为（管理工具、管理活动）；以杨时展、郭道扬为代表的会计职能观，认为会计是一种具有社会意义的控制活动（受托责任、全面控制）。广义的会计可以归纳为会计工作、会计人员、会计学科等内容；狭义的会计仅指财务会计（financial accounting），指通过确认、计量、记录和报告等基本程序，向企业的信息使用者传递关于企业财务状况、经营业绩、现金流量等信息的经济信息系统。

会计信息系统的主要功能是提供企业经济活动过程及其结果的价值信息，以便于企业内部及外部信息使用者进行经济决策。依照信息论与系统论的基本观点，信息系统包括信息输入（确认）、信息转换（计量、记录）和信息输出（报告）等基本运行环节。确认（identifying）经营活动是指选择与企业相关的交易和事项，如周黑鸭销售鸭脖子、武钢集团采购铁矿石等。计量（measurement）是在会计确认的基础上，将经济活动信息予以数量化，如武钢集团必须计算所有购买支出，确定采购铁矿石的实际成本。记录（recording）经营活动是指按照时间先后顺序记录交易和事项发生的金额。报告(reporting)是指企业借助财务报告的方式将企业经济活动的信息提供给信息使用者。会计信息系统的基本框架如图 1-1 所示。

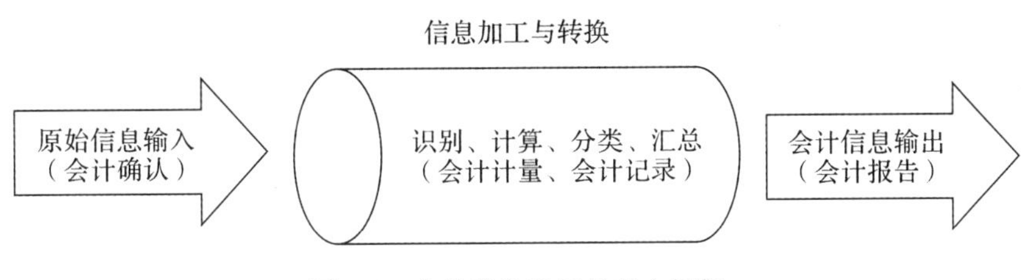

图 1-1　会计信息系统的基本框架

2.会计的特点

会计的特点主要体现在会计核算阶段,主要包括以下三点:

(1)以货币为主要计量单位。会计是一个以提供财务信息为主的经济信息系统,该系统采纳复式簿记原理进行相关账务处理。复式簿记的一个必备条件就是采纳统一的货币进行计量。因为只有货币才具备可加总性,才能够将各种经济活动综合地反映出来,否则不同属性项目之间的加总无意义。会计反映经济活动主要以货币计量为主,辅以实物、劳动等其他计量。

(2)以一套完整的专门技术方法为手段。在长期的会计工作实践中,人们总结创立了一套完整的会计方法,包括会计核算、会计分析、会计考核、会计预测、会计决策和会计控制等。这些会计方法虽各有特定的含义和作用,但并不是独立的,而是相互联系、相互依存、彼此制约的。它们构成了一个完整的方法体系。

(3)对经济活动的反映有连续性、系统性和全面性。连续性是指在核算中,要按经济业务(会计事项)发生的时间顺序不间断地进行序时记录,反映全过程。系统性是指在核算中,要对核算的内容进行科学分类,以便进行分类核算,同时还要进行数据整理、汇总反映。全面性,首先是指登记每一笔经济业务,都要反映来龙去脉;其次是指应当记录反映会计能够反映的全部经济业务,不能遗漏任何一项经济业务。

(二)会计职业机会

会计是一个非常讲究实际经验和专业技巧的职业,它的入职门槛相对比较低,难就难在以后的发展。想要得到好的发展,就要注意在工作中积累经验,不断提高专业素质和专业技巧,开拓自己的知识面。会计领域为从业者提供了不断变化并富有挑战性的工作。随着社会经济的高速发展,会计行业已经开始和其他的专业慢慢融合,从而产生了很多新职业,这也为以后会计人员的发展提供了更多的选择机会。传统的会计专业有四大职业方向,如图 1-2 所示。

1.做会计

做会计,即从事会计核算、会计信息披露的狭义的会计人员。

(1)工商企业的会计岗位。一般分为财务会计、成本和管理会计、财务管理、内部审计及

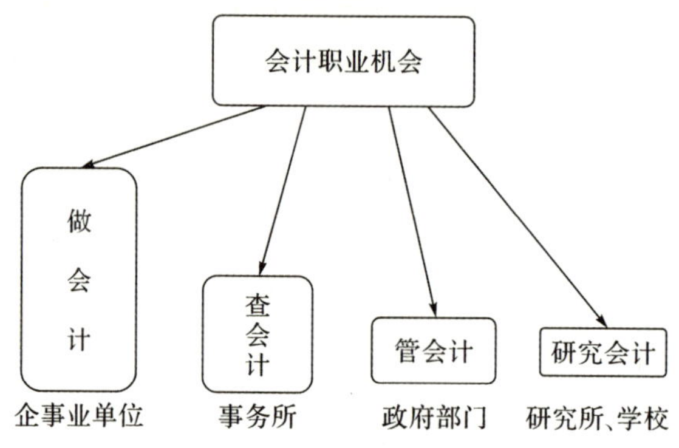

图 1-2 会计职业方向

其他。管理会计负责成本和费用的计算、预算的制定和执行、部门业绩的考核等，具体的管理会计的岗位有车间记账员、成本会计、预算编制员、预算监督主管。资本预算会计等财务管理主要负责企业经营资金的筹措、资金运用分析和决策、企业并购和资本运作，财务管理的岗位有现金出纳和银行出纳、财务分析员、信用分析经理、风险控制经理、财务部主管、税务会计主管、财务总监(首席财务官，Chief Financial Officer)。内部审计负责监督企业资金原用的状况、制定和监督内部控制系统、评估企业资本，内部审计的岗位有内部审计员、审计项目经理、分部审计专员、审计部经理、内部审计总监(首席审计官，Chief Internal Auditor)。其他与会计相关的岗位有企业信息系统维护员、系统保障经理、仓管员、仓储部经理、工会会计、餐厅会计、营业部夜间审计债款催讨员、债款催讨经理、公共关系、人事管理、文秘等。

(2)金融机构的会计岗位。主要是银行、证券行业和其他金融机构。会计的主要工作岗位有银行会计、财务部门会计人员、信贷部门人员(贷款审核、信用评估、贷款风险分析、信贷跟踪管理等)、内部稽核部门人员、信贷推销人员、营业部门人员、财务分析人员、金融产品开发人员、理财顾问等。

(3)行政事业单位的会计岗位。政府各部门以及各种不以盈利为目标的事业单位，如学校、医院、福利和慈善机构等，主要是在这些单位担任会计工作和内部审计工作，一般对应于公务员行政级别。

(4)代理记账公司的会计岗位。会计人员自主创业成立的代理记账公司或财务公司，一般为小企业服务。

(5)其他做会计的岗位。主要有警局经济侦探、法庭指定的法务审计、消费者保护机构的价值评估人员、社会福利和慈善机构等。

2.查会计

查会计可以分为两大类:会计事务所和各类咨询机构。会计事务所的工作内容主要是鉴证服务。鉴证服务是会计师事务所传统和核心的业务，包括审计、审核、审阅和执行商定程序等业务。具体来说，主要表现为会计报表审计、盈利预测审核、期中会计报表审阅、特殊目的业务审计等。国外有些会计师事务所甚至已将业务大胆延伸到可靠性服务领域，如公证网站的安全可靠、学术奖选票结果、药物实验效果、彩票抽奖结果等。会计事务所的工作内容还包括税务代理、资产评估和会计服务等。管理咨询公司的工作岗位主要有见习咨询人员、咨询项目助理、咨询项目经理、部门经理、合伙人或公司总经理。

3. 管会计

管会计，即与会计管理有关的政府部门管理人员和其他政府部门及其他非营利组织的会计业务人员。与会计管理有关的政府部门主要有：国家审计部门（国务院审计署、省市审计厅局、区县审计局）、国家财政部门（会计业务管理处、预算管理处、预算编制与审核、企业财务报告分析汇总等）、国家税务部门（税务专管员、税务稽查、企业财务报告分析等）、国家监察和管理部门（银监会、证监会、保监会、国资委、海关等）、其他准国家机构（中注协、审计学会、总会计师协会、成本协会等）。

4. 研究会计

研究会计指从事会计理论与实务研究和会计教学工作。从事会计理论研究的专职研究人员一般指在各类研究部门的专职研究人员和高等院校会计专业的教授及会计专家，如财政部财经研究所、著名财经类大学的会计研究中心。会计教学工作主要指民办高校、高职高专、中等专业学校、业余职业培训学校和职业进修会计学校等的专业教学工作。

随着我国经济的发展和国际化趋势的发展，社会对会计人才的需求旺盛，用人单位通常可以通过资格证书来判断会计专家的水平。我国认可的会计资格证书大致上分为三大类：职业资格证书、职业水平认定的证书、执业资格证书。要想从事会计工作，必须取得会计从业资格证书。会计专业技术资格证书分为初级会计师、中级会计师和高级会计师。有些会计专家还会拥有注册会计师证书（CPA）、注册管理会计证书（CMA）、注册内部审计师证书（CIA）、注册税务师（CTA）证书、注册资产评估师（CPV）证书、特许公认会计师（ACCA）证书、加拿大注册会计师（CGA）证书、国际注册信息系统审计师（CISA）证书等。会计专家备受青睐，收入水平会随着实际经验和专业技巧的提升而上涨。

二、会计的产生和发展

会计的产生源于社会经济的发展。人类要生存，社会要发展，就要进行物质资料的生产。生产活动一方面创造物质财富，取得一定的劳动成果；另一方面要发生劳动耗费，包括人力、物力的耗费。在一切社会形态中，人们进行生产活动时，总是力求以尽可能少的劳动耗费，取得尽可能多的劳动成果，做到所得大于所费，提高经济效益。为此，就必须在不断改进生产技术的同时，采用一定方法对劳动耗费和劳动成果进行记录、计算，并加以比较和分析，这就产生了会计。可见，会计的产生与加强经济管理、追求经济效益有着不可分割的天然联系。

关于会计发展阶段的划分，学术界有不同的观点，如“两阶段论”、“三阶段论”、“五阶段论”等。“三阶段论”是当前主流的观点，它根据技术方法的发展和会计职业性质的演变，将会计的发展分为古代会计、近代会计和现代会计三个不同的发展阶段。

（一）古代会计

古代会计经历了漫长的过程，大约从旧石器时代的中、晚期到封建社会末期。

在原始社会末期，随着社会生产力水平的提高，人们捕获的猎物及生产的谷物等便有了剩余，人们就要算计着食用或进行交换，这样就需要进行简单的记录和计算。但由于文字没有出现，所以只好“绘图记事”，出现了如“结绳记事”、“甲骨书契”等原始计量、记录行为。这些原始的简单记录，就是会计的萌芽。随着生产的进一步发展、科技的进步、劳动消耗和劳动成果的种类不断增多，大量的剩余产品开始出现，会计逐渐“从生产职能中分离出来，成为特殊的、专门委托的当事人的独立的职能”。

公元前 11 世纪至公元前 8 世纪的西周，奴隶制社会的经济进入鼎盛时期，会计活动也有了较大进展。“会计”一词在西周就已出现。清代哲学家、数学家焦循在《孟子正义》中将西周时期“会计”一词的含义解释为“零星算之为计，总合算之为会”。那时，会计机构已经出现，总管王朝财权的官员称“大宰”，掌握王朝计政的官员称“司会”。“司会”负责考核官吏们的政绩并检查他们经手的财物收支，“听其会计”。《周礼·天官》篇记载，官厅会计采用“月计岁会”的方法。“会”、“计”都有计量的含义。秦汉时期会计记录使用“入、出”作为记账符号，创立了账簿（当时叫“簿书”或“簿”，如谷簿、钱簿等）。西汉时开始采用“上计簿”（公元前 23 年），这是我国“会计报告”的起源。

唐宋时期是中国封建经济最发达的时期，也是中国会计全面发展的时期，在单式簿记的结账和报账方面做出了很大的贡献。在唐朝，由流水账和誊清账组成的账簿体系已初步形成。宋代更发明了“四柱清册”的结账与报账方法，称为四柱结算法。四柱清册把一定时期内财物收付的记录，通过“旧管、新收、开除、实在”四个部分分类记录，并可以进行平衡检验。公式：旧管＋新收＝开除＋实在。这个公式相当于现在企业用于库存结算时的公式：上期期末（或本期期初）结存＋本期收入＝本期支出＋本期期末结存。这个方法将我国的单式收付簿记提高到一个较为科学的水平。

明末清初（15 世纪—17 世纪），出现了中国最早的复式记账法——“龙门账”。龙门账将全部账目分为四类：进（收入）、交（支出及费用）、存（财产及债权）、该（投资和债务），这四个项目的关系可以表述为：进－交＝存－该。年终结账时，按照上述公式，从两方面计算盈亏，使其相符，即：进－交＝盈亏，相符（合龙门）于：存－该＝盈亏。明末清初，随着我国商品货币经济进一步发展，民间商业界又在龙门账的基础上有所创新，建立和运用了“四脚账”。“四脚账”又叫“天地合”，特点是发生的经济活动，均在账簿上记录两笔账，既要登记某一账项的来账方面，又要同时登记这一账项的去账方面，反映了同一账项的来龙去脉，已基本接近近代会计的“复式记账”的原理。

（二）近代会计

一般认为，从单式记账法过渡到复式记账法，是近代会计形成的标志，即 15 世纪末期，意大利数学家卢卡·巴其阿勒有关复式记账论著的问世，标志着近代会计的开端。

（1）15 世纪航海技术的发明使人类发现地球是圆的，从此掀开了人类商业文明的序幕。意大利的佛罗伦萨、热那亚、威尼斯等地的商业和金融业因此特别繁荣。日益发展的商业和金融业要求不断改进和提高已经流行于这三个城市的复式记账方法。复式记账技术首先来自银行的存款转账业务。为适应实际需要，1494 年，意大利数学家卢卡·巴其阿勒出版了他的《算术　几何　比与比例概要》一书，系统地介绍了威尼斯的复式记账法，并给予理论上的阐述。由此开始了近代会计的历史。

(2)在16世纪中叶，随着商品经济的发展与海上贸易的繁荣，产生了对经营资金的大量需求，促使以资金为主要载体的短期合伙企业出现，从而形成了最初的财产所有权与经营权的分离。财产所有者为了监督经营管理者受托责任的履行，开始尝试聘请专业会计人士从事这一工作，以第三方身份从事会计工作的会计师于是就产生了。17世纪中叶，英格兰出现了萌芽状态的注册会计师。19世纪，产业革命的发生和股份公司的出现，对会计提出了新的要求，如会计的服务对象、会计的内容、会计的外部监督等，这也对会计师职业技术与职业道德水平提出了更高的要求。1853年，苏格兰爱丁堡会计师公会的成立，标志着会计服务职业化的正式形成。

(3)第一次世界大战以后，美国取代了英国的地位，无论是生产上，还是科学技术的发展上都处于遥遥领先的地位。因此，会计学的发展中心也从英国转移到美国。在20世纪20年代和30年代，美国对标准成本会计的研究有了突飞猛进的发展。到这一时期，会计方法已经比较完善，会计科学也已经比较成熟。

我国从1905年开始使用复式记账法，中国第一位注册会计师谢霖从日本引进并运用复式记账原理，设计了大清银行的一整套会计制度。

(三)现代会计

20世纪50年代后，在经济活动更加复杂、生产日益社会化、人们的社会关系更加广泛的情况下，会计的地位和作用，会计的目标，会计所应用的原则、方法和技术都在不断地发展、变化，并日趋完善，逐步形成了自身的理论和方法体系。另外，科学技术水平的提高也对会计的发展起了很大的促进作用。现代数学、现代管理科学与会计的结合，特别是电子计算机在会计数据处理中的应用，使会计工作的效能发生了很大变化，它扩大了会计信息的范围，提高了会计信息的精确性和及时性。成本会计的出现和不断完善，在此基础上管理会计的形成并与财务会计相分离而单独成科，是现代会计的开端。

新中国成立后，中央政府根据不同时期经济发展的要求，制定了一系列按照所有制性质和企业经营方式划分的企业会计制度，这些会计制度在我国社会主义建设过程中发展了规范会计行为的作用。1985年颁布的第一部《中华人民共和国会计法》，标志着我国会计行业走上了法制化的轨道。为了适应经济体制改革和加入世界贸易组织的需要，20世纪90年代开始，对原有财务会计制度进行了一系列的重要改革：1992年公布了《企业财务通则》、《企业会计准则》以及《股份制试点企业会计制度》，1993年和1999年相继两次修改了《中华人民共和国会计法》；20世纪90年代后期，又对预算会计制度进行了改革，并取消了《股份制试点企业会计制度》，于1998年公布了《股份有限公司会计制度——会计科目和会计报表》以及《现金流量表》、《收入》、《投资》、《或有负债》以及《债务重组》等一系列具体会计准则。2000—2001年制定的《企业会计制度》以及先后发布和实施的金融保险企业和小企业会计制度使会计信息在全国范围内实现了可比性。2006年2月15日财政部推出的《企业会计准则》体系，进一步实现了我国会计准则与国际的接轨。

现代信息技术与信息产业的迅猛发展，导致运输和通信成本大幅降低，国际贸易、国际金融及跨国公司快速发展。减少甚至消除不同国家和地区之间会计准则的差异，能提高各国企业之间会计信息的可比性，降低国际资本市场投资和融资成本以及国际贸易的交易成本，有利于世界经济的发展，因此会计国际化成为现代会计的发展趋势。在会计领域，相继出现了通货膨胀会计、环境会计、人力资源会计、电算化会计等新的会计领域。

第二节　会计的基本假设和会计核算基础

一、会计的基本假设

会计假设(assumption)又称会计核算的基本前提，是指会计核算工作赖以生存的前提条件。会计假设这一名词，在1922年佩顿所著的《会计理论》一书中首次提出。1961年美国的坎宁在《会计的基本假设》中进行了论述，他把会计基本假设看成会计赖以存在的经济、政治和社会环境的基本前提或基本假设。他的这种看法和现在对会计假设的看法基本是一致的。会计假设来自环境，是比会计原则上更为基础和理论性的概念，它不是人们的主观想象，而是客观实践的产物，是有客观依据的，一般在会计实践中长期奉行，是从事会计工作、研究会计问题的前提。会计基本假设包括：会计主体、持续经营、会计分期和货币计量。

(一)会计主体假设

会计主体假设(business entity assumption)是指企业会计确认、计量和报告的空间范围。为了向财务报告使用者提供反映企业财务状况、经营成果和现金流量等与决策有关的信息，会计核算和财务报告的编制应当反映特定对象的经济活动，才能实现财务报告的目标。企业之间的经济活动处于相互联系的状态，不仅有横向联系，而且有纵向联系。只要发生经济业务，企业之间就发生联系。而会计主体假设只关注本企业的生产经营活动，不考虑企业之间业务联系的现实，从而对企业活动的空间范围进行设定。一般来说，凡拥有独立的资金、自主经营、独立核算收支、盈亏并编制会计报表的企业或单位就构成了一个会计主体。会计主体不同于法律主体，一般来说，法律主体必然是会计主体，但会计主体不一定是法律主体。会计主体可以是具备法人资格的有限公司(包括子公司)、股份有限公司，也可以是不具备法人资格的分公司、集团、分厂、车间、事业部、办事处等，还可以是由母公司和子公司组成的企业集团。

会计主体假设将特定主体的经济活动与该主体所有者及职工个人的经济活动区别对待，将该主体的经济活动与其他单位的经济活动区别对待。总之，某会计主体的会计信息仅与该会计主体的整个活动和成果相关。明确界定会计主体是开展会计确认、计量和报告工作的重要前提。

(二)持续经营假设

持续经营假设(going-concern assumption)是指在可以预见的将来，会计主体会按当前的规模和状态持续经营下去，不会面临破产和清算，因而它所拥有的资产将在正常的经营过程中被耗用或出售，它所承担的债务也将按照约定的履约条件偿还。在持续经营前提下，会计确认、计量和报告应当以企业持续、正常的生产经营活动为前提。

会计准则体系是以企业持续经营为前提的，涵盖了从企业成立到清算(包括破产)的整个期间的交易或者事项的会计处理。然而，在现实生活中，企业总有关、停、并、转。这种不考虑企业停业、破产、清算等情况发生的会计核算方法是假设出来的企业理想运营模式。当一个企业在不能持续经营时，应该停止使用这个假设，否则不能客观地反映企业的财务状况、经营成果和现金流量状况，会误导会计信息使用者的经济决策。

(三)会计分期假设

会计分期假设(time period assumption)是指将企业持续经营的生产经营活动人为地划分为一个个连续的、长短相同的期间，以便分期结算账目和编制财务会计报告。根据持续经营假设，一个企业将按当前的规模和状态持续经营下去。但是，无论是企业的生产经营决策还是投资人、债权人等的决策都需要及时的会计信息，都需要分期确认、计量和报告企业的财务状况、经营成果和现金流量。由于会计分期，才产生了本期与非本期的差别，从而产生了权责发生制和收付实现制的区别，进而出现了预收、预付、应收、应付等会计处理方法。在我国，会计期间通常分为年度、半年度、季度和月度，起讫日期采用公历日期，其中会计年度是最重要的会计期间，它与国家财政年度是一致的，即从每年的 1 月 1 日到 12 月 31 日为一个会计年度。中期一般是指短于一个完整的会计年度的报告期间，如半年度、季度、月度。会计分期假设的缺陷在于增加了会计信息处理的难度，如费用的配比，而且分期越短，会计信息越不可靠。

(四)货币计量假设

货币计量假设(monetary unit assumption)是指会计主体在财务会计确认、计量和报告时采用货币作为统一的计量单位，反映会计主体的生产经营活动。货币计量的前提包括两层含义：一是一切会计事项均能用货币计量，即货币可作为计量的共同尺度；二是假定货币币值是稳定不变的。

在市场经济中，货币是商品的一般等价物，是衡量一般商品价值的共同尺度，具有价值尺度、流通手段、贮藏手段和支付手段等特点。在某些情况下，统一采用货币计量也有缺陷(结合会计定义：以货币为主要计量单位，即并非唯一计量单位)，并且通货膨胀和汇率的变动对企业有着现实的影响。货币计量假设中规定以货币为计量单位，主要是为了处理企业多样化资产之间的可比性；货币计量假设中规定货币币值不变，主要是使会计的跨期核算相对简单。《企业会计准则》中规定，我国的会计核算要以人民币作为记账本位币(记账时用的最基本的货币单位)。业务收支以外币为主的企业，可以选定某种外币作为记账本位币进行会计核算，但对外提供报表时，应该折合成人民币反映。在境外设立的中国企业，一般是以当地的货币进行日常核算，但在向国内报送财务报告时，也要折算成人民币。

四项基本假设，相互依存，相互补充。会计主体确立了会计核算的空间范围，持续经营与会计分期确立了会计核算的时间长度，而货币计量为会计核算提供了必要手段。没有会计主体，就不会有持续经营；没有持续经营，就不会有会计分期；没有货币计量，就不会有现代会计。

【答疑与解惑】 网络经济时代四大基本假设还适用吗？

会计基本假设是构成财务会计与财务报告的基础，是对财务会计所处环境特征的描述，是以工业社会为前提的。在网络经济条件下，随着信息技术的迅猛发展，越来越多的企业在经营和管理中以互联网为纽带来连接经营活动的各个模块。经济环境的变化使得会计工作的方式方法也必须随之改变，因而对传统会计理论和实务产生了影响，会计假设作为会计工作的出发点，也不可避免地受到了新环境的挑战，但四大基本假设仍然是我们会计核算工作的基础。

二、会计核算基础

会计核算基础(accounting basis)是指确定收入和费用归属期间的标准。

会计核算基础是会计处理经济业务的基本出发点。之所以要以会计核算基础作为会计处理经济业务的出发点，是因为在经济活动过程中，会大量地、频繁地发生各种各样的经济业务。在处理这些经济业务时，以会计分期和持续经营为前提，于是就会出现企业交易或者事项的发生时间与相关货币收支时间有时并不完全一致的情况。比如款项已经收到，但货物未交付，销售并未实现；或者商品在上期已经买回，款项本期才支付。把收入与费用在时间上加以配合，就必须有一个出发点，这个出发点就是会计基础。

会计基础有权责发生制和收付实现制两种。

(一)权责发生制

权责发生制(accrual basis)也称应计基础，是指企业以取得现金的权利或支付现金的责任为标志来确认本期收入和费用。

根据权责发生制的要求，收入的归属期间应该是创造收入的会计期间，费用的归属期间应该是费用所服务的期间。凡是当期已经实现的收入和已经发生或应当负担的费用，不论款项是否收付，都应当作为当期的收入和费用；凡是不属于当期的收入和费用，即使款项已在当期收付，也不应当作为当期的收入和费用。例如，某公司 20×5 年 1 月一次性支付一年的房租 120 000 元，房租虽然是 1 月支付的，但房子可以使用一年，所以房租应该在一年内平均分配，1 月只分摊 10 000 元，其余的 110 000 元应分摊到 2 月至 12 月。

权责发生制主要从时间选择上确定会计确认的基础，其核心是根据权责关系的实际发生和影响期间来确认企业的收支。在权责发生制下，由于收入和费用的收付期间与归属期间可能不一致，所以在会计期末要确定本期的收入和费用，必须根据账簿记录按照归属期间对收入和费用进行账项调整。

采用权责发生制作为核算基础，账务处理手续比较复杂，但比较科学、合理，能够按照收入费用的受益情况，正确地反映各个会计期间真实的财务状况和经营成果。因此，我国《企业会计准则》规定企业单位应当采用权责发生制。

(二)收付实现制

收付实现制(cash basis)是与权责发生制相对应的一种会计基础，它是以收到或支付现金作为确认收入和费用等的依据。

凡在本期实际以现款付出的费用,不论其应否在本期收入中获得补偿,均应作为本期的费用;凡是在本期实际收到的现款收入,不论其是否属于本期,均应作为本期的收入处理。例如某公司 20×5 年 1 月一次性支付一年的房租 120 000 元,虽然房子可以使用一年,但由于房租是 1 月支付的,所以 120 000 元全部计入 1 月的费用。

收付实现制在确认收入和费用时,按照款项支付期间确定其归属期间。在收付实现制下,由于将收入和费用的收付期间作为归属期间,所以在会计期末不需要进行账项调整。

采用收付实现制作为计税基础,账务处理比较简单,易于掌握,并且突出了现金流入和现金流出,对于人们进行现金流量分析、判断企业的支付能力极为重要;但其会计处理不尽合理,不能准确计算和确定各个会计期间的损益,通常应用于行政事业单位。

(三)权责发生制和收付实现制的比较

权责发生制和收付实现制虽然都是会计处理基础,但由于两者的着眼点不同,对待同一项业务进行处理,也会有很多不同。

1. 在组织会计核算时所设置的会计科目不完全相同

权责发生制下存在应收和预收、应付和预付等问题,所以在组织核算时应当设置“应收账款”、“应付账款”、“预付账款”等账户;而在收付实现制下,不需要设置这些账户。

2. 计算出来的收入费用金额不完全相同

在同一时期,即使是同一业务,计算的收入和费用总和也可能不完全一致。

【例 1-1】根据表 1-1 中的经济业务,分别计算权责发生制和收付实现制下的收入、费用和利润。

表 1-1 权责发生制和收付实现制业务核算对比 单位:元

业务	权责发生制	收付实现制
一、收入		
1. 对外提供劳务 10 万元,已收款 60%	100 000	60 000
2. 收到客户上月欠款 2 万元	0	20 000
3. 预收货款 3 万元	0	30 000
二、费用		
1. 支付当月水电费 1 万元	10 000	10 000
2. 预付全年保险费 12 万元	10 000	120 000
3. 应付未付的本月工资 2 万元	20 000	0
4. 支付上月所欠利息 1 万元	0	10 000
利 润	60 000	−30 000

3. 计算出来的盈亏准确程度不同

由于权责发生制是以应收应付作为标准而将收入和费用进行归集,进行收入和费用的配比，所以计算出来的盈亏比较准确，能够说明计算期的经济效益；而收付实现制是以款项的实收实付为标准来将收入和费用进行归集与配比，所以计算出来的盈亏不完全准确，不一定能够说明计算期的经济效益。由于处理收入和费用的出发点不同，所以它们在同一时期实际是同样的经济业务，计算出来的盈亏结果是不同的，如上例中权责发生制下计算出本期利润 60 000 元，而收付实现制下计算出本期亏损 30 000 元。

4.要不要对账项进行调整不同

在权责发生制下，由于要对账项记录进行调整后，才能找出本期的应计收入和应计费用，所以期末要对账簿记录进行调整之后才能计算本期盈亏，手续较烦琐；而在收付实现制下，不需要对账项进行调整，即可计算本期盈亏，所以手续比较简单。

第三节　会计信息的质量要求

一、会计信息的含义

信息是对人有用的能够影响人们行为的数据。信息是客观世界中各种事物的变化和特征的最新反映，是客观事物之间联系的表征，也是客观事物状态经过传递后在人脑中的再现，从而可以对人产生指导。任何信息只有经过传递才能被人接受和利用。会计信息(accounting information)是一种重要的企业经济信息，指会计单位通过财务报表、财务报告或附注等形式向投资者、债权人或其他信息使用者揭示单位财务状况和经营成果的信息，在信息使用者做出借款、投资决策时，起着重要作用。

会计信息是企业从会计视角所揭示的经济活动情况，并不是企业经济活动的全部内容，仅仅是指企业经济活动中与价值、资本等相关的内容，即企业的价值运动或资本运动。因此，会计信息也被看成“财务信息”。会计信息是企业进行财务决策乃至整个管理决策的重要依据。而财务报表仅仅是企业会计信息的“载体”。

二、会计信息使用者

(一)外部信息使用者

会计信息的外部使用者不直接参与企业经营。外部信息使用者包括股东(投资人)、债权人、董事、客户、供应商、政府管理机构、律师、经纪人和媒体。外部信息使用者获取企业信息的渠道有限，但是他们要依赖具有可靠性、相关性、可比性的信息来进行决策。财务会计主要通过提供通用财务报表来实现服务外部信息使用者的目的。如银行、抵押担保机构、金融公司会搜集能够帮助他们评估一个企业能否还本付息的信息。股东使用会计报表来决定是否购买、持有或出售股票。董事通过选举成立董事会来监督企业，需要了解企业的运营状况。外部的审计人员检查会计报表以确定报表是否按照公认的会计原则编制。普通员工和工会使用财务报表来判断工资的分配是否公正、评价未来的工作前景。税务局要求企业提交会计报告以计算应纳税额。供应商在赊销前使用会计信息判断客户的信用状况。客户使用财务报告来评价潜在供应商能否长期供货。

(二)内部信息使用者

会计信息的内部使用者是指直接参与企业经营管理的人。他们使用会计信息来改善企业的经营效率和效果。管理会计满足内部信息使用者的决策需要。内部报表的编制不需要遵守外部报表的编制规则,内部报表是为了满足内部信息使用者的特殊需要而编制的。如采购经理想知道何时以何种价格采购何种物资。产品研发经理想知道改变产品和服务,成本和收入将会发生怎样的变化。人力资源经理需要有关员工工资、津贴、绩效和报酬方面的信息。生产经理需要有关及时、准确、高效地交付产品和服务的报告。销售经理需要使用有关销售和成本方面的报告去锁定目标客户,确定价格,了解顾客需求、品位及他们所能接受的价格。服务经理需要掌握为提供产品和服务而发生的成本以及所带来的收益。

三、会计信息的质量要求

根据我国2006年颁布的《企业会计准则——基本准则》的规定,会计信息质量要求包括可靠性、相关性、可理解性、可比性、实质重于形式、重要性、谨慎性和及时性。

1. 可靠性

会计信息的可靠性(reliability)又称“真实性”或“客观性”。可靠性要求企业应当以实际发生的交易或事项为依据进行确认、计量和报告,如实反映符合确认和计量要求的各项会计要素及其他相关信息,保证会计信息真实可靠、内容完整。

会计信息要有用,必须以可靠为基础,如果财务报告所提供的会计信息是不可靠的,就会给投资者等使用者的决策产生误导甚至损失。“安然事件”、“东芝丑闻”以及我国的“银广夏”、“蓝田股份”、“绿大地”、“万福生科”等会计造假事件,对社会经济发展产生了巨大的负面影响。为了贯彻可靠性要求,在实务中,企业应当做到:

(1)以实际发生的交易或者事项为依据进行确认、计量,将符合会计要素定义及其确认条件的资产、负债、所有者权益、收入、费用和利润等如实反映在财务报表中,不得根据虚构的、没有发生的或者尚未发生的交易或事项进行确认、计量和报告。

(2)在符合重要性和成本效益原则的前提下,保证会计信息的完整性,其中包括应当编报的报表及其附注内容等应当保持完整,不能随意遗漏或者减少应予披露的信息,与使用者决策相关的有用信息都应当充分披露。

(3)包括在财务报告中的会计信息应当是中立的、无偏的。如果企业在财务报告中为了达到事先设定的结果或效果,有选择性地列示有关会计信息以影响决策和判断的,这样的财务报告信息就不是中立的。

可靠性质量特征并不意味着会计信息必须绝对肯定或者绝对精确。由于企业所处市场经济环境的不确定性、会计计量属性本身的缺陷以及会计计量方法选择的主观性等因素,会计中数量化的信息内容不可能是十分精确的,例如固定资产折旧只能通过估计的方法来确定其固定资产的使用年限、折旧方式、预计残值等,因而其结果无疑是近似而非精确的。

2. 相关性

会计信息相关性(relevance)要求企业提供的会计信息应当与投资者等财务报告使用者的经济决策需要相关,有助于投资者等财务报告使用者对企业过去、现在或者未来的情况做出评价或者预测。

会计信息是否有用,是否具有价值,关键是看其与使用者的决策需要是否相关,是否有助于决策或者提高决策水平。会计信息是否具有相关性有两个评价标准:一是有助于使用者评价企业过去的决策,证实或者修正过去的有关预测,因而具有反馈价值。二是具有预测价值,有助于使用者根据财务报告所提供的会计信息预测企业未来的财务状况、经营成果和现金流量。例如区分收入和利得、费用和损失,区分流动资产和非流动资产、流动负债和非流动负债,以及适度引入公允价值等,都可以提高会计信息的预测价值,进而提升会计信息的相关性。

会计信息相关性要求企业在确认、计量和报告会计信息的过程中,充分考虑使用者的决策模式和信息需要。但是,相关性是以可靠性为基础的,两者之间并不矛盾,不应将两者对立起来。也就是说,会计信息在可靠性前提下,尽可能地做到相关性,以满足投资者等财务报告使用者的决策需要。

3. 可理解性

会计信息可理解性(understandability),又称"明晰性"或"可读性",要求企业提供的会计信息清晰明了,便于投资者等财务报告使用者理解和使用。企业编制财务报告、提供会计信息的目的在于使用,而要使使用者有效使用会计信息,应当能让其了解会计信息的内涵,弄懂会计信息的内容。这就要求财务报告所提供的会计信息应当清晰明了,易于理解。只有这样,才能提高会计信息的有用性,实现财务报告的目标,满足向投资者等财务报告使用者提供决策有用信息的要求。

从信息使用者的角度看,企业提供的会计信息是否易于理解,需要使用者具有一定的有关企业经营活动和会计方面的知识,并且愿意付出努力去研究这些信息。否则,会计信息使用者的"信息需求"是难以满足的。对于某些复杂的信息,如交易本身较为复杂或者会计处理较为复杂,但与使用者的经济决策相关的,企业就应当在财务报告中予以充分披露。

4. 可比性

会计信息可比性(comparability)要求企业提供的会计信息应当相互可比。会计信息的可比性质量特征要求体现在两个方面:一是同一企业不同时期的纵向可比,也称为会计信息的"一致性"或"一贯性"(consistency),即同一企业不同时期发生的相同或者相似的交易或者事项,应当采用一致的会计政策,不得随意变更,确需变更的,应当在附注中说明。二是不同企业相同会计期间的横向可比,即不同企业同一会计期间发生的相同或者相似的交易或者事项,应当采用规定的会计政策,确保会计信息口径一致、相互可比,以使不同企业按照一致的确认、计量和报告要求提供有关会计信息。

投资人、债权人等会计信息使用者关心企业所提供的财务报表及其会计信息,以便了解企业的经济活动情况,对企业的财务状况及经营业绩进行分析、评价,其主要的方式是将同一企业不同时期的有关会计指标进行比较,以及将不同企业同一时期的会计指标进行比较。

纵向可比使财务报告使用者了解企业财务状况、经营成果和现金流量的变化趋势，比较企业在不同时期的财务报告信息，全面、客观地评价过去、预测未来，从而做出决策。横向可比使财务报告使用者评价不同企业的财务状况、经营成果和现金流量及其变动情况。

5.实质重于形式

实质重于形式(substance over form)要求企业应当按照交易或事项的经济实质进行会计确认、计量和报告，而不应仅以交易或事项的法律形式为依据。企业发生的交易或事项在多数情况下，其经济实质和法律形式是一致的。但在有些情况下，会出现不一致。例如，企业采用售后回购的方式销售货物，经管销售时收到了货款，形式上实现了销售，但是双方签订的回购协议却要求销货方在一定时期后重新购回该批货物。从实质上看售后回购是一项融资行为，而不是单纯的销售行为，因而，销货时不能确认为收入，卖价和成本之间的差额只能做递延损益处理。

在现实经济活动中，经济活动形式的复杂多变、利益驱使往往会影响对经济活动实质的判断。为了确保会计信息质量，会计人员应坚守职业道德，充分利用专业判断能力，透过企业经济活动的现象看本质，使会计信息能如实地记录和报告其意欲反映的经济交易与事项。

6.重要性

会计信息重要性(materiality)要求企业提供的会计信息应当反映与企业财务状况、经营成果和现金流量有关的所有重要交易或事项。

在现代社会经济环境中，经营方式的不断创新和经济关系的多元化使得企业经济活动的内容变得十分复杂，而企业的核算开支和会计人员的时间精力是有限的，因此对企业的经济交易与事项进行确认、计量、记录和报告时，应当根据其重要程度采用不同的会计程序和方法。

会计信息重要性质量特征的依据是：

(1)不同的经济交易或事项客观上存在重要程度的差别。从项目的性质来看，直接影响资产、负债和利润的交易或事项比其他交易或事项更重要，金额大的交易或事项比金额小的交易或事项更重要，经常性的交易或事项比非经常性交易或事项更重要，企业外部的交易或事项比企业内部的交易或事项更重要。

(2)会计信息使用者对不同信息的需求存在差别。企业应该充分披露会计信息使用者重点关注的信息，如果会计信息的省略或者错报会影响投资者等财务报告使用者做出决策的，该信息就具有重要性。

(3)“效益＞成本”原则。例如，我国上市公司要求对外提供季度财务报告，考虑到季度财务报告披露的时间较短，从成本效益原则考虑，季度财务报告没有必要像年度财务报告那样披露详细的附注信息。因此，中期财务报告准则规定，公司季度财务报告附注应当以年初至本中期末为基础编制，披露自上年度资产负债表日之后发生的、有助于理解企业财务状况、经营成果和现金流量变化情况的重要交易或事项。这种附注披露，就体现了会计信息质量的重要性要求。

在会计实务中，会计人员判断经济交易或事项及某一会计信息是否重要，更多地依赖于其自身的专业判断能力(即职业判断)。正如国际会计准则所指出的那样，与其说重要性是信息成为有用信息所必须具备的基本质量特征，倒不如说是提供了一个“分界线”或“取舍点”。

7. 谨慎性

会计信息谨慎性(prudence)，又称为“稳健性”或“保守主义”(conservatism)，要求企业对交易或事项进行会计确认、计量和报告时应当保持应有的谨慎，不应高估资产或者收益、低估负债或者费用。

在市场经济环境下，企业的生产经营活动面临着许多风险和不确定性，如应收款项的可收回性、固定资产的使用寿命、无形资产的使用寿命、售出存货可能发生的退货或者返修等。企业在面临不确定性因素的情况下做出职业判断时，应当保持应有的谨慎，充分估计到各种风险和损失，既不高估资产或者收益，也不低估负债或者费用，使会计系统能够提供反映企业经济风险的信息，从而有利于企业规避财产风险和损失，提高企业的市场竞争能力，同时，也有利于信息使用者在进行经济决策时做出正确的判断和选择。

在会计实务中，谨慎性质量特征主要体现在两个方面：一是确认和计量企业可能发生的损失和费用，例如，企业对可能发生的资产减值损失计提资产减值准备、对售出商品可能发生的保修义务等确认预计负债等；二是选用可以低估资产价值的计量方法，如对固定资产采用加速折旧法计提折旧等。

以谨慎性的态度计量和披露会计信息，也不允许企业设置“秘密准备”，如果企业故意低估资产或者收益，或者故意高估负债或者费用，将不符合会计信息的可靠性和相关性要求，损害会计信息质量，扭曲企业实际的财务状况和经营成果，从而对使用者的决策产生误导，这是会计准则所不允许的。

8. 及时性

会计信息及时性(timeliness)要求企业对于已经发生的交易或事项，应当及时进行确认、计量和报告，不得提前或者延后。

会计信息的价值在于帮助所有者或者其他方面做出经济决策，具有时效性。即使是可靠、相关的会计信息，如果不及时提供，就失去了时效性，对于使用者的效用就大大降低甚至不再具有实际意义。在会计确认、计量和报告过程中贯彻及时性，一是要求及时收集会计信息，即在经济交易或事项发生后，及时收集整理各种原始单据或者凭证；二是要求及时处理会计信息，即按照会计准则的规定，及时对经济交易或事项进行确认或者计量，并编制出财务报告；三是要求及时传递会计信息，即按照国家规定的有关时限，及时地将编制的财务报告传递给财务报告使用者，便于其及时使用和决策。

在会计实务中，为了及时提供会计信息，可能需要在有关交易或事项的信息全部获得之前即进行会计处理，这样就满足了会计信息的及时性要求，但可能会影响会计信息的可靠性；反之，如果企业等到与交易或事项有关的全部信息获得之后再进行会计处理，这样的信息披露可能会由于时效性问题，对于投资者等财务报告使用者决策的有用性将大大降低。这就需要在及时性和可靠性之间作相应权衡，以最好地满足投资者等财务报告使用者的经济决策需要为判断标准。

我国财政部2000年颁布的《企业会计制度》规定，企业月度、季度、半年度中期财务报告应当分别于会计期间终了后的 6 天、15 天、60 天内对外提供(披露),年度报告应当于年度终了后 4 个月内对外提供(披露)。2007 年,我国证券监督管理委员会颁布的《上市公司信息披露管理办法》规定,年度报告应当在每个会计年度结束之日起 4 个月内编制完成并披露,中期报告应当在每个会计年度的上半年结束之日起 2 个月内编制完成并披露,季度报告应当在每个会计年度第 3 个月、第 9 个月结束后的 1 个月内编制完成并披露。

第四节　会计核算方法体系

会计方法(accounting method)是指会计对企事业、行政单位已经发生的经济活动进行连续、系统、全面反映和监督所采用的方法。会计核算的各种方法是相互联系、密切配合的,构成一个完整的方法体系,包括会计核算方法、会计分析方法、会计预测方法、会计决策方法和会计检查方法,而且每一个部分都由一系列专门方法组成。其中,会计核算方法是最基本的方法,会计分析、会计预测、会计决策都是在会计核算的基础上利用会计核算提供的资料进行的,它们是会计核算方法的延续和发展。会计学原理主要介绍会计核算方法,也是初学者必须掌握的基本知识。

会计核算方法主要包括七种:填制和审核凭证、设置账户、复式记账、登记账簿、成本计算、财产清查和编制会计报表。下面简要说明各种会计核算方法的意义及其相互关系。

一、填制和审核凭证

会计凭证(accounting document)是记录经济业务、明确经济责任的书面证明,是登记账簿的依据。填制和审核凭证是为了保证会计记录真实、可靠,检查经济业务是否合理、合法而采用的一种会计核算方法,同时也是会计检查的一种方法。对于已经发生或已经完成的经济业务,都要由经办人员或有关单位填制凭证,并签名盖章,所有凭证都要经过会计部门和有关部门审核无误才能作为记账的依据。

在会计实务中,填制和审核凭证是会计核算工作的第一步。经济业务是否真实、正确、合法、合理,在登记账簿前都要根据会计凭证进行逐笔审核。会计凭证是经济业务的真实写照,通过审核凭证,可以检查该项经济业务是否正常,是否符合财经法规、财经纪律和制度,防止违法乱纪行为的发生。会计凭证也是登记账簿的依据。企业把发生的大量经济业务加以全面记录,填制或取得原始凭证,结果审核无误后,填制记账凭证,就为登记账簿提供了可靠的依据。通过会计凭证的管理可以加强经济管理责任制,促使有关人员在职责范围内严格按照规章办事。

二、设置会计账户

设置账户(accounting account)是对会计对象的具体内容进行分类核算和监督的一种专门方法。按其不同的特点和经济管理的需要,分门别类核算的项目。设置会计科目,则是根据会计对象的具体内容和经济管理的要求,规定分类核算的项目,以便在账簿中据以开设账户，记录和积累所需要的核算资料。设置会计科目对于正确运用填制凭证、登记账簿和编制报表等核算方法，都具有重要的意义。

三、复式记账

复式记账(double entry bookkeeping)是指对任何一项经济业务，都要以相等的金额在两个或两个以上的账户中相互联系地进行登记。采用复式记账法，既可以通过账户的对应关系了解有关经济业务的全貌，了解经济业务的来龙去脉，又可以通过账户的平衡关系检查有关经济业务的记录是否正确。因此，此法是一种比较完善、科学的记账方法，为世界各国所普遍采用。目前我国企业会计记账统一采用借贷记账法。

四、登记账簿

账簿(books of accounts)是用来全面、连续、系统地记录各项经济业务的簿籍，也是保存会计数据资料的重要工具。登记账簿就是把所有的经济业务按其发生的顺序，分门别类地记入有关账簿，以便为经营管理提供完整的、系统的数据资料。

登记账簿必须以经过审核的凭证为依据；同时按照规定的会计科目分设账户，把所有的经济业务分别记入有关账户；并定期进行结账，计算和累计各项核算指标；还要定期核对账目，使账实保持一致。账簿提供的各种数据资料，是编制会计报表的主要依据。

五、成本计算

成本计算(calculation of net cost)是按一定对象，经过汇总、分配，分别归集经营过程中发生的费用，确定各核算对象的总成本和单位成本的专门方法。通过成本计算，可以考核企业对原材料和人工的消耗及其他费用支出是否节约，以便采取措施，降低成本；同时，可以为编制成本计划和产品产销计划提供必要的数据资料，以便加强计划管理。一切实行经济核算制的企业都必须有成本的计算，所以，成本计算方法是广泛应用的一种会计核算方法。

六、财产清查

财产清查(property inspection)就是盘点实物、核对账目、查明各项财产物资和资金的实有数额及占用情况。在实际工作中，由于种种原因，账面资料有时同实际情况不相一致，为了做到账实相符，挖掘财产物资的潜力，加强对财产物资的管理，就必须进行财产清查。在清查中，如果发现某些财产物资和资金的实有数额与账面结存数额不一致，则应查明账实不符的原因，做出相应的处理，并调整账簿记录，使账存数额与实存数额保持一致，从而保证会计核算资料的真实性。通过财产清查，还可查明各项财产物资的保管和使用情况以及往来款项的结算情况，以便对积压或残损的财产物资和逾期未收回的款项，及时采取措施进行清理和加强财产管理，以挖掘物资潜力和加速资金周转。

七、编制会计报表

会计报表(accounting statement)是以一定的表格形式，对一定时期内账簿记录内容的总括反映，也就是对编表单位在一定时期内的经济活动过程和结果加以综合反映的一种书面报告。编制会计报表就是定期总结日常核算资料，总括反映经济活动的过程和结果。会计报表所提供的核算指标，对宏观和微观经济计划、决策和监督都具有重要作用。编制会计报表是发挥会计在经济管理中的作用所必不可少的重要的核算方法。

上述会计核算的各种方法是相互联系、密切配合的，构成一个完整的方法体系。在会计核算工作中，必须正确地运用这些方法：对于日常发生的经济业务，要填制和审核凭证，按照规定的会计科目进行分类核算，并运用复式记账法记入有关账簿；对于经营过程中发生的各项费用，应当进行成本计算；一定时期终了，通过财产清查，核实账簿记录，在账证相符、账账相符、账实相符的基础上，根据账簿记录，编制会计报表。在七种会计核算方法的内在联系中，填制和审核凭证、登记账簿和编制报表是三个主要的、连续的环节，而其他四种专门方法则错综而又紧密地穿插在这三个基本环节中。会计核算方法之间的关系可以用图 1-3 来表示。

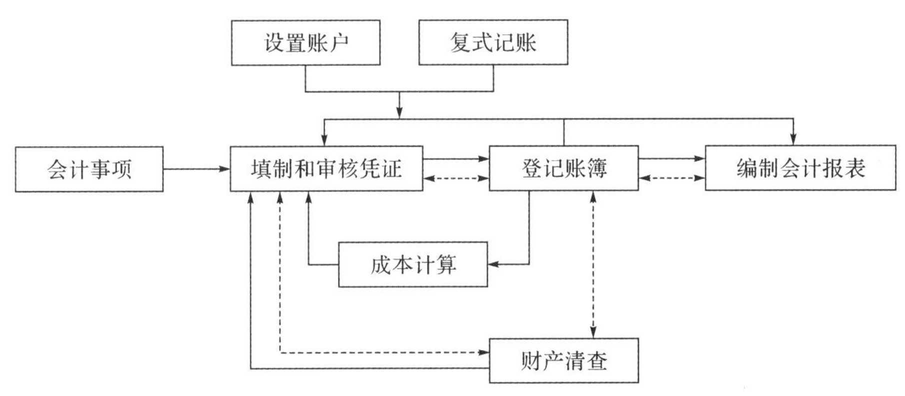

图 1-3　会计核算方法基本程序

第五节　会计学科体系与会计学原理的课程定位

一、会计学科体系

会计学(accounting)是在会计发展的基础上产生与发展起来的一门专门研究会计方法与规律的综合性经济管理学科，是研究如何运用会计的方法和技术，反映和控制经济活动的规律性的管理科学。会计学的研究对象是资金的运动。会计学自产生以来，伴随着社会经济发展，由低级到高级，经历了几百年的发展历史，到目前为止，已经发展成为体系完善、内容充实、实用性强的一个学科系列群体。现代会计已经发展成为集信息与控制功能于一体的现代管理学科，已形成了一套内容广泛、门类齐全的会计学科体系。

广义的会计学包括会计学原理、企业会计学（行业会计学、成本会计学等）、预算会计学、财务学、审计学等。狭义的会计学将财务学和审计学等排除在外，只包括以核算、监督及管理为主要职能的部分，本书只介绍狭义会计学部分。

会计学学科体系(accounting science system)是一个具有内在联系的会计学群体,可以从不同的角度出发来进行会计学学科分支的划分。

(一)按会计学研究的内容层次划分,可以将其划分为基础会计学、中级财务会计学和高级财务会计学

基础会计学主要以会计学的基本原理作为研究对象,包括会计的基本理论、基本方法与技能等基本知识。主要研究会计的基本概念、会计的产生与发展历史、会计要素与会计任务、会计核算方法及其运用、会计处理程序、会计记账原理与会计报告框架以及会计准则、会计制度与会计组织等问题。基础会计学的任务是为解决会计学科体系其他高层次的问题而做出的铺垫,是会计学科体系中最重要的"基础"部分。

中级财务会计学遵循会计基本原理,在持续经营的正常情况下,以企业在生产经营过程中所发生的各项经济业务为对象,研究如何以科学的方法对各会计要素进行确认、计量、记录与报告的理论与方法。中级财务会计学对会计事项的处理依据是国家在某一特定时期所发布的会计制度、会计准则以及其他有关会计信息披露的规定。它是在会计学原理的基础上,针对企业在生产经营过程中发生的更加具体、更加复杂的经济业务事项进行的研究。或者说,基础会计学是就会计学所涉及的最一般的问题进行研究,而中级财务会计学则是对一些具体的会计问题进行的处理。中级财务会计学的研究内容一般涉及企业生产经营过程中发生的各项经济业务或企业资金运动的全过程及其结果,是会计学科体系中最重要的组成部分。

高级财务会计学是以企业所发生的各项特殊业务的处理方法为研究对象的一门学科。特殊业务一般是指在企业日常生产经营过程中,不经常发生的或偶发的业务事项。目前在我国的会计学界中,对于哪些业务属于特殊业务应编入高级会计学仍有争议。一般来说,企业并购与合并报表、外币业务、物价变动的会计处理、所得税的会计处理、租赁业务以及企业重组与破产清算等,已经被高级财务会计学作为必须讲授的内容。

(二)按照会计学研究内容的服务对象划分,可以将其分为财务会计学和管理会计学

财务会计学作为会计学的一个分支,一般是指以研究如何以传统的会计处理方法,通过编制财务会计报表,向信息使用者提供企业财务状况、经营成果以及资金流动情况等方面信息为目的的专门学科。广义的财务会计学包括基础会计学、中级财务会计学和高级财务会计学;狭义的财务会计学指中级财务会计学。

管理会计学是将现代化管理理论与会计融为一体的,以管理决策为其核心内容,研究如何从会计参与管理的角度,通过财务会计所提供的信息,向企业的管理者与决策者提供正确经营决策、全面改善经营管理、提高经济效益的会计信息的一门学科。作为一门新兴的学科和会计的一个新兴领域,管理会计学从 20 世纪初期的前身——成本会计产生以来,到 20 世纪的中后期得到了快速发展,在理论体系和实践上都取得了丰硕成果。

作为会计学的一个分支,管理会计学是在总结管理会计实践的基础上产生与发展起来的。在管理会计产生与发展过程中,经历了初期的基础性管理会计、决策性管理会计、执行性管理会计以及进入 20 世纪后期和 21 世纪初期以后出现的管理会计的新领域。管理会计学的研究内容和学科体系也在会计实践的基础上不断深化。

(三)按照会计学的服务领域划分,可以将其分为企业会计学和预算会计学

企业会计学是一个广义的会计学概念,包含会计学原理、中级财务会计学和高级财务会计学。企业会计学的服务领域是各种类型的营利组织,即以公司制企业或非公司制企业作为服务的会计主体。

预算会计学的服务领域是各种非营利性质的组织。在我国,预算会计学将各级政府的财政部门、各种类型的行政和事业单位作为预算会计学的服务主体;而世界上其他一些国家,如美国、英国以及欧共体其他成员国,预算会计领域的划分与我国有较为明显的差异:这些国家并没有统一的或明确的预算会计概念,而是将除了在以营利为目的的企业之外的所有的社会经济组织划分为政府与非营利组织两类,并相应地建立了政府会计系统和非营利组织会计系统,预算会计只是政府会计系统中的一个组成部分。

如果采用西方国家对预算会计学的认识,我国的预算会计属于非营利组织会计系统,是政府、使用国家财政预算拨款的行政事业单位,核算监督预算资金运动过程和结果以及经营收支情况的专业会计。预算会计的会计主体是政府的财政部门和行政事业单位等接受国家财政资金的经济组织,包括财政总预算会计、行政单位会计和事业单位会计三大部分。

预算会计学是研究预算会计方法与规律、研究如何处理在预算资金运动过程中形成的各种会计事项的一门综合性管理学科。随着我国财政管理体制和预算管理体制的改革,预算会计制度也面临着一个改革的过程,政府会计、非营利组织会计将被引入我国的会计行业中,预算会计学的内容与方法也将随之发生变动。

随着知识经济时代的到来和会计实践的不断深入、国家“互联网+”行动计划的推进,传统财务会计的核算功能将逐步弱化,会计信息的分析和运用成为会计工作者的必备技能。会计学科体系还将不断出现新的分支,如随着人力资源在社会再生产过程中和人力资产作为企业在创造利润方面具有特殊优势的被认同与运用,作为专门研究人力资源核算方法与规律的人力资源会计学体系将会产生并得到不断充实与完善;另外,精细管理、云计算与大数据等新 IT 技术成为推动企业管理创新的两大驱动力,管理会计学也将随着企业经营管理活动的需要而进行更细的划分。

二、会计学原理的课程定位

(一)会计学原理的课程意义

会计学原理是财务会计乃至整个会计学科的基础课程。中级财务会计、高级财务会计所运用的确认、计量、记录与报告方法,都与会计学原理课程所提供的基本理论、基本知识与基本技能直接相关。财务管理、成本会计、会计信息系统等其他会计课程也都依赖于财务会计,尤其是会计学原理课程所提供的基本知识与内容。会计学原理课程所讲授的相关概念与理论知识(如资产、负债、所有者权益、收入、费用、利润、会计目标、会计信息质量特征等),还可以增强人们对资本市场(尤其是企业的微观角度)的理解,帮助人们做出决策。

(二)会计学原理的课程内容与教学目标

会计学原理课程主要阐述会计的基本理论、基本知识和基本技能,是学习其他会计课程的起点,是会计学入门的向导。通过本课程的学习,应使学生了解会计的基本理论,掌握会计的基本知识和基本技能,同时为后续专业课程的学习以及今后从事会计工作打下良好的基础。本课程教学的基本目标如下:

(1)理解并掌握会计的本质、内容与目标;

(2)理解会计信息的含义,了解会计信息使用者的构成与要求,掌握会计信息质量的特征;

(3)理解并掌握会计信息系统确认、计量、记录与报告的基本内涵及具体要求;

(4)掌握会计要素、会计科目与会计账户设置的基本理论及其关系,掌握复式记账方法的基本原理及其具体应用;

(5)掌握会计信息系统、填制会计凭证、登记会计账簿、编制财务报告等具体实务操作方法;

(6)掌握生产性企业主要经济交易或事项的内容与会计记录方法;

(7)了解企业的类型以及企业以营利为目的的经济活动的基本内容,理解会计在其中的功能与作用;

(8)理解会计的含义,认识会计在社会经济发展过程中的地位与作用,了解会计产生与发展的基本过程与当前趋势。

本章小结

本章介绍的是会计学的一些基本理论问题,包括会计的含义和职业机会、会计的产生和发展、会计基本假设、会计核算基础、会计信息质量要求、会计核算方法体系、会计学科体系、会计学原理的课程定位。

会计是在社会生产实践中产生的,随着社会生产力的不断发展和经济管理要求的不断提高,会计的内容也在不断得到深化和发展。传统的会计专业有四大职业方向:做会计、查会计、管会计、研究会计。未来会计领域将为从业者提供不断变化并富有挑战性的工作。财务会计指一个通过确认、计量、记录和报告等基本程序,向企业的信息使用者传递关于企业财务状况、经营业绩、现金流量等信息的经济信息系统。会计核算的基本前提是指针对会计核算所处的经济环境,根据客观的正常情况和发展趋势做出的合乎情理的判断和假设,也称为会计假设。会计主体、持续经营、会计分期和货币计量是会计核算的四个基本前提。会计基础有权责发生制和收付实现制两种,两者的着眼点不同,区别在于会计科目设置,收入、费用、利润的计算,账项的调整。会计单位通过财务报表、财务报告或附注等形式向投资者、债权人或其他信息使用者揭示单位财务状况和经营成果的信息。会计准则要求企业提供的会计信息满足八项质量要求,即可靠性、相关性、可理解性、可比性、实质重于形式、重要性、谨慎性、及时性。会计核算方法主要包括七种:填制和审核凭证、设置账户、复式记账、登记账簿、成本计算、财产清查和编制会计报表。在七种会计核算方法的内在联系中,填制和审核凭证、登记账簿和编制报表是三个主要的、连续的环节,而其他四种专门方法则错综而又紧密地穿插在这三个基本环节中。现代会计已经发展成为集信息与控制功能于一体的现代管理学科，已形成了一套内容广泛、门类齐全的会计学科体系。会计学原理是财务会计，乃至整个会计学科的基础课程。

能力考核

应知考核

会计的含义、会计职业机会、会计的产生和发展、会计四大基本假设、会计信息质量要求、会计核算方法体系、会计学科体系、会计学原理课程的定位。

一、单项选择题

1. 下列关于会计产生的表述中，正确的是(　　)。
   A. 会计最早可以追溯到奴隶社会
   B. 在原始社会就产生了独立的会计
   C. 在原始社会有专门从事会计工作的人员
   D. 会计是随着社会生产力的不断发展逐渐从生产职能中分离出来的
2. 下列属于会计主体假设意义的是(　　)。
   A. 明确了会计确认、计量和报告的空间范围
   B. 使会计人员可以选择适用的会计原则和会计方法
   C. 为会计核算确定了时间范围
   D. 为会计核算提供了必要手段
3. 关于会计主体的概念，下列各项说法中不正确的是(　　)。
   A. 可以是独立法人，也可以是非法人
   B. 可以是一个企业，也可以是企业内部的某一个单位
   C. 可以是一个单一的企业，也可以是由几个企业组成的企业集团
   D. 会计主体所核算的生产经营活动也包括其他企业或投资者个人的其他生产经营活动
4. 下列基本假设中，确立了会计核算时间范围的是(　　)。
   A. 会计分期假设　　B. 会计主体假设
   C. 持续经营假设　　D. 货币计量假设
5. 形成权责发生制和收付实现制不同的记账基础，进而出现应收、应付、预收、预付、折旧、摊销等会计处理方法所依据的会计基本假设是(　　)。
   A. 货币计量　　B. 会计年度　　C. 持续经营　　D. 会计分期
6. 企业提供的会计信息应当清晰明了，便于财务会计报告使用者理解和使用。这体现的是(　　)要求。
   A. 相关性　　B. 可靠性　　C. 及时性　　D. 可理解性
7. 企业分别按主营业务收入和其他业务收入进行核算，是基于会计信息质量要求的(　　)。

A. 相关性　　B. 重要性　　C. 可比性　　D. 可理解性

8. 企业计划在年底购买一批机器设备，8 月份与销售方达成购买意向，9 月份签订了购买合同，但实际购买的行为发生在 11 月份，则企业应该在(　　)将该批设备确认为资产。

A. 8 月　　B. 11 月　　C. 12 月　　D. 9 月

9. 确认办公用楼租金 60 万元，用银行存款支付 10 万元，50 万元未付。按照权责发生制和收付实现制分别确认费用(　　)。

A. 10 万，60 万　　B. 60 万，0 万　　C. 60 万，50 万　　D. 60 万，10 万

10. 下列关于权责发生制的表述中，不正确的是(　　)。

A. 凡是当期已经实现的收入和应当负担的费用，无论款项是否收付都应当作为当期的收入和费用

B. 凡是不属于当期的收入和费用，即使款项已在当期收付，也不应当作为当期的收入和费用

C. 款项已收到，但销售并未实现，收到款项时确认收入、费用

D. 款项未收到，但销售已经实现，计入当期的收入

二、多项选择题

1. 下列各项中，可确认为会计主体的有(　　)。

A. 子公司　　B. 企业年金基金　　C. 母公司　　D. 集团公司

2. 下列选项中，属于复式记账法的有(　　)。

A. 增减记账法　　B. 收付记账法　　C. 正负记账法　　D. 借贷记账法

3. 下列各项中，反映了可靠性会计信息质量要求的是(　　)。

A. 以实际发生的交易或事项为根据进行确认、计量

B. 在符合重要性和成本效益原则的前提下，保证会计信息的完整性

C. 在财务报告中的会计信息应当是真实、完整的

D. 各类企业执行的会计政策应当统一，便于比较

4. 下列各项中，体现谨慎性原则的有(　　)。

A. 对应收账款计提坏账准备

B. 在物价上涨时对发出存货采用先进先出法

C. 对固定资产采用加速折旧法

D. 在物价上涨时对发出存货采用加权平均法计价

5. 下列各项中，(　　)运用了会计核算专门方法。

A. 编制会计凭证　　B. 登记现金和银行存款日记账

C. 编制资产负债表　　D. 聘请注册会计师对报表进行审核

三、判断题

1. 我国《企业会计准则》规定，会计年度按农历起讫日期确定，即农历的 1 月 1 日至 12 月 31 日。(　　)

2. 业务收支以外币为主的单位，可以选择某外币作为记账本位币，并按照记账本位币编制财务会计报告。(　　)

3. 本月收到上月销售产品的货款存入银行，权责发生制下，不能作为本月的收入。（　　）

4. 由于有了持续经营这个会计核算的基本前提，才产生了本期与非本期的区别，从而出现了权责发生制与收付实现制。（　　）

5. 企业为减少本年度亏损而调减资产减值准备金额，体现了会计信息质量的谨慎性要求。（　　）

应会考核

权责发生制、收付实现制。

资料：甲公司 20×5 年 1—6 月发生下列有关业务：

(1)甲公司 20×5 年 2 月销售一批商品给乙公司，货款 100 万元，收到 80 万元现金存入银行，20×5 年 5 月收到余款 20 万元。

(2)20×5 年 3 月预收丙公司 10 万元货款，20×5 年 4 月将上述已收货款的商品发给丙公司。

要求：根据以上业务填列下表中各业务在权责发生制和收付实现制下确认的收入金额。

经济业务	会计期间	权责发生制	收付实现制
1	20×5 年 2 月		
	20×5 年 5 月		
2	20×5 年 3 月		
	20×5 年 4 月		

第二章

会计要素和会计等式

本章学习目标和教学重点、难点

学习目标：

通过本章的学习，应使初学者对六大会计要素有较清楚的认识和把握，要求掌握会计要素的定义、确认条件，掌握资产、负债和所有者权益的分类，了解会计计量属性的构成，掌握会计恒等式，掌握各类经济业务的发生对会计等式的影响。通过本章的学习，为后续章节的学习奠定基础。

学习重点：

会计要素的分类、会计要素及其确认条件、会计恒等式。

学习难点：

各类经济业务的发生对会计等式的影响。

第一节　会计要素

一、会计要素的含义与分类

会计要素(accounting elements)是指对会计对象具体内容所做的最基本分类，是会计对象的具体化。会计要素的界定和分类可以使财务会计系统更加科学严密，为投资者等财务报告使用者提供更加有用的信息。

根据我国《企业会计准则》的要求，将会计要素划分为六类，即资产、负债、所有者权益、收入、费用和利润。资产、负债、所有者权益三项会计要素，是资金运动的静态表现，反映企业在一定时点的财务状况，是组成资产负债表的主要内容。收入、费用、利润三项会计要素，是资金运动的动态表现，反映一定时期的经营成果，是组成利润表的主要内容。

二、会计要素及其确认条件

(一)资产的定义及其确认条件

1.资产的定义

资产(assets)是指由企业过去的交易或事项形成的、由企业拥有或者控制的、预期会给企业带来经济利益的资源。资产具有以下几个方面的特征：

(1)资产是由企业过去的交易或事项形成的。只有过去的交易或事项才能产生资产，企业预期在未来发生的交易或事项不能形成资产。例如，企业计划购买的材料，由于购买行为尚未发生，就不符合资产的定义，因此不能确认为企业的资产。

(2)资产应为企业拥有或者控制的资源。资产作为一种资源，应当由企业拥有或控制，具体是指企业享有某项资源的所有权，或者虽不能享有某项资源的所有权，但该资源能被企业所控制。

企业享有资产的所有权，是指企业可以按照自己的意愿使用或处置资产，其他企业或个人未经同意，不能擅自使用本企业的资产。但有些情况下，企业虽然不享有某项资源，但控制了这些资源，同样表明企业能从该资源中获取经济利益，符合资产的定义。例如，某企业以融资租赁方式租入一项固定资产，尽管企业并不能拥有其所有权，但是如果融资租赁合同规定的租赁期相当长，接近于该资产的使用寿命，表明企业控制了该固定资产的使用及其所能带来的经济利益，应当将其作为企业的资产予以确认。

(3)预期会给企业带来经济利益。所谓预期会给企业带来经济利益，是指直接或间接地增加流入企业的现金或现金等价物的潜力。这种潜力在某些情况下可以单独产生净现金流入，而在某些情况下则需与其他资产结合起来才可能在将来直接或间接地产生净现金流入。例如，企业采购的材料和购置的固定资产在生产经营过程中用于生产产品，产品对外出售后收回货款，货款即为企业获得的经济利益。预期不能带来经济利益的，就不能确认为企业的资产。例如，待处理财产损失、库存已失效或已损毁的存货，它们已经不能给企业带来未来经济利益，就不应该再作为资产。

2. 资产的确认条件

将一项资源确认为资产，需要符合资产的定义，并同时满足以下两个条件：

(1)与该资源有关的经济利益很可能流入企业。能否带来经济利益是资产的一个本质特征，但在现实生活中，由于经济环境瞬息万变，与资源有关的经济利益能否流入企业或者能够流入多少实际上带有不确定性。因此，资产的确认还应与经济利益流入的不确定性程度的判断结合起来，如果根据编制财务报表时所取得的证据，与资源有关的经济利益很可能流入企业，那么就应当将其作为资产予以确认；反之不能确认为资产。

(2)该资源的成本或者价值能够可靠地计量。财务会计系统是一个确认、计量和报告的系统，其中计量起着枢纽作用，可计量性是所有会计要素确认的重要前提，资产的确认也是如此。只有当有关资源的成本或者价值能够可靠地计量时，资产才能予以确认。

3. 资产的分类

资产可以有多种分类标准，但最为基本的分类是按其流动性分为流动资产和非流动资产。

流动资产(current assets)是指可以在1年或者超过1年的一个营业周期内变现或耗用的资产，包括库存现金、银行存款、应收及预付款项、存货等。

非流动资产(non-current assets)是指流动资产以外的资产，通常包括长期股权投资、持有至到期投资、固定资产、无形资产和其他资产。

(二)负债的定义及其确认条件

1. 负债的定义

负债(liability)是指企业过去的交易或事项形成的、预期会导致经济利益流出企业的现时义务。负债具有以下几个方面的特征：

(1)负债是由企业过去的交易或事项形成的。换言之，只有过去的交易或事项才能形成负债。企业在未来发生的承诺、签订的借款合同等交易或事项，不形成负债。

(2)负债是企业承担的现时义务。现时义务是指企业在现行条件下已承担的义务，未来发生的交易或事项所形成的义务，不属于现时义务，不应当确认为负债。这里所指的义务可以是法定义务，也可以是推定义务。其中法定义务是指具有约束力的合同或法律法规规定的义务。例如，企业购买原材料形成的应付账款、企业按照税法规定应当交纳的税款等，均属于企业承担的法定义务，需要依法予以偿还。推定义务是指根据企业多年的习惯做法、公开的承诺或者公开宣布的政策导致企业将承担的责任，这些责任也是有关各方形成了企业将履行义务解脱责任的合理预期。例如，某企业多年来制定一项销售政策，对于售出的商品提供一定期限内的售后保修服务，预期将为售出商品提供的保修服务就属于推定义务，应当将其确认为一项负债。

(3)负债的清偿预期会导致经济利益流出企业。预期会导致经济利益流出企业也是负债的一个本质特征，只有企业在履行义务时会导致经济利益流出企业的，才符合负债的定义，如果不会导致企业经济利益流出的，就不符合负债的定义。在履行现时义务清偿负债时，导致经济利益流出企业的形式多种多样，例如用现金偿还或以实物资产形式偿还；以提供劳务形式偿还；部分转移资产、部分提供劳务形式偿还；将负债转为资本等。

2.负债的确认条件

将一项义务确认为负债，首先需要符合负债的定义，并同时满足以下两个条件：

(1)与该义务有关的经济利益很可能流出企业。从负债的定义可以看到，预期会导致经济利益流出企业是负债的一个本质特征。在实务中，履行义务所需流出的经济利益带有不确定性，尤其是与推定义务相关的经济利益通常需要依赖于大量的估计。因此，负债的确认应当与经济利益流出的不确定性程度的判断结合起来，如果有确凿证据表明，与现时义务有关的经济利益很可能流出企业，就应当将其作为负债予以确认；反之，如果企业承担了现时义务，但是会导致企业经济利益流出的可能性很小。就不符合负债的确认条件，不应将其作为负债予以确认。

(2)未来流出的经济利益的金额能够可靠地计量。负债必须是一笔能用货币来确切地计量或合理地估计的金额，即负债通常有一个可以确定的到期偿还的金额或者虽无确切金额，但有一个接近精确的估计数额。

3.负债的分类

负债按其流动性分为流动负债和非流动负债。

流动负债是指将在1年或者超过1年的一个营业周期内偿还的债务，包括短期借款、应付票据、应付账款、预收账款、应付职工薪酬、应付股利、应交税费等。

非流动负债是指流动负债以外的负债。非流动负债是指偿还期在1年或者超过1年的一个营业周期以上的各种负债，包括长期借款、应付债券、长期应付款等。

(三)所有者权益的定义及其确认条件

1. 所有者权益的定义

所有者权益(owner's equity)是指企业资产扣除负债后,由所有者享有的剩余权益。公司的所有者权益又称为股东权益。所有者权益是所有者对企业资产的剩余索取权,是企业资产扣除债权人权益后应由所有者享有的部分。

所有者权益相对于负债而言,具有以下特点:

第一,所有者权益不像负债那样需要偿还,除非发生清算等情形;

第二,企业清算时,负债往往优先获得清偿,而所有者权益只有在清偿所有的负债之后才能获得返还;

第三,所有者权益能够分享利润,而负债则不能参与利润分配。

2. 所有者权益的确认条件

由于所有者权益体现的是所有者在企业中的剩余权益,因此,所有者权益的确认主要依赖于其他会计要素,尤其是资产和负债的确认,所有者权益金额的确定也主要取决于资产和负债的计量。例如,企业接受投资者投入的资产,在该资产符合企业资产确认条件时,也相应地符合了所有者权益的确认条件。

3. 所有者权益的分类

所有者权益包括实收资本(在股份制企业称为股本)、资本公积、盈余公积和未分配利润。其中盈余公积和未分配利润统称留存收益(retained earnings)。

(四)收入的定义及其确认条件

1. 收入的定义

收入(revenue)是指企业在日常活动中形成的、会导致所有者权益增加的、与所有者投入资本无关的经济利益的总流入。收入具有以下几个方面的特征:

(1)收入应当是企业在日常活动中形成的。日常活动是指企业为完成其经营目标所从事的经常性活动以及与之相关的活动。比如,工业企业制造并销售产品、商品流通企业销售商品、保险公司签发保单、咨询公司提供咨询服务、软件企业为客户开发软件、安装公司提供安装服务、租赁公司出租资产等,均属于企业的日常活动。明确界定日常活动是为了将收入与利得区分开,凡是非日常活动所形成的经济利益的流入不能确认为收入,应当计入利得。例如,企业处置固定资产、无形资产等活动,不是企业为完成其经营目标所从事的经常性活动,应当确认为营业外收入。.

(2)收入最终会导致所有者权益的增加。与收入相关的经济利益的流入应当会导致所有者权益增加,不会导致所有者权益增加的经济利益的流入,不应确认为收入。例如,企业向银行借款,尽管也导致了经济利益的流入,但该经济利益的流入并不导致所有者权益的增加,而是使企业承担了一项现时义务,因此,企业对于因借入款项导致的经济利益的流入,不应将其确认为一项收入,应当确认为一项负债。

(3)收入是与所有者投入资本无关的经济利益的总流入。收入应当会导致经济利益的流入,从而导致资产的增加或者负债的减少。但是在实务中,经济利益的流入有时是所有者投入资本导致增加的,所有者投入资本的增加不应当确认为收入,应当将其确认为所有者权益。

【思考与解惑】企业在非日常活动中形成的、会导致所有者权益增加的、与所有者投入资本无关的经济利益的净流入是利得(gain)。

2. 收入的确认条件

收入在确认时除了应当符合收入定义外,还应当满足严格的确认条件。收入的确认至少应当同时符合以下条件:

(1)与收入相关的经济利益很可能流入企业;

(2)经济利益流入企业的结果会导致企业资产的增加或者负债的减少;

(3)经济利益的流入额能够可靠地计量。

3. 收入的构成

收入按性质不同,可分为销售商品收入、提供劳务收入和让渡资产使用权收入。

收入按日常活动在企业中所处的地位,可分为主营业务收入和其他业务收入。其中主营业务收入是企业在从事日常活动中的主要经营业务中实现的收入,如工商企业的销售商品等。其他业务收入是企业在主营业务收入以外的其他活动中所实现的收入,如工业企业销售原材料收入、包装物出租收入等。

(五)费用的定义及其确认条件

1. 费用的定义

费用(expense)是指企业在日常活动中发生的、会导致所有者权益减少的、与向所有者分配利润无关的经济利益的总流出。费用具有以下几个方面的特征:

(1)费用应当是企业在日常活动中发生的。这里日常活动的界定与收入定义中涉及的日常活动的界定相一致,因日常活动所发生的费用通常包括营业成本、职工薪酬、折旧费等。明确界定日常活动是为了将费用与损失区分开。企业非日常活动所形成的经济利益的流出不能确认为费用,应当计入损失。损失是指企业在非日常活动中发生的、会导致所有者权益减少的、与向所有者分配利润无关的经济利益的净流出。

(2)费用会导致所有者权益的减少。与费用相关的经济利益的流出应当会导致所有者权益的减少,不会导致所有者权益减少的经济利益的流出不符合费用的定义,不应确认为费用。例如,企业用银行存款 10 万元购买生产用原材料,该购买行为尽管导致企业经济利益流出了 10 万元,但并不会导致所有者权益的减少,它使企业增加了另外一项资产,在这种情况下,就不应当将该经济利益的流出确认为费用。

(3)费用是与向所有者分配利润无关的经济利益的总流出。费用的发生会导致经济利益的流出,从而导致资产的减少或者负债的增加。鉴于企业向所有者分配利润也会导致经济利益的流出,而该经济利益的流出属于所有者权益的减少,不应确认为费用,应当将其排除在费用的定义之外。

【思考与解惑】企业在非日常活动中形成的、会导致所有者权益减少的、与向所有者分配利润无关的经济利益的净流出是损失(loss)。

2.费用的确认条件

费用的确认除了应当符合费用的定义外,还应当满足严格的确认条件。费用的确认至少应当同时符合以下条件:

(1)与费用相关的经济利益应当很可能流出企业;

(2)经济利益流出企业的结果会导致资产的减少或者负债的增加;

(3)经济利益的流出额能够可靠计量。

3.费用的构成

按照费用与收入的关系,费用可分为营业成本和期间费用。营业成本是企业为销售商品、提供劳务而发生的各种耗费的汇总。营业成本按照其所销售商品或提供劳务在企业日常活动中所处的地位,可分为主营业务成本和其他业务成本。期间费用包括管理费用、销售费用、财务费用。

(六)利润的定义及其确认条件

1.利润的定义

利润(profit)是指企业在一定会计期间的经营成果。反映的是企业的经营业绩情况,是评价企业管理层经营业绩的重要指标,也是投资者、债权人等做出投资决策、信贷决策等的参考指标。

2.利润的确认条件

利润反映的是收入减去费用、利得减去损失后的净额。因此,利润的确认主要依赖于收入和费用以及利得和损失的确认,其金额的确定也主要取决于收入、费用、利得、损失金额的计量。

利润的构成:

利润=(收入-费用)+(直接计入当期损益的利得-直接计入当期损益的损失)

其中,收入减去费用后的净额反映的是企业日常活动的经营成果,直接计入当期损益的利得减去直接计入当期损益的损失反映的是企业非日常活动的经营成果。企业应当严格区分收入和利得、费用和损失之间的区别,以更加全面地反映企业的经营业绩。

三、会计要素的计量

会计计量(accounting measurement)是为了将符合条件的会计要素登记入账,并列报于财务报表而确定其金额的过程。企业应当按照规定的会计计量属性进行计量,确定相关金额。

计量属性是指所予以计量的某一要素的特征。从会计学的角度,计量属性反映的是会计要素金额的确定基础,是以货币对会计要素进行计量时的标准。会计计量属性主要包括:历史成本、重置成本、可变现净值、现值、公允价值等。

1. 历史成本

历史成本(historical cost)又称实际成本，就是取得或制造某项财产物资时所实际支付的现金或者其他等价物。在历史成本计量下，资产按照购置时支付的现金或现金等价物的金额，或按照购置资产时所付出的对价的公允价值计量；负债按照其现时义务而实际收到的款项或者资产的金额，或者承担现时义务的合同金额，或者按照日常活动中为偿还负债预期需要支付的现金或现金等价物的金额计量。

历史成本计量，要求企业对资产、负债、所有者权益等项目的计量，应当基于经济业务的实际交易成本，而不考虑随后市场价格变动的影响。

2. 重置成本

重置成本(replacement cost)是指企业重新取得与其所拥有的某项资产相同或与其功能相当的资产需要支付的现金或现金等价物金额。在重置成本计量下，资产按照现在相同或者相似资产所需支付的现金或现金等价物的金额计量；负债按照现在偿付该项负债所需支付的现金或者现金等价物的金额计量。在实务中，重置成本多用于盘盈的存货、固定资产的计量。例如，企业在年末财产清查中，发现未入账的设备一台，其同类固定资产的市场价格为 5 万元，则企业对该设备以重置成本 5 万元计价。

3. 可变现净值

可变现净值(net realizable value)是指在日常活动中，以预计售价减去进一步加工成本和预计销售费用以及相关税费后的净值。在可变现净值计量下，资产按照其正常对外销售所能收到现金或者现金等价物的金额扣减该资产至完工时估计将要发生的成本、估计的销售费用以及相关税费后的金额计量。通常运用于存货减值情况下的后续计量。例如，某企业期末库存 A 商品的账面价值为 100 万元，该批商品的市场售价为 85 万元，估计销售 A 商品需要发生销售费用等相关税费 10 万元，则 A 商品按可变现净值 75 万元计价。

4. 现值

现值(present value)是指对未来现金流量以恰当的折现率折现到现在时刻的价值，是考虑货币时间价值因素的一种计量属性。在现值计量下，资产按照预计从其持续使用和最终处置中所产生的未来净现金流入量折现的金额计量；负债按照预计期限内需要偿还的未来净现金流出量折现的金额计量。

5. 公允价值

公允价值(fair value)是指熟悉市场情况的买卖双方在公平交易的条件下和自愿的情况下所确定的价格，或无关联的双方在公平交易的条件下一项资产可以被买卖或者一项负债可以被清偿的成交价格。在公允价值计量下，资产和负债按照在公平交易中，熟悉市场情况的交易双方自愿进行资产交换或者债务清偿的金额计量。在实务中，公允价值主要运用于交易性金融资产、可供出售金融资产、采用公允价值计量的投资性房地产等的后续计量。

在企业会计准则体系建设中，适度、谨慎地引入公允价值这一计量属性，是因为随着我国资本市场的发展，股权分置改革的基本完成，越来越多的股票、债券、基金等金融产品在交易所挂牌上市，使得这类金融资产的交易已经形成了较为活跃的市场，因此，我国已经具备了引入公允价值的条件。在这种情况下，引入公允价值，更能反映企业的实际情况，对投资者等财务报告使用者的决策更加有用，而且也正因如此，我国企业会计准则才实现了与国际财务报告准则的趋同。

第二节　会计等式

会计等式(accounting equation)又称会计平衡式或会计方程式，是反映会计要素之间平衡关系的计算公式。

会计对象是社会再生产过程中的资金运动，具体表现为会计要素的增减变化。在资金运动过程中，会计要素的增减变化之间存在一定的联系，这种内在关系，可以通过会计平衡等式表现出来。会计等式是会计核算方法的理论基础，而且是设置账户、复式记账、编制会计报表的理论依据。

一、反映财务状况的会计等式

任何企业要从事生产经营活动，必定有一定数量的资产。企业的资产最初来源于两个方面：一是所有者投入；二是企业向债权人借入。所有者和债权人将其拥有的资产提供给企业使用，就应该相应地对企业的资产享有一种要求权，这种对资产的要求权在会计上被称为“权益”。

资产表明企业拥有什么资源和拥有多少资源，权益表明该经济资源的来源渠道。可见，资产与权益是同一事物的两个方面，两者相互依存，不可分割。因此，资产和权益两者在数量上必然相等，在任何一个时点都必然保持恒等的关系，可用公式表示为：

资产＝权益

而权益通常分为两种：一是以投资者的身份向企业投入资产而形成的权益，我们称之为所有者权益；另一种是以债权人的身份向企业提供资产而形成的权益，我们称之为债权人权益或负债。这样，上述等式又可表达成：

资产＝负债＋所有者权益

这就是基本的会计等式，也称静态会计等式。这一等式反映了企业某一特定时点资产、负债和所有者权益之间的平衡关系，反映了一定时点企业财务状况(financial status)的好坏。它是复式记账法的理论依据，也是编制资产负债表(balance sheet)的依据。

二、反映经营成果的会计等式

企业一定时期所获得的收入扣除所发生的各项费用后的余额，即为利润。收入、费用和利润之间的关系的等式，也称动态会计等式，反映了企业一定期间的经营成果(operating results)，是编制利润表(income statement)的依据。这种关系可用下述公式表示：

收入－费用＝利润

三、综合会计等式

随着企业经营活动的进行，在会计期间内，企业一方面会取得收入，收入将会导致所有者权益的增加；另一方面企业要发生各种费用，费用将会导致所有者权益的减少。因此，在会计期间内，会计等式就转化为下列形式：

资产＝负债＋所有者权益＋(收入－费用)

到了会计期末，企业将收入和费用相配比，计算出利润。此时会计等式又转化为：

资产＝负债＋所有者权益＋利润

以上两个会计等式反映的是会计结账以前的平衡关系。在会计期末，通过一系列结账程序，将利润转入所有者权益后，会计等式就转变为：

资产＝负债＋所有者权益

可以看出，六大会计要素之间的等式关系全面、综合地反映了企业资金运动的内在规律。企业的资金总是采用动静结合的方式持续不断地运动。从某一具体时点上观察，可以看出资金的静态规律；从某一时期观察，又可以总结出资金的动态规律。

四、经济业务对会计等式的影响

上述等式之所以成为会计恒等式，是因为不管企业经济业务多么复杂，不管这些经济业务引起的会计要素发生什么变化，都不会破坏会计等式的平衡关系。下面我们通过几个简单的例子来说明会计要素之间的这种恒等关系。

【例 2-1】甲企业 2015 年 8 月底有关资产、负债及所有者权益情况如表 2-1 所示。

表 2-1　资产、负债及所有者权益情况

单位名称：甲企业　　　　2015 年 8 月 31 日　　　　单位：元

资　产	金　额	负债及所有者权益	金　额
库存现金	6 000	短期借款	10 000
银行存款	150 000	应付账款	200 000
原 材 料	50 000	实收资本	160 000
库存商品	30 000	盈余公积	50 000
固定资产	240 000	利润分配	56 000
合　计	476 000	合　计	476 000

甲企业 2015 年 9 月份发生下列经济业务(不考虑增值税等相关税费)：

(1)9 月 3 日，收到投资者追加投资 500 000 元，款项存入银行。

这项经济业务使企业银行存款增加了 500 000 元，同时实收资本增加了 500 000 元，即等式左边的资产和右边的所有者权益同时增加了 500 000 元，因此，没有改变会计等式的平衡关系。

(2)9 月 4 日，用银行存款 10 000 元购买生产所需的原材料，材料已验收入库。

这项经济业务使企业原材料增加 10 000 元，同时银行存款减少 10 000 元，即企业的一项资产增加而另一项资产减少相等的金额，因此资产总额不变，会计等式依然平衡。

(3)9 月 5 日，向银行借入三个月的借款 20 000 元，存入银行。

这项经济业务使企业的银行存款增加了 20 000 元，同时银行借款也增加了 20 000 元，即等式左边的资产和右边的负债同时增加 20 000 元，会计等式依然平衡。

(4)9 月 7 日，用银行存款归还前欠乙公司的货款 40 000 元。

这项经济业务使企业的银行存款减少了 40 000 元，同时应付账款也减少了 40 000 元，即会计等式两边同时减少 40 000 元，会计等式依然平衡。

(5)9 月 15 日，所有者收回对甲企业的投资 50 000 元，办妥手续后以银行存款支付。

这项经济业务使企业的银行存款减少了 50 000 元，同时实收资本减少了 50 000 元，即会计等式两边同时减少 50 000 元，会计等式依然平衡。

(6)9 月 17 日，企业向银行借入 60 000 元直接用于归还前欠丙公司的货款。

这项经济业务使企业的应付账款减少了 60 000 元，同时短期借款增加了 60 000 元，即企业的一项负债减少而另一项负债增加，金额相同，负债总额不变，会计等式依然平衡。

(7)9 月 20 日，经批准将前欠丁公司的货款 100 000 元转为丁公司对甲公司的投资。

这项经济业务使企业的应付账款减少了 100 000 元，同时实收资本增加了 100 000 元，会计等式右边一项负债减少，一项所有者权益增加，金额相等，权益总额不变，会计等式依然平衡。

(8)9 月 26 日，经批准用盈余公积 40 000 元转增资本。

这项经济业务使企业的盈余公积减少 40 000 元，实收资本增加 40 000 元，一项所有者权益增加，另一项所有者权益减少，金额相等，会计等式依然平衡。

(9)9 月 28 日，企业决定向投资者分配利润 8 000 元。

这项经济业务使企业的应付股利增加 8 000 元，未分配利润减少 8 000 元，会计等式右边的负债增加 8 000 元，所有者权益减少 8 000 元，权益总额不变，会计等式依然平衡。

从以上举例可以看出，任何一项经济业务的发生，至少会引起两个项目同时发生变化，要么是不同会计要素的两个项目同时发生变化，要么是同一会计要素内部的两个项目同时发生变化，金额相等，变化的结果都不会破坏“资产＝负债＋所有者权益”的平衡关系。

上述业务发生后，甲企业的资产、负债及所有者权益情况如表 2-2 所示。

表 2-2 资产、负债及所有者权益情况

单位：元

资 产	金 额	负债及所有者权益	金 额
库存现金	6 000	短期借款	90 000
银行存款	570 000	应付账款	0
原 材 料	60 000	应付股利	8 000
库存商品	30 000	实收资本	750 000
固定资产	240 000	盈余公积	10 000
		利润分配	48 000
合 计	906 000	合 计	906 000

除上述业务外,甲企业本月还发生下列经济业务:

(10)9 月 29 日,销售商品一批取得收入 40 000 元,款项已收到存入银行。

这项经济业务使企业的收入增加 40 000 元,另一方面使企业银行存款增加 40 000 元,会计等式左边和右边同时增加相等的数额,会计等式依然平衡。

(11)9 月 30 日,结转本月已销产品的成本 30 000 元。

这项经济业务使企业的费用增加 30 000 元,另一方面使企业库存商品减少 30 000 元,会计等式左边和右边同时增加相等的数额,会计等式依然平衡。

此刻,会计等式转化为:资产=负债+所有者权益+(收入-费用)

本月的利润=收入-费用=40 000-30 000=10 000(元),将本月利润的 10%计入盈余公积,90%计入利润分配。

上述业务发生后,甲企业的资产、负债及所有者权益情况如表 2-3 所示。

表 2-3　资产、负债及所有者权益情况　　单位:元

资　产	金　额	负债及所有者权益	金　额
库存现金	6 000	短期借款	90 000
银行存款	610 000	应付账款	0
原 材 料	60 000	应付股利	8 000
库存商品	0	实收资本	750 000
固定资产	240 000	盈余公积	11 000
		利润分配	57 000
合　计	916 000	合　计	916 000

期末结账后,会计等式又恢复为:资产=负债+所有者权益

【思考与解惑】经济业务的发生对会计等式会产生哪几种影响?

五、经济业务对会计恒等式的影响

无论经济业务多么复杂和千变万化,它所引起的会计要素的变化,归纳起来不外乎以下四大类:

(1)资产项目一增一减,增减金额相等,会计等式保持恒等关系;

(2)权益项目一增一减,增减金额相等,会计等式保持恒等关系;

(3)资产、权益项目同时增加,双方增加的金额相等,会计等式保持恒等关系;

(4)资产、权益项目同时减少,双方减少的金额相等,会计等式保持恒等关系。

具体来说又分为如表 2-4 所示的九种情形。

表 2-4 经济业务对会计恒等式影响的九种情形

经济业务类型		资 产	负 债	所有者权益
Ⅰ大类	1	一增一减		
Ⅱ大类	2		一增一减	
	3			一增一减
	4		增加	减少
	5		减少	增加
Ⅲ大类	6	增加	增加	
	7	增加		增加
Ⅳ大类	8	减少	减少	
	9	减少		减少

结论：六个会计要素紧密联系，无论经济业务是否发生，无论发生何种经济业务，会计等式"资产＝负债＋所有者权益"总是成立。

本章小结

会计要素是对会计对象按经济性质所做的基本分类，是会计核算和监督的具体对象和内容，是构成会计对象具体内容的主要因素。会计要素分为反映企业财务状况的会计要素和反映企业经营成果的会计要素。中国《企业会计准则》将会计要素界定为六个，即资产、负债、所有者权益、收入、费用和利润。

会计等式是在会计核算中反映各个会计要素之间数量关系的数学表达式，又称会计方程式、会计平衡公式、会计恒等式。它是各会计主体设置账户进行复式记账和编制会计报表的理论依据。

会计等式提示各会计要素之间的联系，是复式记账、试算平衡和编制会计报表的理论依据，反映资产负债表要素之间的数量关系的等式是：资产＝负债＋所有者权益，反映利润表要素之间的数量关系的等式是：收入－费用＝利润，以及综合会计等式：资产＝负债＋所有者权益＋(收入－费用)。

无论任何时点，企业发生任何类型的经济业务都不会破坏会计等式的平衡，经济业务的发生对会计等式的影响具体分为四大类九种情形。

应知考核

会计要素的含义和分类、会计要素的确认条件、会计要素的计量属性、会计静态等式、会计动态等式、综合会计等式、各类经济业务发生对会计等式的影响。

一、单项选择题

1. 下列各会计要素，(　　)不是反映财务状况的会计要素。

A. 资产　　B. 负债　　C. 收入　　D. 所有者权益

2. 负债是指由于过去交易或事项所引起的企业的(　　)。

A. 过去义务　　B. 现时义务　　C. 将来义务　　D. 永久义务

3. 下列项目中,不属于收入范围的是(　　)。

A. 商品销售收入　　B. 劳务收入　　C. 租金收入　　D. 代收款项

4. 2015 年 12 月 31 日,甲公司的资产总额为 400 万元,流动负债总额为 50 万元,所有者权益总额为 250 万元,则当日该公司的非流动负债总额为(　　)万元。

A. 300　　B. 350　　C. 100　　D. 1

5. 资产按照其正常对外销售所能收到的现金或者现金等价物的金额扣减该资产至完工时估计将要发生的成本、估计的销售费用以及相关税费后的金额计量,其会计计量属性是(　　)。

A. 重置成本　　B. 可变现净值　　C. 历史成本　　D. 公允价值

6. 企业在日常活动中形成的、会导致所有者权益增加的、与所有者投入资本无关的经济利益的总流入称为(　　)。

A. 资产　　B. 利得　　C. 收入　　D. 利润

7. 由企业非日常活动所发生的、会导致所有者权益减少的、与向所有者分配利润无关的经济利益的净流出称为(　　)。

A. 费用　　B. 损失　　C. 负债　　D. 所有者权益

8. 下列引起资产和负债同时减少的经济业务是(　　).

A. 从银行提取现金　　B. 赊购材料一批

C. 用银行存款偿还银行借款　　D. 通过银行收到应收账款

9. 最基本的会计等式是(　　)。

A. 资产＝负债＋所有者权益

B. 期初余额＋本期增加额－本期减少额＝期末余额

C. 收入－费用＝利润

D. 资产＝负债＋所有者权益＋(收入－费用)

10. 一个企业的资产总额与权益总额(　　)。

A. 必然相等　　B. 有时相等　　C. 不会相等　　D. 只有在期末时相等

11. 一项资产增加、一项负债增加的经济业务发生后都会使资产与权益原来的总额(　　)。

A. 发生同增的变动　　B. 发生同减的变动

C. 不会变动　　D. 发生不等额变动

12. 某企业月初权益总额为 80 万元,假定本月仅发生一笔以银行存款 10 万元偿还银行借款的经济业务,则该企业月末资产总额为(　　)万元。

A. 80　　B. 90　　C. 100　　D. 70

13. 经济业务发生仅涉及资产要素时,必然引起该要素中某些项目发生(　　)。

A. 同增变动　　B. 同减变动　　C. 此增彼减变动　　D. 不变动

14. 在下列经济业务中,只能引起同一个会计要素内部增减变动的业务是(　　)。

A. 取得借款存入银行　　B. 用银行存款归还前欠货款

C. 用银行存款购买材料　　D. 赊购原材料

15. 下列经济业务会引起资产类项目和负债类项目同时增加的是(　　)。

A. 从银行提取现金　　B. 用银行存款归还企业的银行短期借款

C. 赊购原材料　　D. 接受投资者投入的现金资产

16. 某公司期初资产总额为 200 000 元，当期期末负债总额比期初减少 20 000 元，期末所有者权益比期初增加 60 000 元，则该企业期末资产总额为(　　)元。

A. 180 000　　B. 200 000　　C. 240 000　　D. 260 000

17. 下列引起所有者权益项目此增彼减的经济业务是(　　)。

A. 以短期借款直接偿还应付账款　　B. 以银行存款支付投资者的利润

C. 接受捐赠的固定资产　　D. 经批准将盈余公积转增资本

18. 当一笔经济业务只涉及负债要素发生增减变化时，会计等式两边的金额(　　)。

A. 同增　　B. 同减　　C. 不变　　D. 一方增加，一方减少

19. 某公司资产总额为 60 000 元，负债总额为 30 000 元，以银行存款 20 000 元偿还短期借款，并以银行存款 15000 元购买设备，则上述业务入账后该公司的资产总额为(　　)元。

A. 30 000　　B. 40 000　　C. 25 000　　D. 15 000

20. 在(　　)计量下，资产按照购置时支付的现金的金额计量。

A. 重置成本　　B. 历史成本　　C. 可变现净值　　D. 现值

二、多项选择题

1. 反映企业财务状况的会计要素是(　　)。

A. 资产　　B. 未分配利润　　C. 负债　　D. 费用

2. 下列属于会计等式的是(　　)。

A. 本期借方发生额合计＝本期贷方发生额合计

B. 资产＝负债＋所有者权益

C. 本期借方余额合计＝本期贷方余额合计

D. 收入－费用＝利润

3. 会计计量属性包括(　　)。

A. 权责发生制　　B. 历史成本　　C. 现值　　D. 公允价值

4. 下列项目中，属于费用要素特点的有(　　)。

A. 与向所有者分配利润无关　　B. 企业在日常活动中发生的经济利益的总流入

C. 经济利益的流出额能够可靠计量　　D. 会导致所有者权益减少

5. 下列经济业务中，引起资产和负债同时减少的业务有(　　)。

A. 用银行存款偿还应付账款　　B. 用银行存款支付管理费用

C. 以现金发放上月工资　　D. 用银行存款支付应付给投资者的利润

6. 属于企业债权的有(　　)。

A. 应收账款　　B. 应付账款　　C. 预收账款　　D. 预付账款

7. 资产的特征有(　　)。

A. 过去的交易或事项形成　　B. 企业日常活动形成的经济利益的总流入

C. 企业拥有或者控制的　　　　　　　　D. 能够给企业带来未来的经济利益

8. 某公司销售产品，价款为 100 000 元，款项尚未收到，此项业务引起的会计要素变化(　　)。

A. 收入增加　　B. 资产增加　　C. 费用增加　　D. 负债增加

9. 下列项目中，不属于所有者权益内容的是(　　)。

A. 盈余公积　　B. 投资收益　　C. 营业外收入　　D. 长期股权投资

10. 期间费用包括(　　)。

A. 管理费用　　B. 财务费用　　C. 制造费用　　D. 销售费用.

11. 经济业务的类型包括(　　)。

A. 引起资产与权益同时增加的业务

B. 引起资产内部有增有减、总额不变的业务

C. 引起资产增加、权益减少、总额不变的业务

D. 引起权益内部有增有减、总额不变的业务

12. 下列各项中，应确认为企业资产的有(　　)。

A. 购入的无形资产　　　　　　　　B. 融资租入的固定资产

C. 计划下个月购入的材料　　　　　D. 已霉烂变质无使用价值的存货

三、判断题

1. 所有者权益简称为权益。(　　)

2. 费用可表现为资产的减少或负债的增加。(　　)

3. 资产既可以由过去的交易或事项所产生形成，也可以由未来交易可能产生的结果所产生形成。(　　)

4. 某一财产物资要成为企业的资产，其所有权必须属于企业。(　　)

5. 资产按流动性分为流动资产和固定资产。(　　)

6. 收入的特点之一是企业在日常活动中形成的经济利益总流入，所以企业处置固定资产、无形资产产生的经济利益流入均不构成收入。(　　)

7. 流动资产是指可以在一年内变现或耗用的资产。(　　)

8. 企业接受投资者投入实物，能同时引起资产和所有者权益同时增加。(　　)

9. 收入是指企业在经济活动中形成的经济利益的总流入，包括主营业务收入、其他业务收入和营业外收入。(　　)

10. 利润是指企业在一定会计期间的经营成果。通常情况下，如果企业实现了利润，表明企业的所有者权益将增加，业绩得到了提升；反之，如果企业发生了亏损，表明企业的所有者权益将减少，业绩下降。(　　)

应会考核

会计等式、各类经济业务发生对会计等式的影响。

1. M 公司月初资产总额为 100 万元，本月发生下列业务：

(1)以银行存款购买原材料 10 万元；

(2)向银行借款 60 万元,款项存入银行;

(3)以银行存款归还前欠货款 30 万元;

(4)收回应收账款 20 万元,款项已存入银行。

要求:计算 M 公司月末资产总额。

2.某公司 2015 年 10 月 31 日有关资产、负债和所有者权益的资料如下:

资产 1 120 000 元、负债 350 000 元、所有者权益 770 000 元。

11 月份有关收入额为 230 000 元,费用额为 180 000 元,负债增加额为 80 000 元,负债减少额为 70 000 元,资产增加额为 190 000 元。

要求:计算 11 月份资产的减少额,以及 11 月月末资产的总额。

第三章

会计账户和复式记账

本章学习目标和教学重点、难点

学习目标：

通过本章的学习，应使初学者了解设置科目和账户对会计核算工作的意义，了解会计核算的核心——复式记账，掌握会计科目及账户的含义、分类、账户的基本结构、账户期末余额的计算，熟悉会计科目的级次，掌握会计科目设置的原则。

学习重点：

复式记账法的定义、借贷记账法的记账符号、记账规则、账户结构、会计分录和试算平衡。

学习难点：

借贷记账法记账符号的理解、会计分录的编制和试算平衡。

第一节　会计科目与账户

一、会计科目

（一）设置会计科目的意义

企业经济活动的复杂性决定了会计核算的具体内容是十分复杂的，经济业务发生后会引起会计要素的增减变动。由于企业经营业务错综复杂，即使涉及同一种要素，也往往具有不同的性质和内容。如固定资产和现金虽然都属于资产，但它们的经济内容却各不相同；又如应付账款和长期借款虽然都是负债，但它们的形成原因和偿付期限也是各不相同的。因此，为了连续、系统、全面地核算和监督经济活动所引起的各项会计要素的增减变化，就有必要对会计要素的具体内容按照其不同的特点和经济管理要求进行科学的分类，并事先确定分类核算的项目名称，规定其核算内容。这种对会计要素的具体内容进行分类核算的项目，称为会计科目（accounts）。

会计科目是设置账户和处理账务的依据。设置会计科目是会计核算的一种专门方法。

（二）设置会计科目的原则

会计科目的设置应考虑各企业的特点和具体情况，但任何单位在设置会计科目时都应遵循以下基本原则。

1. 统一性兼顾灵活性

所谓统一性，就是指不同企业对会计科目的设置及其核算内容应当符合国家统一的会计制度的规定。中国现行的统一的会计制度均对企业设置的会计科目作出了规定，以保证不同企业对外提供的会计信息的可比性。企业设置会计科目应在保持统一性的前提下，考虑会计科目设置的灵活性。所谓灵活性，是指企业可以根据自身的生产经营特点，在不影响统一会计核算要求以及对外提供统一的财务报表的前提下，自行增设、减少或合并某些会计科目。

2. 全面性原则和互斥性

全面性是指企业设置的一套会计科目应能反映企业所有的经济业务，所有的经济业务都有特定的会计科目来反映，不能有遗漏。互斥性是指每个会计科目核算的内容互相排斥，不同的会计科目不能有相同的核算内容。

3. 相关性原则

相关性原则，是指所设置的会计科目应当为有关各方所需要的会计信息服务，满足对外报告与对内管理的要求。根据企业会计准则的规定，企业财务报告提供的信息必须满足对内对外各方面的需要，而设置会计科目必须服务于会计信息的提供，必须与财务报告的编制相协调、相关联。

(三)会计科目的分类

1. 按核算的经济内容分类

会计科目按核算的经济内容分类，可分为资产类会计科目、负债类会计科目、所有者权益类会计科目、成本类会计科目、损益类会计科目。我国财政部2006年制定并颁布的《企业会计准则——应用指南》规定的会计科目共计156个，其中常用的会计科目见表3-1。

表3-1　会计科目

顺序号	编号	会计科目名称	顺序号	编号	会计科目名称
		一、资产类	13	1403	原材料
1	1001	库存现金	14	1404	材料成本差异
2	1002	银行存款	15	1405	库存商品
3	1012	其他货币资金	16	1511	长期股权投资
4	1121	应收票据	17	1601	固定资产
5	1122	应收账款	18	1602	累计折旧
6	1123	预付账款	19	1604	在建工程
7	1131	应收股利	20	1605	工程物资
8	1132	应收利息	21	1606	固定资产清理
9	1221	其他应收款	22	1701	无形资产
10	1231	坏账准备	23	1702	累计摊销
11	1401	材料采购	24	1801	长期待摊费用
12	1402	在途物资	25	1901	待处理财产损溢

续表

顺序号	编号	会计科目名称	顺序号	编号	会计科目名称
		二、负债类			四、成本类
26	2001	短期借款	44	5001	生产成本
27	2201	应付票据	45	5101	制造费用
28	2202	应付账款	46	5201	研发支出
29	2203	预收账款			五、损益类
30	2211	应付职工薪酬	47	6001	主营业务收入
31	2221	应交税费	48	6051	其他业务收入
32	2232	应付股利	49	6101	公允价值变动损益
33	2241	其他应付款	50	6111	投资收益
34	2501	长期借款	51	6301	营业外收入
35	2502	应付债券	52	6401	主营业务成本
36	2701	长期应付款	53	6402	其他业务成本
37	2711	专项应付款	54	6403	营业税金及附加
38	2901	递延所得税负债	55	6601	销售费用
		三、所有者权益	56	6602	管理费用
39	4001	实收资本(股本)	57	6603	财务费用
40	4002	资本公积	58	6701	资产减值损失
41	4101	盈余公积	59	6711	营业外支出
42	4103	本年利润	60	6801	所得税费用
43	4104	利润分配	61	6901	以前年度损益调整

小企业在不违反会计准则中确认、计量和报告规定的前提下，可以根据本企业的实际情况自行增设、分拆、合并会计科目(见表3-2)。小企业不存在的交易或者事项，可不设置相关会计科目。会计科目编号供小企业填制会计凭证、登记会计账簿、查阅会计账目、采用会计软件系统参考，小企业可结合本企业的实际情况自行确定其他会计科目的编号。

表3-2　小企业会计科目

顺序号	编号	会计科目名称	顺序号	编号	会计科目名称
		一、小企业资产类	5	1121	应收票据
1	1001	库存现金	6	1122	应收账款
2	1002	银行存款	7	1123	预付账款
3	1009	其他货币资金	8	1131	应收股利
4	1101	短期投资	9	1132	应收利息

续表

顺序号	编号	会计科目名称	顺序号	编号	会计科目名称
10	1221	其他应收款	36	2232	应付利润
11	1401	材料采购	37	2241	其他应付款
12	1402	在途物资	38	2501	长期借款
13	1403	原材料	39	2701	长期应付款
14	1404	材料成本差异			三、所有者权益
15	1405	库存商品	40	4001	实收资本
16	1408	委托加工物资	41	4002	资本公积
17	1411	周转材料	42	4101	盈余公积
18	1501	长期债券投资	43	4103	本年利润
19	1511	长期股权投资	44	4104	利润分配
20	1601	固定资产			四、小企业成本类
21	1602	累计折旧	45	5001	生产成本
22	1604	在建工程	46	5101	制造费用
23	1605	工程物资	47	5201	研发支出
24	1606	固定资产清理	48		五、小企业损益类
25	1701	无形资产	49	6001	主营业务收入
26	1702	累计摊销	50	6051	其他业务收入
27	1801	长期待摊费用	51	6111	投资收益
28	1901	待处理财产损溢	52	6301	营业外收入
		二、小企业负债类	53	6401	主营业务成本
29	2001	短期借款	54	6402	其他业务成本
30	2201	应付票据	55	6403	营业税金及附加
31	2202	应付账款	56	6601	销售费用
32	2203	预收账款	57	6602	管理费用
33	2211	应付职工薪酬	58	6603	财务费用
34	2221	应交税费	59	6711	营业外支出
35	2231	应付利息	60	6801	所得税费用

2.按反映经济业务的详细程度分类

会计科目按反映经济业务的详细程度分类，可分为总分类科目(main category account)和明细分类科目(detailed account)。

(1)总分类科目(又称总账科目或一级科目)，是指总括核算会计要素并提供总括信息的科目。财政部制定并颁布的《企业会计准则——应用指南》规定的会计科目均为总账科目。

(2)明细分类科目(又称明细科目)是对总分类科目核算内容所做的更为详细的分类,它能提供更为详细、具体的核算指标。明细分类科目又可分为二级科目、三级科目,如有需要也可设置四级、五级科目。

下面以某乳品厂的"原材料"为例说明会计科目各级次之间的关系(见表3-3)。

表3-3 会计科目各级次之间的关系

总账科目(一级科目)	明细科目	
	二级科目	三级科目
原材料	主要材料	鲜奶
		奶粉
	辅助材料	可可粉
		草莓酱

二、会计账户

(一)会计账户的概念

会计科目是对会计对象的组成内容进行科学分类而规定的名称。对会计对象划分类别并规定名称是必要的,但要全面、系统地记录和反映各项经济业务所引起的资产变动情况,还必须在分类的基础上借助于具体的形式和方法,这就是开设和运用账户。账户(accounts)是根据会计科目设置的,具有一定的格式和结构,用于分类反映会计要素增减变动情况及其结果的载体。

(二)会计账户的分类

1. 按核算的经济内容分类

会计账户按核算的经济内容分类,可分为资产类会计账户、负债类会计账户、所有者权益类会计账户、成本类会计账户、损益类会计账户。

2. 按反映经济业务的详细程度分类

会计账户按反映经济业务的详细程度分类,可分为总分类账户和明细分类账户。

(三)账户的结构和内容

账户之所以能够反映经济业务发生而引起的会计要素的增减变动情况,是因为账户具有一定的结构。企业经济业务千变万化,但从数量上看,不外乎增加、减少两种情况。因此,账户的基本结构也相应地分为两个基本部分,即左右两部分:一部分记录增加额,另一部分记录减少额。至于账户的哪一方记录增加额,哪一方记录减少额,取决于所采用的记账方法和账户的性质。

在实际工作中，账户的格式各异，但一般情况下，任何一种格式的账户，通常应包括以下内容：

(1)会计账户的名称(即会计科目)；

(2)日期和凭证号数；

(3)摘要(概括说明经济业务的内容)；

(4)增加额、减少额、余额。

账户的一般格式如表 3-4 所示。

表 3-4　账户名称(会计科目)

××××年		凭证号数	摘要	借方	贷方	借或贷	余额
月	日						

为了便于理论分析和教学，通常将会计账户的基本结构简化为“T”型或“丁”字型账户，如图 3-1 所示。

图 3-1　“T”型或“丁”字型账户

账户结构的重要功能是反映某一项目数量变化的过程及结果，其核心为四个指标，即期初余额、本期增加发生额、本期减少发生额和期末余额。这四个金额的关系满足下列等式关系：

期末余额＝期初余额＋本期增加发生额－本期减少发生额

【思考与解惑】会计科目与会计账户有什么联系和区别？

三、会计科目与会计账户的联系与区别

(一)会计科目与会计账户的联系

(1)会计科目与会计账户都是对会计对象的具体内容在按会计要素分类的基础上所做的进一步分类，两者的名称和反映的经济内容相同。

(2)会计科目是设置会计账户的基础和依据，会计科目是会计账户的名称，账户是对会计科目的具体运用。从一定意义上讲，没有账户，设置会计科目也就失去了意义；反之，没有会计科目，设置账户也就没有了依据。

(二)会计科目与会计账户的区别

(1)会计科目只是对经济业务进行分类核算的标志或名称，不存在结构问题，而账户具

有一定的结构和格式。

(2)会计科目只能界定核算内容,却不能反映经济业务的增减变化及其结果,而账户可以。

(3)会计科目一般是由国家统一的会计准则指定的,而账户是由企业根据自身经营管理的需要依据会计科目开设的。

第二节　复式记账法的基本原理

一、记账方法概述

记账方法是指在账户中登记经济业务的方法。它是根据一定的原理和原则,运用货币计量单位,利用文字和数字记录经济业务的一种专门方法。

记账方法主要有单式记账法和复式记账法两种。

(一)单式记账法

单式记账法(single-entry bookkeeping)是指对发生的经济业务一般只在一个账户中进行记录的记账方法。在单式记账法下,除了对欠人和人欠的现金收付经济业务需要在两个或两个以上的账户中各自反映外,对其他经济业务只在一个账户中登记或不予登记。在单式记账法下,通常只设置"库存现金"、"银行存款"、"应收账款"(accounts receivable)和"应付账款"(accounts payable)四个账户。

如企业用银行存款购买原材料一批,价值 100 000 元。该项经济业务的发生一方面导致银行存款减少 100 000 元,另一方面导致原材料增加 100 000 元。在单式记账法下发生的该项经济业务只记录"银行存款"账户减少 100 000 元,而对"原材料"账户增加的 100 000 元不予记录。

单式记账法的缺点如下:

(1)没有完整的账户体系,不能全面、完整地反映经济业务全貌。

(2)单式记账法只能反映经济业务的一个方面,不能对所有经济业务进行试算平衡。

(3)各个会计记录的数据之间不存在相互的钩稽关系,一旦发生错误不便于查找。

(二)复式记账法

复式记账法(double-entry bookkeeping)是对发生的每一笔经济业务以相等的金额,同时在两个或两个以上的账户中相互联系地进行登记的一种记账方法。

比如,以现金购买办公用品 100 元。该笔经济业务发生,一方面使企业现金减少了 100 元,另一方面使企业管理费用增加了 100 元。在复式记账法下该笔经济业务既要记录"库存现金"账户减少 100 元,又要记录"管理费用"账户增加 100 元,从两个方面反映资金的来龙去脉。

复式记账法的特点如下：

(1)复式记账法设有完整的账户体系。它既设有反映资产、负债和所有者权益的账户，又设有反映收入和成本费用的账户。

(2)复式记账法对发生的每一笔经济业务以相等的金额，同时在两个或两个以上的账户中相互联系地进行登记。复式记账能够反映经济业务的来龙去脉。

(3)复式记账法可以对每一会计期间的全部经济业务的会计记录进行试算平衡，便于检查和核对账户记录是否正确。

(4)采用复式记账法有利于加强对经济业务的分析、考核和控制。

二、单式记账法和复式记账法的比较(见表 3-5)

表 3-5 单式记账法和复式记账法的比较

经济业务举例	单式记账法	复式记账法
企业以银行存款支付业务招待费 1 000 元	“银行存款”账户登记减少 1 000 元	“银行存款”账户登记减少 1 000 元 “管理费用”账户登记增加 1 000 元
以银行存款偿还前欠材料货款 50 000 元	“银行存款”账户登记减少 50 000 元 “应付账款”账户登记减少 50 000 元	“银行存款”账户登记减少 50 000 元 “应付账款”账户登记减少 50 000 元
生产车间生产产品领用原材料 20 000 元	会计上不进行处理	“生产成本”账户登记增加 20 000 元 “原材料”账户登记减少 20 000 元

第三节 借贷记账法

一、借贷记账法的概念

借贷记账法(debit and credit accounting)是以“借”(debit)、“贷”(credit)二字作为记账符号(account sign)，按照“有借必有贷，借贷必相等”的记账规则，对每一项经济业务所引起的资金运动，都要用相等的金额在两个或两个以上有相互联系的账户中进行全面登记的一种复式记账方法。

二、借贷记账法的基本内容

(一)理论依据

借贷记账法以“资产＝负债＋所有者权益”的会计等式为理论依据。根据会计等式可以分析经济业务引起的资产、负债、所有者权益等要素及其具体项目的变动情况，并分别设置账户记录变动情况和结果。

(二)借贷记账法的记账符号

借贷记账法是以“借”和“贷”为记账符号，用来反映会计要素增减变动情况的一种记账方法。

现在“借”和“贷”没有实际经济意义，仅作记账符号使用，用以标明记账方向，一方表示增加，另一方表示减少。一个账户中究竟是借方表示增加还是贷方表示增加，这得由账户的性质决定。

(三)借贷记账法下账户的结构

账户按其性质分类分为资产类、负债类、所有者权益类、成本类、收入类、费用类。借贷记账法账户的结构是指账户的借方登记什么内容，贷方登记什么内容，余额应在哪方。不同性质的账户，其结构和使用方法不相同。下面就不同性质的账户结构，分别予以说明。

1.资产类账户

资产类账户的借方记录资产的增加数，贷方记录资产的减少数，余额一般在账户的借方，表明期末资产的结存数。

2.负债类账户

负债类账户的贷方记录负债的增加数，借方记录负债的减少数，余额一般在账户的贷方，表明期末负债的净额。

3.所有者权益类账户

所有者权益类账户的贷方记录所有者权益的增加数，借方记录所有者权益的减少数，余额一般在账户的贷方，表明期末所有者权益的结余额。

4.成本类账户

成本类账户的借方记录成本的增加数，贷方记录成本的减少数，余额一般在账户的借方。

5.收入类账户

收入会导致所有者权益的增加，因此，费用类账户的结构与所有者权益类账户的结构相似，但又有区别，收入类账户贷方记录收入的增加数，借方记录收入的减少数，期末结转后该账户无余额。

6.费用类账户

费用会导致所有者权益的减少，因此，费用类账户的结构与所有者权益类账户的结构相反，费用类账户借方记录费用的增加，贷方记录费用的减少，期末结转后该账户无余额。

以上六类账户的结构及其余额方向如图 3-2 所示。

借方	资产类账户 贷方
期初余额 本期增加额	本期减少额
本期增加额合计 期初余额	

借方	负债类账户 贷方
本期减少额	期初余额 本期增加额
本期减少额合计	本期增加额合计 期末余额

借方	所有者权益类账户 贷方
本期减少额	期初余额 本期增加额
本期减少额合计	本期增加额合计 期末余额

借方	成本类账户 贷方
期初余额 本期增加额	本期减少额
本期增加额合计 期末余额	本期减少额合计

借方	收入类账户 贷方
本期减少额	期初余额 本期增加额
本期减少额合计	本期增加额合计

借方	费用类账户 贷方
期初余额 本期增加额	本期减少额
本期增加额合计	本期减少额合计

图 3-2 六类账户的结构及其余额方向

【思考与解惑】

资产类、成本类账户期末余额 = 期初余额 + 本期借方发生额合计数 − 本期贷方发生额合计数

负债类、所有者权益类账户期末余额 = 期初余额 + 本期贷方发生额合计 − 本期借方发生额合计数

(四)借贷记账法的记账规则

借贷记账法的记账规则(accounting rules)是“有借必有贷,借贷必相等”。

第一,任何一笔经济业务都必须同时分别记录到两个或两个以上的账户中去;

第二,所记录的账户可以是同类账户,也可以是不同类账户,但必须是两个记账方向,既不能都记入借方,也不能都记入贷方;

第三,记入借方的金额必须等于记入贷方的金额。

三、借贷记账法的运用

在实际运用借贷记账法的记账规则登记经济业务时,一般按三个步骤进行:

首先,根据经济业务设置相应的会计科目和账户,并判断其是增加还是减少。

其次,根据上述分析,确定其所涉及的账户的性质,是资产类、负债类还是所有者权益类;分析判断哪些要素增加,哪些要素减少,或是要素同时增加、同时减少。

最后,决定账户的结构方向,即记录的方向是借方还是贷方,并确定各账户应计金额。

下面以某企业的经济业务为例进行说明。

甲公司 2015 年 5 月 31 目的资产负债如表 3-6 所示。

表 3-6 资产负债表

单位名称:甲公司　　2015 年 5 月 31 日　　单位:元

资　产	金　额	负债及所有者权益	金　额
库存现金	5 000	应付账款	30 000
银行存款	75 000	应付职工薪酬	2 000
原材料	64 000	实收资本	240 000
库存商品	150 000	利润分配	52 000
固定资产	30 000		
合计	324 000	合计	324 000

【例 3-1】6 月 1 日,收到投资者追加投资 100 000 元,存入银行。

该项经济业务的发生涉及资产类的银行存款的增加,所有者权益类的实收资本增加,按照账户结构,资产类“银行存款”账户增加记入借方,所有者权益类“实收资本”账户增加记入贷方。编制会计分录如下:

借:银行存款　　100 000

　贷:实收资本　　100 000

【例 3-2】6 月 4 日,采购生产用材料一批,价值 50 000 元,货款以银行存款支付。

该项经济业务的发生涉及资产类的原材料的增加,资产类的银行存款减少,按照账户结构,资产类“原材料”账户增加记入借方,资产类“银行存款”账户减少记入贷方。编制会计分录如下:

借:原材料　　50 000

　贷:银行存款　　50 000

【例 3-3】6 月 7 日,以现金 2 000 元支付员工工资。

该项经济业务的发生涉及资产类的库存现金的减少,负债类的应付职工薪酬减少,按照账户结构,资产类“库存现金”账户减少记入贷方,负债类“应付职工薪酬”账户减少记入借方。编制会计分录如下:

借:应付职工薪酬　　2 000

　贷:库存现金　　2 000

【例 3-4】6 月 10 日,采购材料一批,价值 120 000 元,其中,以银行存款支付 80 000 元,其余 40 000 元货款尚未支付。

该项经济业务的发生涉及资产类的原材料的增加,资产类的银行存款的减少,负债类的应付账款的增加,按照账户结构,资产类“原材料”账户增加记入借方,资产类“银行存款”账户减少记入贷方,负债类“应付账款”账户增加记入贷方。编制会计分录如下:

借:原材料　　120 000

　贷:银行存款　　80 000

　　应付账款　　40 000

【例 3-5】6 月 13 日,将销售商品的收入 160 000 元存入银行。

该项经济业务的发生涉及资产类的银行存款的增加,收入类的主营业务收入的增加,按照账户结构，资产类“银行存款”账户增加记入借方，收入类“主营业务收入”账户增加记入贷方。编制会计分录如下：

借：银行存款　　160 000

　贷：主营业务收入　　160 000

【例 3-6】6 月 16 日，以银行存款归还前欠采购材料的货款 30 000 元。

该项经济业务的发生涉及资产类的银行存款的减少，负债类的应付账款的减少，按照账户结构，资产类“银行存款”账户减少记入贷方，负债类“应付账款”账户减少记入借方。编制会计分录如下：

借：应付账款　　30 000

　贷：银行存款　　30 000

【例 3-7】6 月 30 日，结转本月已销产品的成本 100 000 元。

该项经济业务的发生涉及资产类的库存商品的减少，费用类的主营业务成本的增加，按照账户结构，资产类“库存商品”账户减少记入贷方，费用类“主营业务成本”账户增加记入借方。编制会计分录如下：

借：主营业务成本　　100 000

　贷：库存商品　　100 000

【例 3-8】6 月 30 日，计算本月应付销售部门职工工资 2 500 元。

该项经济业务的发生涉及费用类的销售费用的增加，负债类的应付职工薪酬的增加，按照账户结构，费用类“销售费用”账户增加记入借方，负债类“应付职工薪酬”账户增加记入贷方。编制会计分录如下：

借：销售费用　　2 500

　贷：应付职工薪酬　　2 500

下面根据以上举例，分别记入有关账户，进一步说明复式记账法的具体运用和不同性质账户的结构，会计实务中将这一过程称为过账。如图 3-3 所示。

借方	库存现金		贷方
期初余额	5 000		
		(3)	2 000
发生额合计	0	发生额合计	2 000
期末余额	3 000		

借方	银行存款		贷方
期初余额	75 000		
(1)	100 000	(2)	50 000
(5)	160 000	(4)	80 000
		(6)	30 000
发生额合计	260 000	发生额合计	160 000
期末余额	175 000		

借方	原材料		贷方
期初余额	64 000		
(2)	50 000		
(4)	120 000		
发生额合计	170 000	发生额合计	0
期末余额	234 000		

借方	固定资产		贷方
期初余额	30 000		
发生额合计	0	发生额合计	0
期末余额	30 000		

图 3-3　复式记账法的具体运用和不同性质账户的结构(一)(单位：元)

借方	库存商品		贷方
期初余额	150 000		
		(7)	100 000
发生额合计	0	发生额合计	100 000
期末余额	50 000		

借方	应付账款		贷方
		期初余额	30 000
(6)	30 000	(4)	40 000
发生额合计	30 000	发生额合计	40 000
		期末余额	30 000

借方	应付职工薪酬		贷方
		期初余额	2 000
(3)	2 000	(8)	2 500
发生额合计	2 000	发生额合计	2 500
		期末余额	2 500

借方	实收资本		贷方
		期初余额	240 000
		(1)	100 000
发生额合计	0	发生额合计	100 000
		期末余额	340 000

借方	利润分配		贷方
		期初余额	52 000
发生额合计	0	发生额合计	0
		期末余额	52 000

借方	主营业务收入		贷方
		期初余额	0
		(5)	160 000
发生额合计	0	发生额合计	160 000
		期末余额	160 000

借方	主营业务成本		贷方
期初余额	0		
(7)	100 000		
发生额合计	100 000	发生额合计	0
期末余额	100 000		

借方	销售费用		贷方
期初余额	0		
(8)	2 500		
发生额合计	2 500	发生额合计	0
期末余额	2 500		

图 3-3 复式记账法的具体运用和不同性质账户的结构(二)(单位:元)

四、借贷记账法的试算平衡

为了保证一定时期内所发生的经济业务在账户中登记的正确性,需要在一定时期终了时,根据会计等式的基本原理,对账户记录进行试算平衡(trial balancing)。

借贷记账法的试算平衡包括两个方面:一是全部账户的借方发生额合计数与全部账户的贷方发生额合计数相等,即发生额试算平衡;二是全部账户的期末借方余额合计数与全部账户的期末贷方余额合计数相等,即余额试算平衡。

1. 编制发生额试算平衡表

发生额试算平衡是依据借贷记账法"有借必有贷,借贷必相等"的记账规则进行的。因为发生的每笔经济业务在账户中的记录是借方发生额等于贷方发生额,全部的经济业务在账户中的记录,必然也是借方发生额合计数等于贷方发生额合计数。用公式表示如下:

全部账户的本期借方发生额合计＝全部账户的本期贷方发生额合计

2. 编制期末余额试算平衡表

期末余额试算平衡是依据"资产＝负债＋所有者权益"的原理进行的。其公式如下:

全部账户的期末借方余额合计＝全部账户的期末贷方余额合计

在实际工作中，本项工作是通过编制试算平衡表进行的，如表 3-7 所示。

表 3-7　账户发生额及余额试算平衡表　　单位:元

账户名称	期初余额		本期发生额		期末余额	
	借方	贷方	借方	贷方	借方	贷方
库存现金	5 000		0	2 000	3 000	
银行存款	75 000		260 000	160 000	175 000	
原材料	64 000		170 000	0	234 000	
库存商品	150 000		0	100 000	50 000	
固定资产	30 000		0	0	30 000	
应付账款		30 000	30 000	40 000		40 000
应付职工薪酬		2 000	2 000	2 500		2 500
实收资本		240 000	0	100 000		340 000
利润分配		52 000	0	0		52 000
主营业务收入			0	160 000		160 000
主营业务成本			100 000	0	100 000	
销售费用			2 500	0	2 500	
合计	324 000	324 000	564 500	564 500	594 500	594 500

【思考与解惑】应该看到，试算平衡表只是通过借贷金额是否平衡来检查账户记录的错误，但并非所有账户记录中的错误都能利用试算平衡的方法予以揭露，如漏记经济业务、用错会计科目、重复记录经济业务、借贷方向弄反等就不能揭示。为了揭示这些错误，还必须定期、不定期地进行对账，以保证账簿记录的正确性。

第四节　总分类账与明细分类账的平行登记

一、总分类账与明细分类账的关系

会计核算的目的是为信息使用者提供各种所需的会计信息。从经营管理者角度讲，要求会计既要提供各种综合、全面的总括信息，又要提供某类详细、具体的明细信息。例如，“原材料”账户，既需要了解企业整个原材料的情况，又需要了解每类原材料的具体情况，以便更好地了解企业原材料的构成等情况。

因此，为了满足管理者和其他信息使用者的需要，就应同时设置总分类账和明细分类账。总分类账和明细分类账既有内在联系，又有区别。

1.总分类账和明细分类账的内在联系

总分类账和明细分类账的内在联系主要表现在以下两个方面：

(1)两者所反映的经济业务内容相同。如“原材料”总账与其所属的“甲材料”、“乙材料”等明细账一样，都是反映企业原材料的收发和结存情况。

(2)登账的原始依据相同。总分类账与其所属明细分类账都是根据同一记账凭证及其所附原始凭证进行登记的。

2.总分类账和明细分类账的区别

总分类账和明细分类账的区别主要表现在以下两个方面：

(1)反映经济业务内容的详细程度不同。总分类账提供综合总括的情况，一律用货币计量单位进行核算；明细分类账提供详细具体的资料，除采用货币计量单位外，还采用实物、劳动计量单位进行核算。

(2)作用不同。总分类账对其所属明细分类账起着控制和统驭的作用；明细分类账从属于总分类账，对总分类账起着详细说明和补充作用。

在企业中，通常每个总分类账都可以设置明细分类账，提供详细资料，但企业明细账设置过多，又会加大企业核算工作量。究竟哪些总分类账应设置明细分类账，哪些不设明细分类账，主要取决于企业的经营管理要求，同时，还应考虑简化核算手续的需要。

二、总分类账和明细分类账的平行登记

总分类账与所属明细分类账之间的关系，决定了它们在处理经济业务时，必须采取平行登记法来进行。

所谓平行登记法，是指根据同一会计凭证一方面登记有关总分类账，另一方面登记该总分类账所属有关明细分类账。

采用平行登记法处理经济业务时，应按平行登记法的要点进行，具体包括：

(1)同依据登记。对发生的每一项经济业务，应根据同一记账凭证及其所属原始凭证，一方面记入有关的总分类账，另一方面记入同期总分类账所属的有关明细分类账。

(2)同方向登记。每一笔经济业务在记入总分类账和所属的明细分类账时，其方向必须保持一致。

(3)同金额登记。记入某一总分类账的金额，应与记入它所属明细分类账的金额之和相等。

(4)同期间登记。同期间是指在同一会计期间，并非同一时点。因为明细分类账一般根据记账凭证或原始凭证于平时逐笔登记，而总分类账因会计核算形式不同，可能在平时逐笔登记，而一般是定期汇总登记，但是必须在同一会计期间内完成。

在会计核算工作中，根据总分类账与明细分类账之间的数量关系，编制明细分类账的本期发生额和余额明细表，并与其相应的总分类账的本期发生额和余额相互核对，以检查总分类账与其所属明细分类账记录的正确性。

三、平行登记的方法举例

【例 3-9】某企业 9 月初“应收账款”账户的借方余额是 9 000 元，其中，应收 A 厂 3 000 元，应收 B 厂 6 000 元.

本月发生了下列与应收账款有关的经济业务：

(1)26 日，向 A 厂提供劳务，劳务费 4 000 元，尚未收到。

(2)29 日，收到 A 厂交来劳务费 5 000 元，收到 B 厂交来劳务费 2 000 元。

上述经济业务编制的会计分录如下：

(1)借：应收账款——A 厂　　4 000

　　贷：主营业务收入　　4 000

(2)借：银行存款　　7 000

　　贷：应收账款——A 厂　　5 000

　　　　　　　　——B 厂　　2 000

“应收账款”总分类账见表 3-8，“应收账款”明细分类账见表 3-9、表 3-10。

表 3-8 “应收账款”总分类账户

账户名称：应收账款　　　　单位：元

年		凭证		摘要	借方	贷方	借或贷	余额
月	日	字	号					
9	1			期初余额			借	9 000
9	26	略	略	提供劳务	4 000		借	13 000
9	29			收款		7 000	借	6 000
9	30			本期发生额及余额	4 000	7 000	借	6 000

表 3-9 “应收账款”明细分类账户

账户名称：A 厂　　　　单位：元

年		凭证		摘要	借方	贷方	借或贷	余额
月	日	字	号					
9	1			期初余额			借	3 000
9	26	略	略	提供劳务	4 000		借	7 000
9	29			收款		5 000	借	2 000
9	30			本期发生额及余额	4 000	5 000	借	2 000

表 3-10 “应收账款”明细分类账户

账户名称：B 厂　　　　单位：元

年		凭证		摘要	借方	贷方	借或贷	余额
月	日	字	号					
9	1			期初余额			借	6 000
9	29			收款		2 000	借	4 000
9	30			本期发生额及余额	0	2 000	借	4 000

总分类账户与明细分类账户本期发生额及期末余额平衡关系如下：

总分类账户期初借(或贷)方余额＝所属明细账户期初借(或贷)方余额之和

总分类账户本期借方发生额＝所属明细账户本期借方发生额之和

总分类账户本期贷方发生额＝所属明细账户本期贷方发生额之和

总分类账户期末借(或贷)方余额＝所属明细账户期末借(或贷)方余额之和

通过这种平衡关系的试算，可以检查总分类账户与明细分类账户平行登记是否正确、完整，如果发现不平衡，应立即查明原因，并予以更正。

本章小结

本章主要介绍了会计科目与账户、复式记账法、借贷记账法以及总分类账与明细分类账的平行登记。第一节主要介绍了会计科目与账户，包括设置会计科目的意义、设置会计科目的原则、会计科目的分类、会计账户的定义、会计账户的分类、会计账户的结构、会计科目与会计账户的联系与区别；第二节主要介绍了复式记账，包括复式记账的定义、复式记账的分类；第三节主要介绍了借贷记账法，包括借贷记账法的概念、借贷记账法的理论依据、记账符号、账户结构、记账规则、借贷记账法的运用、借贷记账法的试算平衡；第四节主要介绍了总分类账与明细分类账的平行登记，包括总分类账与明细分类账的关系、总分类账与明细分类账平行登记的要点。

能力考核

应知考核

设置会计科目的意义、设置会计科目的原则、会计科目的分类、会计账户的定义、会计账户的分类、会计账户的结构、会计科目与会计账户的联系与区别；借贷记账法的概念、借贷记账法的理论依据、记账符号、账户结构、记账规则、借贷记账法的运用、借贷记账法的试算平衡。

一、单项选择题

1. 在借贷记账法中，“借”、“贷”两字的含义是(　　)。

A. “借”表示增加，“贷”表示减少　　B. “贷”表示增加，“借”表示减少

C. “借”表示借出，“贷”表示贷进　　D. 记账符号

2. 应收账款账户的期初余额为借方 8 000 元，本期借方发生额 2 000 元，本期贷方发生额 6 000 元，该账户的期末余额为(　　)。

A. 借方 4 000 元　B. 贷方 12 000 元　C. 借方 12 000 元　D. 贷方 4 000 元

3. 发生额试算平衡是根据(　　)确定的。

A. 借贷记账法的记账规则　　B. 经济业务的内容

C. 经济业务的类型　　D. “利润＝收入－费用”恒等式

4. “预付账款”科目按其所归属的会计要素不同，属于(　　)类科目。

A. 资产　B. 负债　C. 所有者权益　D. 成本

5.“本年利润”科目按其性质不同，属于(　　)类科目。

A. 资产　　B. 成本　　C. 所有者权益　　D. 损益

6. 复式记账法是对每一笔经济业务事项都要在(　　)相互联系的账户中进行登记，系统地反映资金运动变化结果的一种记账方法。

A. 一个　　B. 两个　　C. 三个　　D. 两个或两个以上

7. 某公司应付账款账户期初余额为 61 400 元，本期增加应付账款 25 900 元，本期偿还应付账款 30 065 元，该账户期末余额为(　　)。

A. 贷方 87 300 元　　B. 借方 87 300 元

C. 贷方 57 235 元　　D. 借方 57 235 元

8. 账户是根据(　　)设置的，具有一定格式和结构，用于分类反映会计要素增减变动情况及其结果的载体。

A. 会计要素　　B. 会计科目　　C. 会计主体　　D. 会计信息

9. 资产类账户的结构与权益类账户的结构(　　)。

A. 一致　　B. 相反　　C. 基本相同　　D. 无关

10. 根据借贷记账法的账户结构，在账户借方登记的时(　　)。

A. 费用的增加　　B. 收入的增加　　C. 费用的减少　　D. 所有者权益的增加

11. 下列错误中，能够通过试算平衡查找的是(　　)。

A. 重记经济业务　　B. 漏记经济业务

C. 借贷方向相反　　D. 借贷金额不等

12. 会计科目是(　　)。

A. 账户的名称　　B. 账簿的名称　　C. 报表项目的名称　　D. 会计要素的名称

13. 账户余额一般与(　　)在同一方向。

A. 增加额　　B. 减少额　　C. 借方发生额　　D. 贷方发生额

14. 下列不属于所有者权益类科目的是(　　)。

A. 实收资本　　B. 本年利润　　C. 主营业务收入　　D. 资本公积

15. 以下会计要素的变化可能发生的有(　　)。

A. 资产增加、负债减少　　B. 费用、负债同时增加

C. 资产减少、收入增加　　D. 资产、费用同时增加

二、判断题

1. 凡是有借方余额的账户均属于资产类账户。(　　)

2. 坏账准备属于资产类会计科目。(　　)

3. 对会计要素的具体内容进行分类核算的项目称为会计科目。(　　)

4. 生产成本及主营业务成本都属于成本类科目。(　　)

5. 借贷记账法的理论依据是：资产＝负债＋所有者权益。(　　)

6. 费用会导致所有者权益减少。(　　)

7. 管理费用、主营业务收入、本年利润都属于损益类科目。(　　)

8. 明细分类科目一般由财政部统一制定，各单位不得自行设置。(　　)

9. 所有总分类账均应设置明细分类账。(　　)

10. 所有账户的左边均记录增加额，右边均记录减少额。 （　　）

应会考核

账户的结构、借贷记账法的运用、借贷记账法的试算平衡。

一、熟悉账户的基本结构

要求：根据账户的基本结构，完成下表的填制。

	记录在账户的借方	记录在账户的贷方
例："库存现金"账户增加	√	
(1)"实收资本"账户金额增加		
(2)"应收账款"账户金额增加		
(3)"应付账款"账户金额减少		
(4)"主营业务收入"账户金额增加		
(5)"销售费用"账户金额增加		
(6)"应交税费"账户金额增加		
(7)"预付账款"账户金额增加		
(8)"库存商品"账户金额减少		
(9)"长期借款"账户金额减少		

二、熟悉会计科目的设置

要求：根据所给的资料，确定相应的总账科目和明细科目并填入表内。

序号	经济业务	总账科目	明细科目	科目性质
		一级科目	二级科目	
例	库存主要材料——甲材料	原材料	甲材料	资产类
2	企业拥有的电脑			
3	应收上海地区 A 公司的欠款			
4	向工商银行借入 6 个月的借款			
5	应付华东地区 B 公司的购货款			
6	存放在开户银行建行的款项			
7	应收采购员小王预借的差旅费			

三、练习账户的基本结构

资料：C 公司 20×5 年 12 月 31 日有关资料如下表所示(单位：元)。

账户名称	期初余额	本期借方发生额	本期贷方发生额	期末余额
银行存款	4 000		1 250	4 750
应收账款	75 000	50 000		34 000
固定资产	67 000	5 400	15 900	
短期借款	50 000	30 000	25 000	
应付账款		9 000	5 000	10 000
实收资本	150 000		0	100 000

四、综合练习

甲企业本月初有关总分类账余额如下：

库存现金 800　　　　银行存款 199 500

原材料 14 700　　　　固定资产 140 000

生产成本 25 000　　　　短期借款 10 000

应付账款 50 000　　　　实收资本 320 000

甲企业本月发生如下经济业务：

(1)收到投资者投入的货币资金 200 000 元，已存入银行。

(2)用银行存款 40 000 元购入不需安装的设备一台。

(3)购入材料一批，买价和运费共计 15 000 元，货款尚未支付。

(4)从银行提取现金 2 000 元。

(5)借入短期借款 20 000 元，已存入银行。

(6)用银行存款 35 000 偿还应付账款。

(7)生产产品领用材料一批，价值 12 000 元。

(8)用银行存款 30 000 元归还短期借款。

要求：①根据所给经济业务编制会计分录。

②根据所编制的会计分录，登记总分类账，并结出发生额及余额。(T 型账户)

③编制总分类账发生额及余额试算平衡表。

第四章

制造企业主要经济业务核算

本章学习目标和教学重点、难点

学习目标：

本章以制造企业经济业务核算为例，进一步阐述了设置会计科目与账户、借贷记账法的实际运用问题。通过本章的学习，应使初学者通过实践提高运用会计核算方法的能力。

学习重点：

制造企业资金筹集、供应环节、生产环节、销售环节、利润形成与分配环节发生的经济业务以及如何根据这些经济业务编制会计分录。

学习难点：

有关账户的分类、用途及其在借贷记账法下的具体运用。

第一节　制造业生产经营过程

制造企业为了生产经营，必须拥有一定数量的资金或资本，有了资金才能开展生产经营。工业企业生产经营过程是以生产为中心的供应、生产、销售环节的统一体，经营的目的是为了获得利润。利润是指企业在生产经营过程中形成的财务成果，如果企业有利润就应当向国家交纳所得税，并对税后利润即净利润进行分配。因此工业企业主要经营过程核算的内容包括筹资业务、供应业务、生产业务、销售业务、财务成果的形成和分配业务。

1. 筹资业务

企业在经营之初必须具有一定的资金投入，用于购买或租用生产厂房和设备、生产用原材料，支付职工工资、经营管理必要费用等，以形成一定的生产或经营能力。企业资金的来源主要有两大部分：一部分为投资者以货币、实物或无形资产投入的资本金；另一部分为债权人以货币、货物等形式对企业的投入。

2. 供应过程

供应过程是企业生产的准备过程。企业用所持有的货币资金取得生产过程中所需要的各项生产要素，资金由货币形态转化为实物形态。

3. 生产过程

在生产过程中，劳动者借助劳动手段将劳动对象加工成特定的产品。在此过程中，会发生原材料消耗的材料费、固定资产磨损的折旧费、生产工人劳动耗费的人工费等，它们构成产品使用价值与价值的统一体。同时，还将发生企业与工人之间的工资结算关系、与有关单位之间的货款结算关系等。此时资金由一种实物形态转化为另一种实物形态。

4. 销售过程

销售过程是企业实现价值增值的过程。在销售过程中，企业将生产的产品销售出去，获得销售收入，此时资金又由实物形态转化为货币形态。

5. 资金退出

资金退出指偿还各项债务、上交各项税金、向所有者分配利润等，从而使得这部分资金离开本企业，退出本企业的资金循环与周转。

第二节　筹集资金业务的核算

企业为了进行生产经营必须拥有一定数量的资金或资本，因此就需要通过各种渠道进行筹资。工业企业筹集资金的渠道主要有两种：

第一种是向投资人筹集（导致资产增加同时形成企业的所有者权益）。投资人的投入资金即注册资本。企业接受投资人的投资，既可以是中华人民共和国境内的投资，也可以是境外的投资；投资人既可以是国家，也可以是法人、自然人；接受投资的形式，既可以是货币资金，也可以是实物资产和无形资产。在会计核算上表现为实收资本或股本。

第二种是向债权人借入（导致资产增加同时形成企业的负债）。企业还可以向银行或其他金融机构取得各种借款，或经批准向社会发行企业债券借入资金等，在会计核算上表现为短期借款、长期借款、应付债券等，是企业的负债。

一、投资者投入资金的核算

投入资本是企业实际收到的投资者投入企业的资本金。按接受投入资本所表现的资产的形式不同，可将其分为货币资金投资（包括投资人购股票投入的货币资金）、实物资产投资（包括固定资产、存货等）和无形资产投资等。

不同形式的投资其计价方法不同，以货币资金投资的，应按实际收到的金额入账，实际收到的金额超过其在该企业注册资本中所占份额的部分，计入资本公积；以非现金资产（实物资产或无形资产）投资的，应按公允价值入账；通过发行股票接受的投资，应按股票面值入账，即股本，超过面值发行取得的收入，其超过面值的部分扣除发行股票支付的手续费、印刷费等费用后的余额，作为股本溢价，计入资本公积。

1. 账户设置

为了核算企业筹集资金的过程，应设置“实收资本”或“股本”、“资本公积”等账户来反映筹资时所有者权益的增加；设置“银行存款”、“固定资产”、“无形资产”等账户来反映筹资时资产的增加。

（1）“实收资本”（paid-up capital）账户。该账户属于所有者权益类账户，用来核算按照企业章程的规定，投资者投入企业的资本（股份公司为股本）。该账户贷方登记企业实际收到的投资者投入的资本数；借方登记企业按法定程序报经批准减少的注册资本数，期末贷方余额，反映企业实有的资本或股本数额。

（2）“资本公积”（capital reserve）账户。该账户属于所有者权益类账户，是用来核算企业收到投资者出资额超出其在注册资本或股本中所占份额的部分。该账户的贷方登记企业取得的资本公积金数额;借方登记资本公积金的减少数;期末贷方余额,表示企业资本公积金的实际结存数额。

(3)“银行存款”(cash in bank)账户。该账户属于资产类账户,用来核算企业存入银行或其他金融机构的各种款项。其借方登记存入的款项,贷方登记提取或支出的存款。期末余额在借方,表示企业存在银行或其他金融机构的款项。

(4)“固定资产”(fixed assets)账户。该账户属于资产类账户,用来核算企业固定资产的原值。该账户的借方登记不需要经过建造、安装即可使用的固定资产增加的原始价值;贷方登记减少固定资产的原始价值。期末借方余额,反映企业期末固定资产的账面原价。

(5)“无形资产”(intangible assets)账户。该账户属于资产类账户,用来核算企业持有的无形资产的成本。该账户的借方登记企业取得的无形资产的成本;贷方登记企业减少的无形资产的账面余额。期末借方余额,反映企业期末无形资产的成本。

下面以南山公司 20×5 年 12 月发生的主要经济业务为例,说明在日常核算中,如何运用借贷记账法来处理这些经济业务。

【例 4-1】根据投资协议,企业收到东方公司投入现金 1 000 000 元,款项已划转存入企业开户行。

该项经济业务的发生,一方面使得该公司银行存款增加 1 000 000 元;另一方面使得该公司所有者对公司的投资增加 1 000 000 元。该项经济业务涉及“银行存款”和“实收资本”两个账户。银行存款的增加是资产的增加,记入借方;所有者对公司投资的增加是所有者权益的增加,记入“实收资本”的贷方。编制的会计分录如下:

借:银行存款	1 000 000	
贷:实收资本——东方公司		1 000 000

【例 4-2】企业收到西华公司投入的全新机器设备一台,增值税专用发票上注明价值 400 000元,增值税进项税额 68 000 元。

该项经济业务的发生,一方面使得该公司固定资产增加 400 000 元,企业接受固定资产投资的增值税进项税额可以抵扣,所以应交税费减少了 68 000 元;另一方面使得该公司实收资本增加 468 000 元。固定资产的增加是资产的增加,记入借方;实收资本的增加是所有者权益的增加,记入“实收资本”的贷方。编制的会计分录如下:

借:固定资产——机器设备	400 000	
应交税费——应交增值税(进项税额)	68 000	
贷:实收资本——西华公司		468 000

【例 4-3】企业接受北方公司以其拥有的商标权作为投资,双方协议约定的公允价值为 300 000 元,已办妥相关手续。

这项经济业务的发生,一方面使得该公司的无形资产(商标权)增加 300 000 元,另一方面使得该公司所有者对公司的投资即实收资本增加 300 000 元。无形资产的增加是资产的增加,记入借方;实收资本的增加是所有者权益的增加,记入贷方。编制的会计分录如下:

借:无形资产——商标权	300 000	
贷:实收资本——北方公司		300 000

【例 4-4】企业对外发行股票 100 万股,每股面值 1 元,发行价为每股 10 元,发行股票的

款项已通过银行划转到账。

这一项筹资业务涉及超过法定份额资本的业务。其中，属于法定份额的部分计入实收资本，超过法定份额的部分计入资本公积。该项经济业务的发生，一方面使得该公司银行存款增加 1 000 万元；另一方面使得所有者对该公司的投资增加 100 万元（法定部分计入实收资本），而超过部分 900 万元则计入资本公积。银行存款的增加是资产的增加，记入借方；实收资本和资本公积的增加是所有者权益的增加，记入贷方。编制的会计分录如下：

借：银行存款　　　　10 000 000
　贷：实收资本　　　　1 000 000
　　资本公积——资本溢价　　　　9 000 000

二、企业借入资金的核算

借入资金是企业向银行或非银行的其他金融机构等债权人借入的款项。借入资本到期必须偿还，并支付利息。企业在生产经营过程中由于多种原因，经常需要向银行等金融机构借款，以补充资金的不足。从银行等金融机构借入的款项按偿还期不同分短期借款和长期借款。短期借款是指归还期在 1 年以内（含 1 年）的借款，长期借款是指归还期在 1 年以上的借款。

1. 账户设置

短期借款的核算内容包括取得借款、支付利息和偿还本金三项主要业务。为了反映短期借款的取得、负担的利息和偿还等情况，应设置“短期借款”、“长期借款”、“财务费用”、“应付利息”等账户。

（1）“短期借款”（short-term loan）账户。该账户属于负债类账户，用来核算企业向银行或其他金融机构等借入的期限在 1 年以下（含 1 年）的各种借款的本金。企业借入的各种短期借款，表明流动负债的增加，应记入“短期借款”账户的贷方；归还借款时，表明流动负债的减少，应记入“短期借款”账户的借方；期末余额在贷方，表示期末尚未归还的短期借款的本金。

（2）“长期借款”（long-term loan）账户。该账户属于负债类账户，用来核算企业借入的期限在 1 年以上（不含 1 年）的各种借款。该账户贷方登记企业借入的各种长期借款数；借方登记各种长期借款归还数；期末贷方余额表示尚未归还的长期借款。

（3）“财务费用”（financial expense）账户。该账户属于损益类账户，用来核算企业生产经营期间发生的利息支出（减利息收入）、金融机构手续费等。该账户借方登记企业发生的各项财务费用；贷方登记期末结转至“本年利润”账户中的全部财务费用；期末结转后无余额。

（4）“应付利息”（interest payable）账户。该账户属于负债类账户，用来核算企业已经实际发生但尚未实际支付的利息费用。该账户的贷方登记预先按一定标准提取的应由本期负担的利息费用；借方登记实际支付的利息费用；期末余额在贷方，表示已经预提但尚未实际支付的利息费用。

2.企业借入资金业务的账务处理

【例 4-5】企业 20×5 年 7 月 1 日获得工商银行提供的流动资金借款 500 000 元，期限为半年，贷款利率 6%，贷款利息按季度支付。假设不考虑其他费用，该公司按月计提借款利息，到期还本。

(1)20×5 年 7 月 1 日，取得短期借款 500 000 元。

该项经济业务的发生，一方面使得该公司银行存款增加 500 000 元；另一方面使得该公司短期借款增加 500 000 元。银行存款的增加是资产的增加，记入借方；短期借款的增加是负债的增加，记入贷方。编制的会计分录如下：

借：银行存款　　500 000

　贷：短期借款　　500 000

(2)20×5 年 7 月 31 日，按月计提短期借款利息。

按照权责发生制要求，计算本月应负担的短期借款利息为 2 500 元(500 000×6%÷12)。借款费用是一项财务费用，但利息是按季支付的，所以本月的利息虽然在本月计算并由本月负担，但却不在本月实际支付，因而在确认一项财务费用的同时，另一方面还形成企业的一项负债(应付利息)。财务费用的增加是费用的增加，记入借方；应付利息的增加是负债的增加，记入贷方。编制的会计分录如下：

借：财务费用　　2 500

　贷：应付利息　　2 500

(3)20×5 年 8 月 31 日，按月计提短期借款利息。

借：财务费用　　2 500

　贷：应付利息　　2 500

(4)20×5 年 9 月 30 日，按月计提短期借款利息。

借：财务费用　　2 500

　贷：应付利息　　2 500

(5)20×5 年 9 月 30 日，按季支付利息。

该项经济业务的发生，一方面使得该公司应付利息减少 7 500 元；另一方面使得该公司银行存款减少 7 500 元。应付利息减少是负债的减少，记入借方；银行存款的减少是资产的减少，记入贷方。编制的会计分录如下：

借：应付利息　　7 500

　贷：银行存款　　7 500

(6)10 月、11 月、12 月月末计提短期借款的利息的会计处理同 7 月、8 月、9 月。

(7)20×5 年 12 月 31 日，按季支付利息并归还借款本金。

按季支付利息，一方面使得该公司应付利息减少 7 500 元；另一方面使得该公司银行存款减少 7 500 元。应付利息减少是负债的减少，记入借方；银行存款的减少是资产的减少，记入贷方。归还借款本金一方面使得该公司短期借款减少 500 000 元；另一方面使得该公司银行存款减少 500 000 元。短期借款减少是负债的减少，记入借方；银行存款的减少是资产的减少，记入贷方。编制的会计分录如下：

借：短期借款　　500 000

应付利息　　7 500
　　贷:银行存款　　507 500

【例 4-6】企业 20×5 年 12 月 1 日从银行借入期限为 3 年、年利率 9%,到期一次还本付息的基本建设借款 1 000 000 元,存入银行。

该项经济业务的发生,一方面使得该公司银行存款增加 1 000 000 元;另一方面使得该公司长期借款增加 1 000 000 元。银行存款的增加是资产的增加,记入借方;长期借款的增加是负债的增加,记入贷方。编制的会计分录如下:

借:银行存款　　1 000 000
　　贷:长期借款——本金　　1 000 000

关于长期借款利息的会计处理,在基础会计学中不予介绍。

第三节　供应过程业务的核算

一、固定资产取得业务的核算

固定资产是指企业使用期限超过 1 年的房屋、建筑物、机器、机械、运输工具以及其他与生产、经营有关的设备、器具、工具等。不属于生产经营主要设备的物品,单位价值在 2 000 元以上,并且使用年限超过 2 年的,也应当作为固定资产。

从固定资产的定义可以看到固定资产有以下三个特点:

第一,固定资产为有形资产;

第二,固定资产是为生产商品提供劳务出租或经营管理而持有的;

第三,固定资产的使用寿命超过一个会计年度。

1. 账户设置

(1)"固定资产"账户。该账户属于资产类账户,用来核算企业持有的固定资产原值,可按固定资产类别和项目进行明细核算。其借方登记企业因购入或通过其他方式取得可直接投入使用的固定资产;贷方登记因处置而减少的固定资产;期末借方余额反映企业固定资产的账面原值。

(2)"在建工程"(construction in progress)账户。该账户属于资产类账户,用来核算企业基建、更新改造等在建工程发生的支出。企业购买的需要安装的固定资产,以及企业自营建造的固定资产,在未达到预定可使用状态之前发生的所有合理必要的支出,记入该账户的借方。达到预定可使用状态之后,将该账户借方归集的固定资产的成本从贷方转出,转入"固定资产"账户借方。

2. 固定资产取得业务的账务处理

【例 4-7】企业购入一台不需安装的生产用的新设备,价款 50 000 元,增值税进项税额为 8 500 元,另外支付运输途中保险费、运输费及相关的税费共计 10 000 元,款项全部用银行存款支付。

不需安装意味着该固定资产直接达到预定可使用状态，购买过程中发生的买价、运杂费支出 60 000(50 000＋10 000)元形成固定资产的成本，增值税进项税额记入应交税费的借方。固定资产的增加是资产的增加，记入借方；银行存款的减少是资产的减少，记入贷方。编制的会计分录如下：

借：固定资产　　60 000
　应交税费——应交增值税(进项税额)　　8 500
　贷：银行存款　　68 500

【例 4-8】企业购入一台需要安装的生产用的新设备，价值 30 000 元，增值税进项税额 5 100元，支付运输费及途中保险费、有关税费等 7 000 元，款项全部用银行存款支付。

需要安装的固定资产按实际支付的买价、包装费、运输费等作为入账价值，并应先通过“在建工程”账户核算。编制的会计分录如下：

借：在建工程　　37 000
　应交税费——应交增值税(进项税额)　　5 100
　贷：银行存款　　42 100

【例 4-9】设备已交付安装，并用银行存款支付安装费 2 000 元。

安装过程中发生的安装费也构成在建工程的成本。该项经济业务的发生使得固定资产的成本(安装费)增加 2 000 元；另一方面使得银行存款减少 2 000 元。在建工程的增加是资产的增加，记入借方；银行存款的减少是资产的减少，记入贷方。编制的会计分录如下：

借：在建工程　　2 000
　贷：银行存款　　2 000

【例 4-10】设备安装完毕，交付使用，结转工程成本。

安装完毕交付使用时，再结转工程成本，转入“固定资产”账户。该项经济业务的发生使得完工的固定资产增加 39 000 元(37 000＋2 000)；另一方面使得在建工程减少 39 000 元。固定资产的增加是资产的增加，记入借方；在建工程的减少是资产的减少，记入贷方。编制的会计分录如下：

借：固定资产　　39 000
　贷：在建工程　　39 000

二、材料采购业务的核算

企业要进行正常的生产经营活动，就必须采购一定种类和数量的材料。在采购时，企业要支付购入材料的买价和各项采购费用，并与供应单位等发生货款结算关系；材料运到企业后验收入库并结转材料的采购成本，就成为企业可供生产消耗的库存材料。在材料采购过程中，一方面是计算购进材料的采购成本；另一方面企业要按经济合同和约定的结算办法支付材料的买价和相关税费，并与供应单位发生货款结算关系。

材料采购成本是指企业在采购材料过程中发生的，包括：①购入材料的买价；②运杂费(包括运输费、包装费、保险费、装卸费等)；③运输途中的合理损耗；④入库前的整理挑选费用等。

需要注意的是，增值税一般纳税人采购材料时增值税专用发票上注明的增值税进项税额不构成材料的采购成本；采购人员的差旅费一般不作为采购成本，而是通过管理费用核算。材料入库后发生的仓储、保管费等不构成材料的采购成本。

1. 账户设置

(1)“在途物资”账户。该账户属于资产类账户，用来核算企业采用实际成本法进行核算时采购材料过程中企业实际支付的材料买价和各项采购费用，反映采购材料的实际成本。账户借方记录企业实际支付的材料买价和各项采购费用；贷方记录完成全部采购手续转入“原材料”账户借方的采购成本数额；余额在借方，表示尚未运达企业或已运达企业但尚未验收入库的在途材料的实际成本。按材料的品种设置明细账，进行明细分类核算。

(2)“原材料”(raw materials)账户。该账户属于资产类账户，用来核算企业各种库存材料的实际采购成本。账户借方记录已验收入库材料的实际成本；贷方记录从仓库发出的原材料的实际成本；余额在借方，反映企业库存原材料的实际成本。

(3)“应付账款”账户。该账户属于负债类账户，用来核算企业在材料采购过程中所发生的应付而未付的货款。账户贷方记录企业在物资采购过程中所欠的货款；借方登记偿还欠的供应单位货款；余额一般在贷方，反映企业所欠供货单位的应付未付货款。

(4)“预付账款”账户。该账户属于资产类账户，用来核算企业按照合同规定预付的款项。账户借方记录预付款的增加；贷方记录收到供应单位提供的材料物资而应冲销的预付款债权；期末余额一般在借方，表示企业预付的款项；若为贷方余额，表示企业尚未补付的款项。

(5)“应付票据”(notes payable)账户。该账户属于负债类账户，用来核算企业购买材料、商品和接受劳务供应等开出、承兑的商业汇票(包括银行承兑汇票和商业承兑汇票)。账户贷方记录企业开出、承兑商业汇票抵付货款，及应付账款导致的应付票据的增加；借方记录到期商业汇票的减少；期末余额在贷方，表示尚未到期的商业汇票的期末结余额。

(6)“应交税费”(taxes payable)账户。该账户属于负债类账户，用来核算企业按照税法等规定计算应交纳的各种税费，包括增值税(value added tax)、消费税(sale tax)、营业税(business tax)、所得税(income tax)、资源税、土地增值税、城市维护建设税、房产税、土地使用税等。账户借方记录实际交纳的各种税费；贷方记录计算出的应交而未交税费的增加；期末余额借方表示多交的税费，若为贷方余额表示未交税费的结余额。

2. 材料采购业务的账务处理

下面是南山公司 20×5 年 12 月发生的材料采购业务，该公司为增值税一般纳税人，增值税税率为 17%。材料采用实际成本法进行核算。

【例 4-11】12 月 1 日，企业从北方公司购入 A 材料 1 000 千克，单价 30 元，取得增值税专用发票上注明价款为 30 000 元，增值税额 5 100 元，运杂费 700 元，收到发票等结算凭证，货款已通过银行转账支付。

材料采购过程中发生的支出 30 700(30 000＋700)元构成了 A 材料的采购成本。该项经济业务的发生，一方面使得该企业在途材料成本增加 30 700 元，增值税进项税额增加 5 100元；另一方面使得企业银行存款减少 35 800 元。在途材料的增加是资产的增加，记入“在途物资”账户的借方；增值税进项税额额的增加是负债的减少，记入“应交税费”账户的借

方;银行存款的减少是资产的减少,记入“银行存款”账户的贷方。编制的会计分录如下:

借:在途物资——A 材料　　30 700

　应交税费——应交增值税(进项税额)　　5 100

　贷:银行存款　　35 800

【例 4-12】12 月 5 日,企业从江北公司购入 B 材料 700 千克,单价 60 元;C 材料 1 600 千克,单价 200 元,取得的增值税专用发票上注明价款为 362 000 元,增值税额 61 540 元。账单发票已到,货款及税金尚未支付。

该项经济业务的发生,一方面使得该企业购入 B 材料的买价增加 42 000 元,C 材料的买价增加 320 000 元,增值税进项税额增加 61 540 元;另一方面使得该企业应付购货单位的货款增加 423 540 元。在途材料的增加是资产的增加,记入“在途物资”账户的借方;增值税进项税额额的增加是负债的减少,记入“应交税费”账户的借方;应付购货单位的货款增加是负债的增加,记入“应付账款”账户的贷方。编制的会计分录如下:

借:在途物资——B 材料　　42 000

　　　　　——C 材料　　320 000

　应交税费——应交增值税(进项税额)　　61 540

　贷:应付账款——江北公司　　423 540

【例 4-13】12 月 9 日,以银行存款支付 12 月 5 日从江北公司购入材料的运费 13 225 元,按照 B、C 材料的重量比例进行分摊。

(1)计算 B、C 材料共同采购费用的分摊率。

共同采购费用的分摊率=13 225÷(700+1600)=5.75

(2)B 材料应分配的采购费用=700×5.75=4 025(元)

C 材料应分配的采购费用=1 600×5.75=9 200(元)

(3)编制会计分录。

该项经济业务的发生,一方面使得该企业材料采购成本增加 13 225 元,其中 B 材料的采购成本增加 4 025 元,C 材料的采购成本增加 9 200 元;另一方面使得该企业银行存款减少 13 225 元。编制的会计分录如下:

借:在途物资——B 材料　　4 025

　　　　　——C 材料　　9 200

　贷:银行存款　　13 225

【例 4-14】12 月 10 日,企业从西江公司购入 D 材料 2 000 千克,每千克 40 元,取得增值税专用发票上注明的价款 80 000 元,增值税税额 13 600 元,企业开出并承兑的 6 个月商业承兑汇票一张,材料尚未运达企业。另以银行存款支付运杂费 1 200 元。

该项经济业务的发生,一方面使得该企业在途材料成本增加 81 200 元,增值税进项税额增加 13 600 元;另一方面使得企业应付票据增加 93 600 元,银行存款减少 1 200 元。在途材料的增加是资产的增加,记入“在途物资”账户的借方;增值税进项税额额的增加是负债的减少,记入“应交税费”账户的借方;应付票据的增加是负债的增加,记入“应付票据”账户的贷方,银行存款的减少是资产的减少,记入“银行存款”账户的贷方。编制的会计分录如下:

借:在途物资——D 材料　　81 200

应交税费——应交增值税(进项税额)　　13 600

　　贷:应付票据　　93 600

　　　　银行存款　　1 200

【例 4-15】12 月 15 日,企业按照购货合同规定,向星源公司预付材料购买款 30 000 元,以银行存款支付。

该项经济业务的发生,一方面使得该企业预付货款增加 30 000 元;另一方面使得该企业银行存款减少 30 000 元。预付账款的增加是资产的增加,记入"预付账款"账户的借方;银行存款的减少是资产的减少,记入"银行存款"账户的贷方。编制的会计分录如下:

借:预付账款　　30 000

　　贷:银行存款　　30 000

【例 4-16】12 月 20 日,收到星源公司发来的 A 材料并验收入库。A 材料 950 千克,每千克 30 元,合计 28 500 元,增值税进项税额 4 845 元,运杂费 665 元,用预付货款冲销30 000 元,不足部分用银行存款支付。

该项经济业务的发生,一方面使得该企业材料采购成本增加 29 165(28 500+665)元,增值税进项税额增加 4 845 元;另一方面使得企业预付账款减少 30 000 元,银行存款减少 4 010(29 165+4 845−30 000)元。入库 A 材料的增加是资产的增加,记入"原材料"账户的借方;增值税进项税额额的增加是负债的减少,记入"应交税费"账户的借方;预付账款的减少是资产的减少,记入"预付账款"账户的贷方,银行存款的减少是资产的减少,记入"银行存款"账户的贷方。编制的会计分录如下:

借:原材料——A 材料　　29 165

　　应交税费——应交增值税(进项税额)　　4 845

　　贷:预付账款　　30 000

　　　　银行存款　　4 010

【例 4-17】12 月 21 日,开出转账支票支付 12 月 5 日的购货款 423 540 元。

该项经济业务的发生,一方面使得该企业应付账款减少 423 540 元,另一方面使得企业银行存款减少 423 540 元。应付账款的减少是负债的减少,记入"应付账款"账户的贷方;银行存款的减少是资产的减少,记入"银行存款"账户的贷方。编制的会计分录如下:

借:应付账款　　423 540

　　贷:银行存款　　423 540

【例 4-18】12 月 31 日,A、B、C、D 材料均已验收入库,计算并结转 A、B、C、D 材料的实际采购成本。

该项经济业务的发生,一方面使得该企业已验收入库的材料的实际采购成本增加,另一方面使得在途材料减少。已验收入库的材料的增加是资产的增加,记入"原材料"账户的借方;在途材料的减少是资产的减少,记入"在途物资"账户的贷方。编制的会计分录如下:

借:原材料——A 材料　　30 700

　　　　　——B 材料　　46 025

　　　　　——C 材料　　329 200

　　　　　——D 材料　　81 200

贷:在途物资——A 材料　　30 700

——B 材料　　46 025

——C 材料　　329 200

——D 材料　　81 200

材料采购成本计算见表 4-1。

表 4-1　材料采购成本计算表

20×5 年 12 月　　单位:元

成本项目	A 材料（1950 千克）	B 材料（700 千克）	C 材料（1600 千克）	D 材料（2000 千克）	合计
总成本	59 865	46 025	329 200	81 200	516 290
单位成本	30.70	65.75	205.75	40.60	

第四节　生产过程业务的核算

一、产品生产业务核算的主要内容

生产阶段是劳动者利用生产资料,对劳动对象进行加工,生产出产品的过程。产品生产的过程既是新产品的制造过程,也是物化劳动(如原材料、机器设备)和活劳动(如人工工资)的消耗过程。企业在一定时期的生产经营活动中发生的各项耗费统称为费用。费用按是否构成产品的生产成本划分,可分为生产费用和期间费用。

(1)生产费用。生产费用是与企业产品有关系的、能用货币计量的生产耗费,也就是企业在一定时期内产品生产过程中消耗的生产资料的价值和支付的劳动报酬之和。具体包括:有关劳动对象消耗的费用,如消耗的原料、燃料、辅助材料等;有关劳动资料消耗的费用,如固定资产折旧费、修理费等;有关劳动者消耗的费用,如支付给职工的工资及提取的职工福利费等;其他有关费用,如办公费、水电费、旅差费、租金支出、书报费等。

生产费用按计入成本的方式不同分为直接成本和间接成本。直接成本是指可以分清哪种产品所耗用、可以直接计入某种产品成本的费用;间接成本也称为制造费用,是指不能分清哪种产品所耗用、不能直接计入某种产品成本,而必须按照一定标准分配计入有关的各种产品成本的生产费用。

(2)期间费用。期间费用是指与产品生产无直接关系,属于某一期间耗费的费用,不计入产品成本,而是计入当期损益。期间费用包括管理费用、财务费用、销售费用。管理费用是指企业行政管理部门为组织和管理生产经营活动而发生的费用,包括行政管理人员工资和福利费、行政部门固定资产折旧费和修理费、工会经费、业务招待费、职工教育经费等,这些费用发生后按月汇集,月末直接转入当期损益。财务费用是指企业为筹集生产经营所需资金等而发生的费用,包括借款利息支出(减利息收入)、发行债券的利息支出及相关手续费、支付给金融机构的手续费等,这些费用发生后按月汇集,月末直接转入当期损益。销售费用是指企业专设销售机构的各项经费和销售商品、提供劳务等日常活动中发生的除营业成本以外的各项费用,包括运输费,装卸费、包装费、保险费、展览费、广告费、租赁费(不包括融资租赁费),以及为销售本公司产品而专设的销售机构的职工工资、福利费等经常性费用。

二、材料耗费业务的会计核算

1.账户设置

(1)"生产成本"(cost of production)账户。该账户属于成本类账户,用来核算企业投入产品生产的实际成本总额。账户借方记录企业投入产品生产的直接原材料、直接人工、期末分配转入的制造费用等实际成本费用数额;贷方记录完成全部生产工序转入"库存商品"账户借方的完工产品的实际成本;余额在借方,反映生产车间尚未完工的在产品的实际成本。

(2)"制造费用"(manufacturing cost)账户。该账户属于成本类账户,用来核算企业生产车间为生产产品和提供劳务而发生的各种间接生产费用。包括车间管理人员职工薪酬、机物料消耗、水电费、折旧费、修理费、办公费等。账户借方记录生产车间发生的制造费用额;贷方记录月末分配转入"生产成本"账户借方的费用数额;月末结转后一般没有余额。

生产部门领用材料时需要填写领料单,向仓库办理领料手续,领取所需材料。仓库发出材料后,要将领料单传递到会计部门。会计部门将领料单进行汇总,编制"发出材料汇总表",据以将本月发出的材料按照其用途分配计入生产费用或其他有关费用。

2.材料耗费业务的账务处理

下面是南山公司20×5年12月发生的材料领用业务。

【例4-19】企业本月仓库发出材料情况如表4-2所示。

表4-2 发出材料汇总表

20×5年12月　　　　单位:元

项目		A材料		B材料		C材料		合计
		数量	金额	数量	金额	数量	金额	
生产产品领用	甲产品	1 000	30 700	200	13 150	100	20 575	64 425
	乙产品	800	24 560	400	26 300	200	41 150	92 010
车间一般耗用		400	12 280	100	6 575	100	20 575	39 430
行政部门耗用		150	4 605	100	6 575	100	20 575	31 755
合计		2 350	72 145	800	52 600	500	102 875	227 620

从表4-2可以看出,该企业材料的耗费可分为三个部分:第一部分直接用于产品生产(其中甲产品耗用64 425元,乙产品耗用92 010元);第二部分车间一般性耗费材料39 430元;第三部分行政部门耗用31 755元。生产产品直接耗料的增加,记入"生产成本"账户的借方,车间一般耗料的增加,记入"制造费用"账户的借方,行政部门耗料的增加,记入"管理费用"账户的借方;原材料的减少是资产的减少,记入"原材料"账户的贷方。编制的会计分录如下:

借：生产成本——甲产品　　64 425
　　　　　　——乙产品　　92 010
　　制造费用　　39 430
　　管理费用　　31 755
　贷：原材料——A材料　　72 145
　　　　　　——B材料　　52 600
　　　　　　——C材料　　102 875

三、人工费用的会计核算

职工为企业提供服务，理应从企业获得一定的劳动报酬，也就是企业应向职工支付一定的薪酬。职工薪酬是指企业为获得职工提供的服务而给予的各种形式的报酬以及其他相关支出。职工薪酬一般包括以下几个部分：①职工工资、奖金、津贴、补贴；②职工福利费；③社会保障费；④住房公积金；⑤工会经费和职工教育经费；⑥其他工资。

1. 账户设置

为了核算职工薪酬的发生和分配情况，企业应设置"应付职工薪酬"账户。该账户属于负债类账户，用来核算企业按照有关规定应付给职工的各种薪酬。该账户贷方登记月末计算的职工薪酬总额；借方登记企业本月实际发放的工资数。如果账户余额在借方，反映企业多支付给职工的工资费用数额，余额在贷方则反映企业应付而未付给职工的工资费用数额。

为了具体核算好企业应付职工薪酬的月末分配和实际发放情况，应付职工薪酬账户应当按照"工资"、"职工福利"、"社会保险费"、"住房公积金"、"工会经费"、"职工教育经费"等设置明细账，进行明细分类核算。

2. 工资费用的账务处理

【例 4-20】12 月 31 日，企业根据当月的考勤记录等，计算确定本月应发工资为 100 000 元，其中甲产品生产工人工资 30 000 元，乙产品生产工人工资 20 000 元，车间管理人员工资 10 000 元，行政管理人员工资 15 000 元，专设销售机构人员工资 25 000 元。企业按照职工工资的 14%计提职工福利。

应计入甲产品成本的职工薪酬＝30 000×(1＋14%)＝34 200(元)

应计入乙产品成本的职工薪酬＝20 000×(1＋14%)＝22 800(元)

应计入制造费用的职工薪酬＝10 000×(1＋14%)＝11 400(元)

应计入管理费用的职工薪酬＝15 000×(1＋14%)＝17 100(元)

应计入销售费用的职工薪酬＝25 000×(1＋14%)＝28 500(元)

该项经济业务的发生一方面使得该企业应付职工薪酬增加 114 000 元；另一方面使得生产费用和期间费用增加 114 000 元。其中生产甲产品和乙产品工人的职工薪酬作为直接生产费用记入"生产成本"账户的借方；车间管理人员的职工薪酬作为间接生产费用记入"制造费用"账户的借方；行政管理人员和销售人员的职工薪酬作为期间费用，分别记入"管理费用"和"销售费用"账户的借方；尚未支付的职工薪酬导致企业负债的增加，记入"应付职工薪酬"账户的贷方。编制的会计分录如下：

借:生产成本——甲产品　　34 200
　　　　　　——乙产品　　22 800
　　制造费用　　11 400
　　管理费用　　17 100
　　销售费用　　28 500
　贷:应付职工薪酬——工资　　100 000
　　　　　　　　　——职工福利　　14 000

【例 4-21】企业开出转账支票,支付本月应发工资 100 000 元。

该项经济业务的发生一方面使得该企业应付职工薪酬减少 100 000 元;另一方面使得企业银行存款减少 100 000 元。应付职工薪酬的减少是负债的减少,记入“应付职工薪酬”账户的借方;银行存款的减少是资产的减少,记入“银行存款”账户的贷方。编制的会计分录如下:

借:应付职工薪酬——工资　　100 000
　贷:银行存款　　100 000

四、固定资产折旧费用的核算

折旧是指固定资产在使用过程中逐渐损耗的那部分价值。按规定,企业必须每期计提折旧费用。

1. 账户设置

“累计折旧”(accumulated depreciation)账户。该账户用来核算企业累计计提的固定资产折旧情况。固定资产计提折旧而减少的价值不直接冲减固定资产的原值,而是设置“累计折旧”账户作为“固定资产”账户的备抵调整账户进行核算。可见,“累计折旧”账户是为冲减“固定资产”的原值而设置的,因此,该账户虽然属于资产类账户,但其结构与“固定资产”账户的结构相反,增加记贷方,减少记借方。企业每期计提折旧时,折旧费用增加,记入“累计折旧”账户的贷方;同时,按固定资产的用途,作为一项物质资料的耗费,引起费用增加,分别记入有关费用账户的借方。固定资产原值减去累计折旧的差额称为固定资产净值。

2. 固定资产折旧费用的核算

【例 4-22】企业月末计提固定资产折旧 88 000 元。其中,生产车间计提固定资产折旧 68 600 元,行政管理部门计提固定资产折旧 11 900 元,销售部门计提固定资产折旧7 500元。

该项经济业务的发生一方面使得该企业固定资产磨损价值也就是折旧增加 88 000 元,同时按照固定资产的使用部门确认成本费用增加 88 000 元(其中生产车间固定资产的折旧计入制造费用,行政管理部门固定资产的折旧计入管理费用,销售部门固定资产的折旧计入销售费用)。编制的会计分录如下:

借:制造费用　　68 600
　　管理费用　　11 900
　　销售费用　　7 500
　贷:累计折旧　　88 000

五、其他费用的核算

在生产过程中，除发生上述材料、工资、福利、折旧费用以外，还会发生水电费、办公费、固定资产修理费等相关费用，现举例说明如下：

【例 4-23】企业月末收到水电公司的账单，本月共计发生水电费 18 000 元，尚未支付。其中生产车间一般耗用 12 000 元，行政管理部门的水电费 6 000 元。

该项经济业务的发生，一方面使得该企业间接生产成本增加 12 000 元，期间费用增加 6 000元；另一方面使得该企业负债增加 18 000 元。间接生产成本和期间费用的增加属于成本费用的增加，分别记入“制造费用”和“管理费用”账户的借方；应付水电公司账款的增加是负债的增加，记入“应付账款”账户的贷方。编制的会计分录如下：

借：制造费用	12 000	
管理费用	6 000	
贷：应付账款——水电公司		18 000

【例 4-24】企业用银行存款购买办公用品 2 000 元，其中生产车间用 970 元，行政管理部门 1 030 元。

该项经济业务的发生，一方面使得该企业间接生产成本增加 970 元，记入“制造费用”账户的借方，期间费用增加 1 030 元，记入“管理费用”账户的借方；另一方面使得该企业库存现金减少 2 000 元，记入“银行存款”账户的贷方。编制的会计分录如下：

借：制造费用	970	
管理费用	1 030	
贷：银行存款		2 000

【例 4-25】企业用银行存款支付车间设备维修费 1 600 元。

该项经济业务的发生，一方面使得该企业制造费用增加 1 600 元，另一方面使得企业银行存款减少 1 600 元。制造费用的增加是成本的增加，记入“制造费用”账户的借方；银行存款的减少是资产的减少，记入“银行存款”账户的贷方。编制的会计分录如下：

借：制造费用	1 600	
贷：银行存款		1 600

六、制造费用归集与分配的核算

制造费用是成本的组成部分，月末应将月份内归集的各种间接费用从“制造费用”账户贷方转入“生产成本”账户借方，以便计算产品的生产成本。

【例 4-26】月末按照产品生产工时比例分配并结转本月制造费用。其中甲产品生产工时 6 000 小时，乙产品生产工时 4 000 小时。

首先归集本月间接生产费用（见表 4-3）。

表 4-3　制造费用归集　　单位：元

制造费用项目	金　额
材料	39 430
工资及福利费	11 400
折旧	68 600
水电费	12 000
办公费	970
设备维修费	1 600
合计	134 000

其次，按一定分配标准计算制造费用分配率：

制造费用分配率＝当期制造费用总额÷分配标准之和

＝134 000÷(6 000＋4 000)＝13.4

甲产品应分配的制造费用＝13.4×6 000＝80 400(元)

乙产品应分配的制造费用＝13.4×4 000＝53 600(元)

将分配结果计入成本时，一方面使得该企业产品的直接生产成本增加 134 000 元，另一方面使得企业间接生产成本即制造费用减少 134 000 元。产品的直接生产成本增加，记入“生产成本”账户的借方；制造费用的减少记入“制造费用”账户的贷方。编制的会计分录如下：

借：生产成本——甲产品　　80 400

　　　　　　——乙产品　　53 600

　贷：制造费用　　134 000

七、完工产品的核算

产品生产完工并验收入库后，使企业的库存商品(finished goods)增加。此时应按完工产品在生产过程所发生的实际成本记入“库存商品”借方，同时，将原记入“生产成本”账户借方的该批产品成本通过“生产成本”账户的贷方转出。

产品成本项目一般由三部分组成：

(1)直接材料，指企业为生产产品而直接耗费的原材料、辅助材料、燃料动力等。

(2)直接人工，指直接从事生产的工人工资及职工福利等。

(3)制造费用，指期末按一定标准分配到的间接生产费用。

如果车间只生产一种产品，那么车间内发生的所有生产费用都是直接生产费用，均可直接计入生产成本，不需要归集并分配制造费用。

如果车间生产几种产品，在不能分清是为哪种产品所耗用的生产费用时，需要将由多种产品共同承担的生产费用在制造费用中先归集，然后再在各种产品之间、完工产品与半成品之间进行分配。

产品成本的计算方法以及生产费用在完工产品与在产品之间的分配方法在成本会计学

中介绍，本教材不涉及。

【例 4-27】月末企业生产部门的报表显示：甲产品和乙产品本月各投产 2 000 台，甲产品本月全部完工，并已验收入库。乙产品本月完工 1 000 台，并已验收入库，还有 1 000 台为在产品。乙在产品的定额工时为 8 000 小时，单位乙在产品各成本项目的定额为：原材料定额为 45 元，一次性投入；人工费用定额为 1.2 元，制造费用定额为 1.5 元。产品成本计算见表 4-4。

表 4-4　产品成本计算　　单位：元

甲产品成本项目	金　额	乙产品成本项目	金　额
直接材料	64 425	直接材料	92 010
直接人工	34 200	直接人工	22 800
制造费用	80 400	制造费用	53 600
合计	179 025	合计	168 410
减：期末甲在产品成本	0	减：期末乙在产品成本	66 600
已完工 2000 件产成品成本	179 025	已完工 1000 件产成品成本	101 810
甲产成品单位成本（元/台）	89.51	乙产成品单位成本（元/台）	101.81

其中，期末 1 000 件乙在产品成本 66 600＝1 000×45＋8 000×(1.2＋1.5)

产品完工入库，一方面使得该企业库存商品增加，另一方面由于结转入库产成品成本使得半成品占用资金减少；库存商品的增加是资产的增加，记入“库存商品”账户的借方；在产品生产成本的减少，记入“生产成本”账户的贷方。编制的会计分录如下：

借：库存商品——甲产品　　179 025
　　　　　　——乙产品　　101 810
　贷：生产成本——甲产品　　179 025
　　　　　　　——乙产品　　101 810

第五节　销售过程业务的核算

一、销售业务核算的内容

销售过程是企业以一定方式将产品销售给购货单位，并按销售价格取得销售收入的过程。销售过程是工业企业资金循环的第三个阶段，也是工业企业生产经营过程的最后阶段。在销售过程中，企业通过产品销售形成产品销售收入。企业取得的产品销售收入是以付出产品为代价的，已销售产品的生产成本就是产品销售成本。在销售过程中，企业为了销售产品，还会发生各种费用支出，如包装费、运输费、装卸费、广告费、展览费以及为销售本企业的产品而专设的销售机构的职工工资、福利费、业务费等经常费用。这些为销售产品而发生的费用，叫作销售费用。在销售过程中，企业还应按照国家的有关税法规定，计算并交纳销售税金。由此可见,销售过程的主要经济业务是销售收入的实现、销售成本的结转,以及销售税金及附加的计算与交纳。

二、销售业务的核算

1. 账户设置

(1)“主营业务收入”(main business income)账户。该账户属于损益类账户,用于核算企业在销售商品、提供劳务及让渡资产使用权等日常活动中所产生的收入。账户贷方记录企业产品已实现销售的主营业务收入额;借方记录月末转入“本年利润”账户贷方主营业务收入额;本账户期末一般没有余额。

(2)“其他业务收入”(other operating income)账户。该账户属于损益类账户,用于核算企业除主营业务以外的其他业务收入的发生及其结存情况。一般包括材料销售收入、出租包装物、固定资产的租金收入等。该账户的贷方登记其他业务收入的实现;借方登记期末转入“本年利润”账户的数额;期末结转后该账户无余额。

(3)“应收账款”账户。该账户属于资产类账户,主要核算反映企业在产品销售过程中所发生的应收而未收的产品销售款项。账户借方记录企业产品已经售出但未收到现款的销售货款即赊销的销售货款;账户贷方记录企业实际收回的客户所欠的产品销售货款;余额在借方,反映企业应收而未收回的产品销售货款。

(4)“应收票据”账户。该账户属于资产类账户,用来核算企业采用商业汇票结算方式结算货款的情况。企业销售商品收到购买方开具的商业汇票时,记入应收票据的借方;票据到期收回货款时,记入应收票据的贷方;余额在借方,表示尚未收回的应收票据金额。

(5)“预收账款”账户。该账户属于负债类账户,核算企业按照合同规定或交易双方之约定而向购买单位或接受劳务的单位在未发出商品或提供劳务时预收的款项。该账户贷方记录预收单位订货款的增加;账户借方记录销售实现冲减的预收货款;该账户的期末贷方余额反映企业向购货单位预收的款项。期末借方余额属应收账款性质,反映企业应向购货单位或接通受劳务单位收取的款项。

(6)“主营业务成本”(major business cost)账户。该账户属于损益类账户,用于核算企业因销售商品、提供劳务或让渡资产使用权等日常活动而发生的实际成本。账户借方记录企业已实现主营业务收入的产品实际成本;账户贷方记录月末转入“本年利润”账户借方的产品实际成本;期末结转后本账户应无余额。

(7)“其他业务成本”(other operating costs)账户。该账户属于损益类账户,用于核算除主营业务以外的其他业务成本的发生及转销情况。该账户借方登记其他业务成本的增加;贷方登记期末转入“本年利润”账户的金额;期末结转后本账户应无余额。

(8)“营业税金及附加”(business tax and surcharges)账户。该账户属于损益类账户,主要核算企业经营活动发生的营业税、消费税、城市维护建设税、资源税和教育费附加等相关税费的计算及结转的情况。账户借方记录企业按规定计算确定的与经营活动有关的税费;贷方记录期末转入“本年利润”账户的营业税金及附加额;经过结转后,本账户没有余额。需要注意的是这里核算的税金不包括增值税。

(9)“应交税费”账户。该账户属于负债类账户,用来核算企业按照税法规定计算应交纳的各种税费,包括增值税、消费税、营业税、所得税、资源税、土地增值税、城市维护建设税、房产税、土地使用税、车船使用税、教育费附加等。账户贷方登记应交纳的各种税费;借方登记已交纳的各种税费;本账户期末贷方余额反映尚未交纳的税费,期末如为借方余额反映多交或尚未抵扣的税费。本账户应当按照应交税费的税种进行明细核算。应交增值税还应分别按“进项税额”、“销项税额”等设置专栏进行明细核算。

2. 产品销售业务核算

【例 4-28】企业向远大公司销售甲产品 600 台,每台售价 120 元,增值税专用发票上注明的价款为 72 000 元,增值税进项税额 12 240 元,货款已收回存入银行。

该项经济业务的发生,一方面使得企业银行存款增加 84 240 元;另一方面使得甲产品销售收入增加 72 000 元,应交增值税销项税额增加 12 240 元。银行存款的增加是资产的增加,记入“银行存款”账户的借方;产品销售收入的增加是收入的增加,记入“主营业务收入”的贷方;应交增值税销项税额的增加是负债的增加,记入“应交税费”的贷方。编制的会计分录如下:

借:银行存款	84 240	
贷:主营业务收入		72 000
应交税费——应交增值税(销项税额)		12 240

【例 4-29】企业向江海公司销售乙产品 800 台,每台售价 150 元,增值税专用发票上注明的价款为 120 000 元,增值税进项税额 20 400 元,商品已发出,货款尚未收到。

该项经济业务的发生,一方面使得企业应收账款增加 140 400 元;另一方面使得乙产品销售收入增加 120 000 元,应交增值税销项税额增加 20 400 元。应收账款的增加是资产的增加,记入“应收账款”账户的借方;产品销售收入的增加是收入的增加,记入“主营业务收入”的贷方;应交增值税销项税额的增加是负债的增加,记入“应交税费”的贷方。编制的会计分录如下:

借:应收账款——江海公司	140 400	
贷:主营业务收入		120 000
应交税费——应交增值税(销项税额)		20 400

【例 4-30】企业按照合同规定预收天井公司甲产品购货款 50 000 元,款项收到已存入银行。

该项经济业务的发生,一方面使得企业银行存款增加 50 000 元;另一方面使得该企业预收账款增加 50 000 元。银行存款的增加是资产的增加,记入“银行存款”账户的借方;预收账款的增加是负债的增加,记入“预收账款”的贷方。编制的会计分录如下:

借:银行存款	50 000	
贷:预收账款——天井公司		50 000

【例 4-31】企业按照合同规定向天井公司发出甲产品 400 台,每台售价 120 元,增值税专用发票上注明价款 48 000 元,增值税销项税额 8 160 元。用预收天井公司货款抵扣货款后的余额后,不足的部分天井公司已用银行存款补付。

该项经济业务的发生,一方面使得企业预收天井公司的货款减少 50 000 元,银行存款增加 6 160 元(48 000＋8 160－50 000);另一方面使得该企业销售产品的收入增加 48 000 元,增值税销项税额增加 8 160 元。编制的会计分录如下:

借:银行存款　　6 160
　预收账款——天井公司　　50 000
　贷:主营业务收入　　48 000
　　应交税费——应交增值税(销项税额)　　8 160

【例 4-32】企业采用商业汇票方式向西江公司销售乙产品 500 台,每台售价 150 元,增值税专用发票上注明价款 75 000 元,增值税销项税额 12 750 元。收到西江公司签发的期限为 3 个月的商业承兑汇票一张。

该项经济业务的发生,一方面使得企业应收票据增加 87 750 元;另一方面使得该企业销售产品的收入增加 75 000 元,增值税销项税额增加 12 750 元。编制的会计分录如下:

借:应收票据——西江公司　　87 750
　贷:主营业务收入　　75 000
　　应交税费——应交增值税(销项税额)　　12 750

【例 4-33】月末,企业计算并结转本月已销甲、乙产品的成本。其中甲产品单位成本为 89.51 元,乙产品单位成本为 101.81 元(见例 4-27,表 4-4)。

本月甲产品销售数量为 1 000(600＋400)台,已销甲产品的成本为 89 510(1 000×89.51)元;乙产品销售数量为 1 300(800＋500)台,已销乙产品的成本为 132 353(1 300×101.81)元。这项经济业务发生,一方面使得企业销售成本增加 221 863 元,记入“主营业务成本”账户的借方;另一方面使得企业库存商品减少 221 863 元,记入“库存商品”账户的贷方。编制的会计分录如下:

借:主营业务成本　　221 863
　贷:库存商品——甲产品　　89 510
　　　　　——乙产品　　132 353

【例 4-34】企业出售多余的 A 材料 800 千克,每千克 40 元,增值税专用发票上注明价款 32 000 元,增值税销项税额 5 440 元。货款已收回,存入银行。

该项经济业务的发生,一方面使得企业银行存款增加 37 440 元;另一方面使得材料销售收入增加 32 000 元,应交增值税销项税额增加 5 440 元。编制的会计分录如下:

借:银行存款　　37 440
　贷:其他业务收入　　32 000
　　应交税费——应交增值税(销项税额)　　5 440

【例 4-35】月末,企业计算并结转本月已销 A 材料的成本。其中单位 A 材料的采购成本为 30.70 元(见例 4-18,表 4-1)。

这项经济业务的发生,一方面使得企业材料销售成本增加 24 560(800×30.70)元,记入“其他业务成本”账户的借方;另一方面使得企业原材料减少 24 560 元,记入“原材料”账户的贷方。编制的会计分录如下:

借:其他业务成本　　24 560
　贷:原材料——A 材料　　24 560

【例 4-36】月末，企业计算并结转本月应交纳的城市维护建设税 1 610 元，教育费附加 690 元。

这项经济业务的发生，一方面使得企业营业税金及附加增加 2 300 元；另一方面使得企业应交税费增加 2 300 元。营业税金及附加增加是费用的增加，记入“营业税金及附加”账户的借方；应交税费增加是负债的增加，记入“应交税费”账户的贷方。编制的会计分录如下：

借：营业税金及附加　　2 300

　贷：应交税费——应交城市维护建设税　　1 610

　　　　　　——应交教育费附加　　690

第六节　财务成果的核算

财务成果是企业一定时期经营活动的最终成果，即实现的利润或发生的亏损。企业的利润或亏损在很大程度上反映了企业经营的效益和经营管理水平的高低。企业若实现利润，首先应交纳所得税，然后再将税后利润按照规定程序进行分配：一部分留归企业自行支配，一部分分给企业的所有者；企业若发生亏损，应按规定进行弥补。因此，财务成果的核算内容包括利润形成业务和利润分配业务两大部分。

一、利润的组成与计算

根据我国企业会计准则的规定，企业的利润总额一般包括营业利润、投资净收益、营业外收支净额等部分。用公式表示如下：

营业利润＝营业收入－营业成本－销售费用－管理费用－财务费用－营业税金及附加－资产减值损失＋公允价值变动损益＋投资收益

利润总额＝营业利润＋营业外收入－营业外支出

净利润＝利润总额－所得税费用

二、利润形成业务的核算

(一)期间费用的核算

1. 设置的账户

(1)“管理费用”账户。该账户属于损益类账户，用于核算企业行政管理部门为管理和组织企业生产经营活动而发生的各种费用(包括行政管理部门职工工资、福利费、行政管理部门固定资产折旧费、业务招待费、房产税、车船税、土地使用税、印花税、技术转让费、矿产资源补偿费、排污费等)。发生各种费用时，记入“管理费用”账户的借方；期末将余额转到“本年利润”账户时，贷记“管理费用”；经过结转后，本账户无余额。

(2)“销售费用”账户。该账户属于损益类账户，用于核算企业在销售产品的过程中发生的各项销售费用(包括销售机构职工工资、福利费、折旧费、差旅费、办公费、广告费、由企业负担的运输费、装卸费等)。发生各种费用时,记入“销售费用”账户的借方;期末将余额转到“本年利润”账户时,贷记“销售费用”;经过结转后,本账户无余额。

2.期间费用业务的核算

【例 4-37】企业用银行存款支付业务招待费 2 300 元,行政管理部门办公费 4 700 元。

这项经济业务的发生,一方面使得企业管理费用增加 7 000 元;另一方面使得企业银行存款减少 7 000 元。管理费用增加是费用的增加,记入“管理费用”账户的借方;银行存款减少是资产的减少,记入“银行存款”账户的贷方。编制的会计分录如下:

借:管理费用　　7 000

　贷:银行存款　　7 000

【例 4-38】企业用银行存款支付广告费 8 000 元。

这项经济业务的发生,一方面使得企业销售费用增加 8 000 元;另一方面使得企业银行存款减少 8 000 元。销售费用增加是费用的增加,记入“销售费用”账户的借方;银行存款减少是资产的减少,记入“银行存款”账户的贷方。编制的会计分录如下:

借:销售费用　　8 000

　贷:银行存款　　8 000

【例 4-39】企业员工李某出差回来报销差旅费 2 500 元(原借款 3 000 元),交回现金 500 元。

这项经济业务的发生,一方面使得企业管理费用增加 2 500 元,库存现金增加 500 元;另一方面使得企业其他应收款减少 3 000 元。编制的会计分录如下:

借:管理费用　　2 500

　　库存现金　　500

　贷:其他应收款——李某　　3 000

(二)投资收益的核算

投资收益是指企业进行投资活动所获得的经济利益。企业为了更好地合理利用资金,以获取更大的经济利益,除了进行正常的生产经营活动外,还可以将暂时闲置的资金投资于购买股票、债券等,形成企业的对外投资。投资时发生的投资收益或投资损失都会影响企业当期的经营成果。

1.账户设置

“投资收益”账户。该账户属于损益类账户,用于核算企业对外投资取得的收益或发生的亏损。取得投资收益时,贷记“投资收益”账户;发生投资亏损时,借记“投资收益”账户;本账户借、贷的差额应于月末结转至“本年利润”账户,结转后本账户无余额。

2.投资收益的核算

【例 4-40】企业收到投资债券的利息收入 180 000 元,存入银行。

这项经济业务的发生,一方面使得企业银行存款增加 180 000 元;另一方面使得企业投资收益增加 180 000 元。银行存款增加是资产的增加,记入“银行存款”账户的借方;投资收益增加是收入的增加，记入“投资收益”账户的贷方。编制的会计分录如下：

借：银行存款　　180 000

　贷：投资收益　　180 000

通过上述经济业务的核算，我们可以计算出企业本月的营业利润（表 4-5）。

表 4-5　20×5 年 12 月营业利润计算表　　单位：元

项　　目	本　月　数
营业收入	347 000
减：营业成本	246 423
营业税金及附加	2 300
销售费用	44 000
管理费用	77 285
财务费用	2 500
资产减值损失	0
加：投资收益	180 000
营业利润	154 492

营业收入＝主营业务收入＋其他业务收入

　　＝（72 000＋120 000＋48 000＋75 000）＋32 000＝347 000（元）

营业成本＝主营业务成本＋其他业务成本＝221 863＋24 560＝246 423（元）

营业税金及附加＝2 300（元）

销售费用＝28 500＋7 500＋8 000＝44 000（元）

管理费用＝31 755＋17 100＋11 900＋6 000＋1 030＋7 000＋2 500

　　＝77 285（元）

财务费用＝2 500（元）

（三）营业外收支的核算

营业外收支是指企业非日常活动取得的各项收入和支出，包括营业外收入和营业外支出。

营业外收入是指企业发生的与日常活动没有直接关系的各项利得，包括处置非流动资产利得、罚没利得、盘盈利得等。

营业外支出是指企业发生的与日常活动没有直接关系的各项损失，包括处置非流动资产损失、罚没损失、盘亏损失、公益性捐赠支出等。

1. 账户设置

（1）“营业外收入”账户。该账户属于损益类账户，主要核算企业取得的与企业经营无关的收入额。账户贷方记录企业实际取得的营业外收入额；账户借方记录月末转入“本年利润”账户的金额；经结转后本账户一般没有余额。

(2)“营业外支出”账户。该账户属于损益类账户,用来核算企业支付的与企业经营无关的支出额。账户借方记录企业实际支付的营业外支出额;账户贷方记录月末转入“本年利润”账户的金额;经结转后本账户月末一般没有余额。

2.营业外收支的核算

【例 4-41】企业向“希望工程”捐赠现金 50 000 元,已开出转账支票支付。

这项经济业务的发生,一方面使得企业银行存款减少 50 000 元;另一方面使得企业营业外支出增加 50 000 元。营业外支出增加是费用的增加,记入“营业外支出”账户的借方;银行存款减少是资产的减少,记入“银行存款”账户的贷方。编制的会计分录如下:

借:营业外支出　　50 000

　贷:银行存款　　50 000

【例 4-42】企业收到往来单位的违约罚款收入 95 508 元,存入银行。

这项经济业务的发生,一方面使得企业银行存款增加 95 508 元;另一方面使得企业营业外收入增加 95 508 元。银行存款增加是资产的增加,记入“银行存款”账户的借方;营业外收入的增加是利得的增加,记入“营业外收入”账户的贷方。编制的会计分录如下:

借:银行存款　　95 508

　贷:营业外收入　　95 508

通过上述经济业务的核算,我们可以计算出企业本月的利润总额。

12 月利润总额=营业利润+营业外收入-营业外支出

=154 492+95 508-50 000=200 000(元)

(四)所得税费用的核算

所得税是企业按照税法规定,对企业某一经营年度的所得按照规定税率计算交纳的税款。所得税费用是企业的一项费用支出。企业所得税通常是按年计征,分期预交。所得税计算公式如下:

应纳所得税=应纳税所得额×适用税率

1.账户设置

“所得税费用”账户。该账户属于损益类账户,用来核算企业交纳的所得税费用额。账户借方记录企业根据应纳税所得额计算的应纳所得税额;账户贷方记录月末转入“本年利润”账户借方的应纳所得税额;经结转后余额本账户月末一般没有余额。

2.所得税费用的核算

【例 4-43】计算本月应交所得税。所得税税率 25%。

这项经济业务的发生,一方面使得企业所得税费用增加 50 000(200 000×25%)元;另一方面使得企业应交税费增加 50 000 元。所得税费用增加是资产的增加,记入“所得税费用”账户的借方;应交税费的增加是负债的增加,记入“应交税费”账户的贷方。编制的会计分录如下:

借:所得税费用　　50 000

　贷:应交税费——应交所得税　　50 000

通过上述经济业务的核算，我们可以计算出企业本月的净利润。

12月净利润＝利润总额－所得税费用＝200 000－50 000＝150 000(元)

(五)利润形成的核算

企业期末应将各类收入、费用类账户的发生额转入"本年利润"账户，结平所有损益类账户。结转之后，损益类账户没有余额。

1.账户设置

"本年利润"(current year profit)账户。该账户属于所有者权益类账户，用来核算企业的利润总额。账户借方记录企业从成本、费用账户的贷方转入的成本费用额；账户贷方记录企业从收益类账户转入的收入额，其借贷的差额反映企业的亏损数额或盈利数额，转入利润分配账户；经结转后本账户月末没有余额。

2.利润形成的核算

【例4-44】企业在月末将本期各项收入的发生额结转至本年利润。其中，主营业务收入315 000元，其他业务收入32 000元，投资收益180 000元，营业外收入95 508元。

这项经济业务的发生，一方面使得企业各种收入减少了；另一方面使得企业本年利润增加了。收入的减少，记入相应收入账户的借方；本年利润增加是所有者权益的增加，记入"本年利润"账户的贷方。编制的会计分录如下：

	借方	贷方
借：主营业务收入	315 000	
其他业务收入	32 000	
投资收益	180 000	
营业外收入	95 508	
贷：本年利润		622 508

【例4-45】企业在月末将本期各项费用的发生额结转至本年利润。其中，主营业务成本221 863元，其他业务成本24 560元，营业税金及附加2 300元，销售费用44 000元，管理费用77 285元，财务费用2 500元，营业外支出50 000元，所得税费用50 000元。

这项经济业务的发生，一方面使得企业各种费用减少了；另一方面使得企业本年利润减少了。本年利润减少是所有者权益的减少，记入"本年利润"账户的借方；费用的减少，记入相应费用账户的贷方。编制的会计分录如下：

	借方	贷方
借：本年利润	472 508	
贷：主营业务成本		221 863
其他业务成本		24 560
营业税金及附加		2 300
销售费用		44 000
管理费用		77 285
财务费用		2 500
营业外支出		50 000
所得税费用		50 000

通过上述经济业务的核算，我们可以计算出企业 12 月的净利润为 150 000 元。对于实现的净利润要按照国家有关规定进行合理分配。

（六）利润分配的核算

企业当期实现的净利润，加上期初未分配利润，形成企业可供分配的利润。可供分配的利润，应按照规定程序进行分配。在分配利润时，既要保证国家财政收入的稳定增长，又要满足企业发展的需要，同时还要兼顾投资者和广大职工的经济利益。企业实现的净利润，除国家另有规定者外，按照下列顺序分配：

第一，弥补企业以前年度亏损。企业发生年度亏损，可以用下一年度的税前利润弥补。用下一年度的税前利润弥补不完的，可以在 5 年内延续弥补。若 5 年内企业的亏损仍未弥补完，不得再用税前利润弥补，应用税后利润弥补。

第二，提取法定盈余公积金。法定盈余公积金是指按照企业净利润和法定比例计提的盈余公积金。它的提取比例一般为净利润的 10%，当法定盈余公积累计金额达到企业注册资本的 50%以上时，可以不再提取。法定盈余公积一般用于弥补公司亏损、扩大公司生产经营、转增公司资本等。转增资本时所留存的该科目余额不得少于转增前注册资本的 25%。

第三，提取任意盈余公积金。公司从税后利润中提取法定公积金之后，经股东大会或股东会决议，还可从税后利润中提取任意公积金。任意盈余公积可用于弥补亏损、转增资本、企业扩大再生产、发放现金股利或利润，也可用于集体福利设施建设。

第四，向投资者分配股利。企业以前年度未分配的利润，可以并入本年向投资者分配。

1. 账户设置

(1)“利润分配”(profit distribution)账户。该账户属于所有者权益类账户，用来核算企业本年度利润的分配（亏损的弥补）和历年利润的分配（亏损的弥补）及结存情况。年度终了，企业应将本年度实现的净利润，自“本年利润”账户转入本账户的贷方，如为净亏损的自“本年利润”账户转入本账户的借方；企业进行利润分配时，按规定提取盈余公积、向股东或投资者分配现金股利或利润时，应借记本账户；用盈余公积弥补亏损时，则贷记本账户；余额在贷方，表示留待以后年度分配的利润，如果余额在借方，表示尚未弥补的亏损。

(2)“盈余公积”(surplus reserve)账户。该账户属于所有者权益类账户，用来核算企业从税后利润中提取的盈余公积金。企业应分别设置“法定盈余公积金”和“任意盈余公积金”账户进行明细核算。账户贷方记录企业按规定提取的盈余公积金；账户借方记录用盈余公积金补亏、转增资本、分配股利或利润等盈余公积的去向；余额在贷方反映企业盈余公积金实际结余数。

(3)“应付股利”(dividends payable)账户。该账户属于负债类账户，用来核算企业分配的现金股利或利润。账户借方记录企业实际支付给投资者的现金股利或利润；账户贷方记录企业根据税后利润计算的应付给投资人的利润分配额；账户余额在贷方反映企业应付给投资人但还尚未支付的现金股利或利润。

2. 利润分配业务的核算

【例 4-46】企业当年 1—11 月累计实现净利润 750 000 元，12 月份实现净利润 150 000

元，将当期实现的利润从“本年利润”账户结转到“利润分配”账户。

这项经济业务的发生，一方面使得企业本年利润减少了；另一方面使得企业利润分配增加了。本年利润减少是所有者权益的减少，记入“本年利润”账户的借方；利润分配的增加，是所有者权益的增加，记入“利润分配”账户的贷方。编制的会计分录如下：

借：本年利润　　900 000

　贷：利润分配——未分配利润　　900 000

【例 4-47】经过股东大会批准，按照当年净利润的10%提取法定盈余公积。

这项经济业务的发生，一方面使得企业可供分配的利润减少了 90 000 元；另一方面使得企业盈余公积增加了 90 000 元。利润分配减少是所有者权益的减少，记入“利润分配”账户的借方；盈余公积的增加，是所有者权益的增加，记入“盈余公积”账户的贷方。编制的会计分录如下：

借：利润分配——提取法定盈余公积　　90 000

　贷：盈余公积　　90 000

【例 4-48】经过股东大会批准，决定向各位股东分配现金股利 100 000 元。

这项经济业务的发生，一方面使得企业可供分配的利润减少了 100 000 元；另一方面使得企业应付股利增加了 100 000 元。利润分配减少是所有者权益的减少，记入“利润分配”账户的借方；应付股利的增加，是负债的增加，记入“应付股利”账户的贷方。编制的会计分录如下：

借：利润分配——应付现金股利　　100 000

　贷：应付股利　　100 000

经过上述利润分配后，本年未分配利润为 710 000 元(750 000＋150 000－90 000－100 000)。未分配利润结转下年后，可以参加下一年利润的分配。

本章小结

本章主要介绍了制造业的生产经营过程及生产经营过程中筹集资金业务的核算、供应过程的核算、生产过程的核算、销售过程的核算、财务成果的核算。第一节主要介绍了制造业的生产经营过程；第二节主要介绍了筹集资金业务的核算，包括所有者投入资金的核算和借入资金的核算；第三节主要介绍了供应过程的核算，包括固定资产购置业务的核算、材料采购业务的核算；第四节主要介绍了生产过程的核算，包括材料耗费业务的核算、人工耗费的核算、固定资产折旧业务的核算、其他耗费的核算、制造费用的归集与分配、产品完工入库的核算；第五节主要介绍了销售过程的核算，包括销售收入的核算、销售费用及税金的核算；第六节主要介绍了财务成果的核算，包括利润形成业务的核算以及利润分配的核算。

能力考核

应知考核

一、单项选择题

1. 企业接受固定资产投资，除了应记入“固定资产”账户和“实收资本”账户外，还可能涉及的账户有(　　)。

A. 累计折旧　　B. 资本公积　　C. 盈余公积　　D. 其他业务收入

2. 某企业20×5年1月31日从银行取得期限为3个月，金额30 000元的短期借款。年利率为4%。该借款用于购买生产用原材料，则2月末计提借款利息时，账务处理为(　　)。

A. 借：制造费用 100
　贷：应付利息 100

B. 借：生产成本 100
　贷：应付利息 100

C. 借：财务费用 100
　贷：短期借款 100

D. 借：财务费用 100
　贷：应付利息 100

3. 某企业从银行借入期限为7个月的借款50 000元，存入银行，应编制会计分录为(　　)。

A. 借：银行存款 50 000
　贷：短期借款 50 000

B. 借：银行存款 50 000
　贷：长期借款 50 000

C. 借：长期借款 50 000
　贷：银行存款 50 000

D. 借：短期借款 50 000
　贷：银行存款 50 000

4. A公司以银行存款偿还到期的短期借款5 000元，同时支付本期借款利息300元，下列关于该项经济业务的账务处理中，正确的是(　　)。

A. 借：短期借款 5 300
　贷：银行存款 5 300

B. 借：应付账款 5 300
　贷：银行存款 5 300

C. 借：短期借款 5 000
　　应付账款 300
　贷：银行存款 5 300

D. 借：短期借款 5 000
　　财务费用 300
　贷：银行存款 5 300

5. 某企业为增值税一般纳税人。本期外购价格为20 000元的原材料，增值税为3 400元，另支付运费600元。该批材料的入账价值为(　　)元。

A. 20 000　　B. 20 600　　C. 23 400　　D. 24 000

6. 甲单位按照合同规定预付给乙单位的款项，应通过(　　)科目核算。

A. 预付账款　　B. 预收账款　　C. 应收账款　　D. 短期借款

7. 采购人员预借差旅费，以库存现金支付，应借记(　　)账户核算。

A. 库存现金　　B. 管理费用　　C. 其他应收款　　D. 其他应付款

8. "应付职工薪酬"账户期末借方余额反映的是(　　)。

A. 本月实际支付的职工薪酬　　B. 本月应分配的职工薪酬

C. 本月结转的代扣款项　　D. 本月多支付的职工薪酬

9. 下列不属于制造费用核算内容的是(　　)。

A. 车间固定资产折旧费　　B. 车间一般性的消耗

C. 车间管理人员的福利费　　D. 行政管理人员的工资

10. 企业计提本月生产车间使用的固定资产折旧费80 000元，应编制的会计分录(　　)。

A. 借：固定资产 80 000
　贷：累计折旧 80 000

B. 借：累计折旧 8 0000
　贷：固定资产 80 000

C. 借:管理费用 80 000　　　　D. 借:制造费用 80 000

　贷:累计折旧 80 000　　　　　贷:累计折旧 80 000

11. 某企业某车间月初在产品成本为 2 000 元,本月耗用材料 40 000 元,生产工人工资等职工薪酬 8 000 元,该车间管理人员工资等职工薪酬 4 000 元,车间水电等费用 4 000 元,月末在产品生产成本 4 400 元,则该车间本月完工产品成本总额为(　　)。

A. 56 200　　B. 58 200　　C. 53 600　　D. 53 800

12. 某企业的制造费用采用生产工人工时比例法进行分配。该企业当月生产甲、乙两种产品,共发生制造费用 50 000 元。当月生产甲、乙两种产品共耗用 20 000 工时,其中,甲产品耗用 16 000 工时,乙产品耗用 4000 工时。则甲产品应分配的制造费用为(　　)元。

A. 30 000　　B. 20 000　　C. 16 000　　D. 40 000

13. 生产车间发生的制造费用分配后,一般应记入(　　)科目。

A. 库存商品　　B. 主营业务成本　　C. 本年利润　　D. 生产成本

14. 结转已售产品的成本时,“库存商品”的对应账户应为(　　)。

A. 主营业务成本　B. 应收账款　　C. 银行存款　　D. 主营业务收入

15. 以现金 1 200 元购买办公用品,其中车间用办公用品 900 元,行政部门用 300 元,根据该经济业务编制会计分录不会涉及(　　)账户。

A. 生产成本　　B. 管理费用　　C. 库存现金　　D. 制造费用

16. 公司用银行存款支付 3 月广告费 5 000 元,下列关于该项经济业务账务处理中,正确的是(　　)。

A. 借:管理费用 5 000　　　　B. 借:销售费用 5 000

　贷:银行存款 5 000　　　　　贷:银行存款 5 000

C. 借:财务费用 5 000　　　　D. 借:制造费用 5 000

　贷:银行存款 5 000　　　　　贷:银行存款 5 000

17. 下列账户中,期末结转后仍可能有余额的有(　　)。

A. 所得税费用　　B. 营业外收入　　C. 本年利润　　D. 利润分配

18. 下列各项中,不会影响利润总额增减变化的是(　　)。

A. 销售费用　　B. 管理费用　　C. 所得税费用　　D. 营业外支出

19. 某企业 20×5 年年初未分配利润为 100 万元,本年净利润为 1 000 万元,按 10%计提法定盈余公积,按 5%计提任意盈余公积,宣告发放现金股利为 80 万元,该企业 20×5 年末未分配利润为(　　)万元。

A. 855　　B. 867　　C. 870　　D. 8

20. 利润分配账户的借方余额表示(　　)。

A. 本期实现的净利润　　　　B. 本期发生的净亏损

C. 尚未分配的利润　　　　　D. 尚未弥补的亏损

二、多项选择题

1. 企业计提固定资产折旧时,下列会计分录正确的有(　　)。

A. 计提行政管理部门固定资产折旧,借记“管理费用”,贷记“累计折旧”

B. 计提生产车间固定资产折旧,借记“生产成本”,贷记“累计折旧”

C. 计提专设销售机构固定资产折旧，借记“销售费用”，贷记“累计折旧”

D. 计提自建工程使用的固定资产折旧，借记“在建工程”，贷记“累计折旧”

2.“其他业务收入”账户核算的内容包括（　　）。

A. 销售产品的收入　　B. 销售材料的收入

C. 固定资产出租收入　　D. 接受捐赠所得

3. 企业发生的下列税费中，应记入“营业税金及附加”账户的有（　　）。

A. 消费税　　B. 营业税　　C. 教育费附加　　D. 所得税

4. 下列各项中，最终计入产品生产成本的有（　　）。

A. 发生的生产工人工资　　B. 计提的生产工人福利费

C. 发生的生产工人医药费　　D. 发生的行政管理部门人员的工资

5. 下列费用应计入制造费用的有（　　）。

A. 车间设备折旧费　　B. 车间管理人员的工资

C. 车间机物料消耗　　D. 车间办公费

6. 下列业务中会导致实收资本增加的是（　　）。

A. 资本公积转增资本　　B. 盈余公积转增资本

C. 计提盈余公积　　D. 企业按照法定程序减少注册资本

7. 期末损益类账户结转时，“本年利润”账户贷方的对应账户分别为（　　）。

A. 主营业务收入　B. 主营业务成本　　C. 其他业务收入　　D. 营业税金及附加

8. 关于期间费用，下列说法中正确的有（　　）。

A. 期间费用各科目期末均无余额

B. 业务招待费属于“管理费用”的核算内容

C. 期间费用包括财务费用、管理费用、制造费用

D. 期间费用构成企业的产品成本

9. 核算库存商品时，涉及的会计科目有（　　）。

A. 库存商品　　B. 生产成本　　C. 主营业务成本　　D. 制造费用

10. 关于“利润分配——未分配利润”账户，下列说法正确的有（　　）。

A. 期末余额一定在贷方

B. 期末余额可能在借方也可能在贷方

C. 期末余额在贷方表示未分配利润的数额

D. 期末余额在借方表示未弥补亏损的数额

11. 企业应该在月末计算本月应支付给职工的工资总额，并形成一项负债，可以借记（　　），贷记“应付职工薪酬”。

A. 生产成本　　B. 制造费用　　C. 财务费用　　D. 销售费用

12. 工业企业在经营活动中，需要在“销售费用”账户中核算的有（　　）。

A. 广告费　　B. 展览费

C. 专设销售机构的人员工资　　D. 专设销售机构的房屋租金

13. 下列费用应计入“管理费用”的有（　　）。

A. 厂部管理人员的工资　　B. 车间管理人员的工资

C. 厂部房屋的折旧费　　　　D. 厂部的办公费

14. 甲公司主管业务是生产并销售产品，该公司某月销售一批原材料，共 500 千克，单位成本每千克 30 元(未计提减值)，单价为每千克 40 元，不考虑增值税，款项已经收到，应编制会计分录(　　)。

A. 借：银行存款 20 000
　　贷：主营业务收入 20 000

B. 借：银行存款 20 000
　　贷：其他业务收入 20 000

C. 借：其他业务成本 15 000
　　贷：原材料 15 000

D. 借：主营业务成本 15 000
　　贷：原材料 15 000

15. 企业实现的净利润可进行下列分配：(　　)。

A. 计算交纳所得税　　　　B. 计提法定盈余公积

C. 提取任意盈余公积　　　　D. 向投资者分配股利

16. B 公司生产甲、乙两种产品，20×5 年 6 月 30 日，当月可分配制造费用 5 万元，甲产品耗用生产工时 1.5 万小时，乙产品耗用生产工时 1 万小时，则下列表述正确的是(　　)。

A. 制造费用分配率是 2　　　　B. 甲产品应负担的制造费用是 3 万元

C. 制造费用分配率是 3.33　　　　D. 乙产品应负担的制造费用是 3 万元

17. 20×5 年，A 公司结转本年实现的收入和成本费用，本年实现的主营业务收入 20 万元，主营业务成本 10 万元，营业税及附加 2 万元，其他业务收入 1 万元，其他业务成本 0.8 万元，期间费用 3 万元，营业外收入 1 万元，营业外支出 0.5 万元，A 公司所得税税率为 25%，假定不存在纳税调整事项，则下列说法正确的有(　　)。

A. 该公司利润总额为 5.7 万元

B. 该公司营业利润为 5.2 万元

C. 该公司本年应交所得税为 1.425 万元

D. 该公司净利润为 4.275 万元

18. 下列关于“预付账款”账户的说法中，正确的有(　　)。

A. 借方登记购进货物支付的款项

B. 借方登记预付及补付的款项

C. 余额在借方表示企业尚未补付的款项

D. 是资产类账户

19. 从银行取得借款 5 000 元，直接归还前欠货款，下列关于此项经济业务账务处理的表述中，正确的有(　　)。

A. 借记“银行存款”5 000 元　　　　B. 贷记“短期借款”5 000 元

C. 借记“应付账款”5 000 元　　　　D. 贷记“应付账款”5 000 元

20. 下列关于“本年利润”账户的表述中，正确的有(　　)。

A. 借方登记期末转入的各项费用　　　　B. 贷方登记期末转入的各项收入

C. 贷方余额为本年实现的净利润　　　　D. 借方余额表示本年发生的亏损

应会考核

一、练习资金筹集和资金退出的核算

蓝天公司 20×5 年 10 月份发生如下经济业务：

(1)5 日，收到国家投入的货币资金 500 000 元，存入银行。

(2)5 日，信元公司以机器设备一台作为对蓝天公司的投资，双方协商作价 200 000 元。

(3)8 日，华中公司以专利一项对蓝天公司投资，该专利的公允价值为 150 000 元。

(4)10 日，向银行取得为期 3 个月的借款 120 000 元，款项已转存银行。

(5)15 日，向银行取得为期 2 年的借款 250 000 元，款项已转存银行。

(6)20 日，以银行存款 7 500 元支付短期借款利息。

(7)25 日，以银行存款归还到期的短期借款 500 000 元。

(8)31 日，计提本月短期借款利息 5 000 元。

要求：根据上述资料编制会计分录。

二、练习材料采购成本的计算

永昌公司 20×5 年 3 月发生有关材料采购业务如下：

(1)1 日，购入 A、B 两种材料，价款 11 000 元，增值税专用发票上注明的税款为 1 870 元。货款已付，材料未到。明细资料如下：

品　种	体　积	重　量	买　价
A 材料	100 米^3	1 000 千克	3 000 元
B 材料	200 米^3	4 000 千克	8 000 元

(2)10 日，以银行存款支付 A、B 材料的运杂费 2 700 元，按材料的体积比例分配该项采购费用。

(3)15 日，从外地购入甲、乙两种材料，价款 127 000 元，增值税专用发票上注明的税款 21 590 元。货款已付，材料未到。明细资料如下：

品　种	数　量	单　价	买　价
甲材料	4 000 千克	29.50 元/千克	118 000 元
乙材料	1 000 千克	9.00 元/千克	9 000 元

(4)20 日，以银行存款支付甲、乙两种材料的采购费用 3 000 元，其中，运输费 2 500 元，装卸、搬运费 500 元。上述费用均按材料的重量比例计入在途物资成本。

(5)25 日，上述材料验收入库，按实际采购成本入账。

要求：(1)编制在途物资成本计算表。

(2)编制上述经济业务的会计分录。

A、B 在途物资成本计算表

年　月　日　　　20××年 3 月　　　单位:元

品　种	分配标准	分配率	采购费用分配额	买价	总成本	单位成本
A 材料						
B 材料						
合　计						

甲、乙在途物资成本计算表

年　月　日　　　20××年 3 月　　　单位:元

品　种	分配标准	分配率	采购费用分配额	买价	总成本	单位成本
甲材料						
乙材料						
合　计						

三、练习生产环节业务的核算

诚信公司 20×5 年 10 月份生产 A 产品 2 000 件,B 产品 500 件。本月发生与生产有关的业务如下:

(1)仓库共发出材料 67 200 元,用途如下:

用于生产 A 产品:51 000 元;用于生产 B 产品:10 000 元;

车间一般性耗费:4 900 元;公司行政管理部门耗用:1 300 元。

(2)分配结转本月工资费用 15 200 元,用途如下:

A 产品生产工人工资:10 000 元;B 产品生产工人工资:2 000 元;

车间管理人员工资:800 元;公司行政管理人员工资 2 400 元。

(3)按职工工资的 14%计提职工福利。

(4)本月产品生产应付电费 7 100 元,按 A、B 产品的定额耗电量分摊。A、B 产品的定额耗电量分别为 6 000 度和 1 100 度。

(5)计提本月固定资产折旧 10 000 元,其中生产车间 8 000 元,公司行政管理部门 2 000 元。

(6)以银行存款支付财产保险费,其中,生产车间 7 000 元,公司行政管理部门 1 000 元。

(7)按产品的生产工人工资比例分配本月制造费用。

(8)投产的 A、B 产品本月全部完工并验收入库。

要求:

(1)根据上述经济业务编制会计分录。

(2)编制电费分配表、制造费用分配表和产品生产成本计算单。

电费分配表

20××年10月　　单位:元

受益对象	定额耗电量	分配率	金　额
A产品			
B产品			
合　计			

制造费用分配表

20××年10月　　单位:元

受益对象	工时总额	分配率	金　额
A产品			
B产品			
合　计			

产品成本计算单

产品名称:A产品　　20××年10月　　单位:元

成本项目	本月生产费用	总成本	单位成本
直接材料			
工资及福利费			
制造费用			
合　计			

产品成本计算单

产品名称:B产品　　20××年10月　　单位:元

成本项目	本月生产费用	总成本	单位成本
直接材料			
工资及福利费			
制造费用			
合　计			

四、练习收入与费用的核算

(1)永昌公司20×5年10月份销售A产品3 000件,收到货款195 000元和增值税税款33 150元;销售B产品1 000件,货款55 000元和增值税税款9 350元,货款未收到。

(2)以银行存款支付产品广告费3 500元。

(3)结转已销产品的生产成本:A产品单位生产成本为每件42元,B产品单位成本为每件33元。

(4)计算本月应交的A产品的消费税2 500元。

(5)收到客户前欠的货款 64 350 元，存入银行。

(6)以银行存款向希望工程捐赠 10 000 元。

(7)支付短期借款利息 2 400 元。

(8)将收入、费用结转到“本年利润”账户。

五、练习利润形成及利润分配的核算

北方公司 20×5 年 12 月月末部分总账账户余额如下表：

会计科目	借　方	贷　方
主营业务收入		8 000 000
其他业务收入		150 000
投资收益		200 000
营业外收入		4 000
主营业务成本	6 000 000	
营业税金及附加	15 000	
其他业务成本	120 000	
销售费用	180 000	
管理费用	400 000	
财务费用	58 000	
营业外支出	80 000	

要求：

(1)计算计算企业应交的企业所得税。

(2)结转本年利润总额。

(3)按净利润的 10%计提盈余公积。

(4)按净利润的 20%向投资者分配利润。

(5)年末结转企业的未分配利润。

六、综合练习企业主要经济业务的核算

甲企业 20××年 10 月份发生下列经济业务，请做出甲企业的相关会计处理。

(1)购入材料 20 000 元，增值税税率为 17%，已验收入库，款项已从银行支付。

(2)仓库发出材料 48 000 元，其中用于 A 产品生产 25 000 元，用于 B 产品生产 20 000 元，车间一般耗用 1 000 元，企业管理部门领用 2 000 元。

(3)企业本月计提车间用固定资产的折旧 3 000 元，厂部用固定资产的折旧 1 500 元。

(4)计算本月应付职工工资 84 000 元，其中生产 A 产品工人工资 28 000 元，B 产品工人工资 42 000 元，车间管理人员工资 6 000 元，厂部管理人员工资 8 000 元。

(5)从银行提取现金 84 000 元，备发工资。

(6)以现金 84 000 元支付本月工资。

(7)将本月归集的制造费用按工时比例分配到 A、B 产品的成本中(A 产品工时 7 000

个,B 产品工时 3 000 个)。

(8)A 产品已全部完工,共 24 台,按实际成本结转到完工产品成本中。

(9)售出 A 产品 20 台,每台 4000 元,增值税税率为 17%,款存银行。

(10)结转上述已销商品的成本,单位成本为 2 500 元。

(11)以银行存款 1 300 元支付广告费。

(12)行政管理人员张某出差报销差旅费 800 元,退回现金 100 元,原借款 900 元。

(13)将损益类科目结转到“本年利润”中。

第五章

会计凭证

本章学习目标和教学重点、难点

学习目标:

通过本章的学习,应使学生重点掌握会计凭证的概念、原始凭证与记账凭证的概念、原始凭证与记账凭证的关系、原始凭证与记账凭证的填制方法和填制要求,掌握填制和审核凭证的基本技能,熟悉会计凭证的各种分类,了解会计凭证的传递和保管。

学习重点:

原始凭证与记账凭证的概念、原始凭证与记账凭证的填制方法和填制要求。

学习难点:

会计凭证按不同标准进行分类以及凭证的填制和审核等内容。

第一节　会计凭证的种类和意义

一、会计凭证的概念

会计凭证(accounting documents),简称凭证,是在会计工作中初步归类记录经济业务、明确经济责任并据以记账的书面证明文件。

会计管理工作要求会计核算提供真实的会计资料,强调记录经济业务必须有依据。填制和取得会计凭证是会计核算的起点。企业发生的每一笔经济业务,都必须由执行或完成该项经济业务的有关人员填制或取得会计凭证,并在会计凭证上签名或盖章,以明确相应的责任。例如,购买商品取得由供货方开具的发票,支出款项由收款方开具发票,材料、商品入库要有入库单,发出商品要有出库单,领用材料要有领料单等。这些都是会计凭证。

正确填制和认真审核会计凭证是财务管理不可缺少的基础工作。依法填制或取得会计凭证后,会计人员必须对已取得的会计凭证进行严格的审核,只有准确无误的会计凭证才能作为登记各种账簿的凭据。

二、会计凭证的作用

填制和审核会计凭证是会计工作的起点,正确填制和严格审核会计凭证对完成会计工作的任务、实现会计的职能,具有如下重要作用。

1. 记录经济业务,提供记账依据

任何经济业务的发生都必须取得或填制会计凭证,如实地反映经济业务的发生或完成情况。会计凭证上记载了经济业务发生的时间、内容、数量、金额等,为核算提供了依据。

2. 监督经济活动，保障经济业务合理合法运行

由于会计凭证记录和反映了经济业务活动的发生和完成情况等具体内容，所以通过对会计凭证的严格审核，就可以检查每笔经济业务是否合理、合规和合法。

3. 明确经济责任，强化内部控制

由于每一笔经济业务都要填制和取得会计凭证并且由经办人员在凭证上签名盖章，这就有利于分清责任。

三、会计凭证的种类

会计凭证按其填制程序和用途的不同，分为原始凭证和记账凭证。

1. 原始凭证

原始凭证(original voucher)是记录经济业务发生或完成时由相关人员填制或取得的，用以明确经济责任，作为记账依据的最初的书面证明文件。如出差乘坐的车船票、采购材料的发票、到仓库领料的领料单等，都是原始凭证。原始凭证是在经济业务发生的过程中直接产生的，是经济业务发生的最初证明，在法律上具有证明效力，所以也可叫作“证明凭证”。

普通发票的样式如表 5-1 所示。

表 5-1　商业普通发票

××市商业普通发票　　　　发票号码：№ 123456

2015 年 10 月 4 日

购货单位：ABC 公司

品　　名	单位	数量	单价	金　额							
				十	万	千	百	十	元	角	分
中国梦(修订版)	本	100	20.70			2	0	7	0	0	0
小写金额合计					¥	2	0	7	0	0	0
大写　人民币 贰 仟 零 柒 拾 元 整											

第二联　发票联

收款企业盖章：　　　　财务：　　　　复核：　　　　开票：许半山

2. 记账凭证

记账凭证(recording voucher)是会计人员根据审核无误的原始凭证或汇总原始凭证，用来确定经济业务应借、应贷的会计科目和金额而填制的，作为登记账簿直接依据的会计凭证(见表 5-2)。在登记账簿之前，应按实际发生经济业务的内容编制会计分录，然后据以登记账簿，在实际工作中，会计分录是通过填制记账凭证来完成的。

表 5-2 记账凭证

记 账 凭 证

年 月 日 记字第 号

摘要	会计科目	明细科目	√	借方金额										√	贷方金额									
				千	百	十	万	千	百	十	元	角	分		千	百	十	万	千	百	十	元	角	分
合计																								

附单据 张

财务主管 记账 出纳 审核 制单

第二节 原始凭证的填制和审核

一、原始凭证的分类

（一）按来源不同分类

原始凭证按取得的来源不同，可以分为自制原始凭证和外来原始凭证两类。

1. 自制原始凭证

自制原始凭证是指在经济业务发生、执行或完成时，由本单位的经办人员自行填制的仅供内部使用的原始凭证，如收料单（见表 5-3）、领料单、产品入库单等。

表 5-3 收料单

收 料 单

№ 002465

200×年 12 月 1 日

发票号码 № 016574 供应单位 付款方式

编号	名称与规格	单位	数量		实际价格		计划价格	
			交库	实收	单价	金额	单价	金额
	精制梳棉	吨		10	18 596.80	185 968		
	合计					185 968		

四 财会部门结账联

财会部门主管 记账 保管部门主管 收料 李萍 制单

2. 外来原始凭证

外来原始凭证，是指在同外单位发生经济往来关系时，从外单位取得的凭证，如企业购买材料、商品时从供货单位取得的发票(invoice)，对外支付款项时取得的收据(receipt)(见表 5-4)等都是外来原始凭证。

表 5-4 收 据

收 据

20×5 年 12 月 6 日 第 007 号

今收到	东方商城				
人民币(大写)肆万捌仟陆佰元整					￥48 600.00
事 由：上月所欠货款				现 金	
下沙有限责任公司 267324510089776 发票专用章				支票第 002569 号	
收款单位		财务主管		收款人	蒋琳

(二)按填制手续不同分类

原始凭证按填制手续不同，可以分为一次凭证、累计凭证和汇总原始凭证三类。

1. 一次凭证

一次凭证是指只反映一项经济业务，或者同时反映若干项同类性质的经济业务，其填制手续是一次完成的会计凭证。日常的多数原始凭证均为一次凭证，如企业购进材料验收入库，由仓库保管员填制的"收料单"，车间向仓库领用材料时填制的"领料单"(见表 5-5)，以及报销人员填制的、出纳人员据以付款的"报销凭单"等，都是一次凭证。外来原始凭证均为一次凭证。

表 5-5 领料单

领 料 单

№ 0017470

领料部门：生产车间 200×年 12 月 17 日

编号	名称及规格	单位	数量	实发数	单价	金额	备注
	润滑剂	桶	19		150	2 850	
合 计						￥2 850	

第一联 存根

主管部门： 领料人：张进

2. 累计凭证

累计凭证是指在一定期间内，连续多次记载若干不断重复发生的同类经济业务，直到期末凭证填制手续才算完成，以期末累计数作为记账依据的原始凭证，如工业企业常用的限额领料单等(见表 5-6)。使用累计凭证，可以简化核算手续，能对材料消耗、成本管理起事先控制作用，是企业进行计划管理的手段之一。

表 5-6　限额领料单

限额领料单

材料科目：圆钢　　材料类别：

领料车间(部)　　装配车间　　20××年 10 月　　编号：

用途：　　仓库：4#

材料编号	材料名称	规格	计量单位	领用限额	实际领用			备注
					数量	单位成本	金额	
1206	圆钢	20mm	kg	3 600	3 600	2.80	10 080.00	

日期	请领		实发			退回			限额结余
	数量	领料单位	数量	发料人签章	领料人签章	数量	领料人签章	退料人签章	
5	1 500	×××	1 500	×××	×××				2 100
10	1 500	×××	1 500	×××	×××				600
15	600	×××	600	×××	×××				0
合计	3 600								0

第二联　财务核算联

生产计划部负责人：×××　　供应部门负责人：×××　　仓库负责：×××

3. 汇总原始凭证

汇总原始凭证，是指在会计核算工作中，为简化记账凭证的编制工作，将一定时期内若干份记录同类经济业务的原始凭证按照一定的管理要求汇总编制一张汇总凭证，用以集中反映某项经济业务总括发生情况的会计凭证，如“发出材料汇总表”(见表 5-7)、“工资结算汇总表”等都是汇总原始凭证。

汇总原始凭证只能将同类内容的经济业务汇总填列在一张汇总凭证中。在一张汇总凭证中，不能将两类或两类以上的经济业务汇总填列。

汇总原始凭证在大中型企业中使用得非常广泛，因为它可以简化核算手续，提高核算工作效率；能够使核算资料更为系统化，使核算过程更为条理化；能够直接为管理提供某些综合指标。

表 5-7　发出材料汇总表

会计科目	领用部门	原材料	燃料	合　计
生产成本	一车间 二车间			
	小计			
	供电车间 供水车间			
	小计			
制造费用	一车间 二车间			
	小计			
管理费用	行政部门			
合计				

(三)按格式不同分类

原始凭证按格式不同,可以分为通用原始凭证和专用原始凭证两类。

1. 通用原始凭证

通用原始凭证是指在全国或某地区、某系统范围内普遍使用,具有统一格式和使用方法的原始凭证,如全国统一使用的银行承兑汇票、某地区统一印制的发票等。

2. 专用原始凭证

专用原始凭证是指一些单位使用的具有特定内容和专门用途的原始凭证。该类凭证一般将单位名称和凭证名称印制在有关原始凭证上,别的单位无法使用,如差旅费报销单、限额领料单等。

原始凭证不同的分类方法可以总结为如图 5-1 所示。

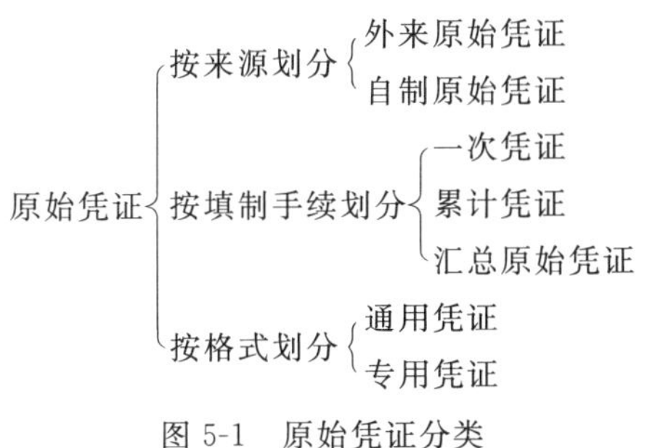

图 5-1　原始凭证分类

二、原始凭证的基本内容

由于经济业务的内容多种多样,记录经济业务的原始凭证来源于四面八方、各行各业,原始凭证的内容、格式也各不相同。但是,任何一张原始凭证都必须同时具备一些相同的内容,这些内容被称为原始凭证的基本内容。

原始凭证的基本内容包括(见图 5-2)：

(1)原始凭证的名称；

(2)填制凭证的日期和编号；

(3)填制凭证单位名称或者填制人姓名；

(4)对外凭证要有接受凭证单位的名称；

(5)经济业务的内容摘要；

(6)经济业务所涉及的数量、计量单位、单价和金额；

(7)经办业务部门或人员的签章。

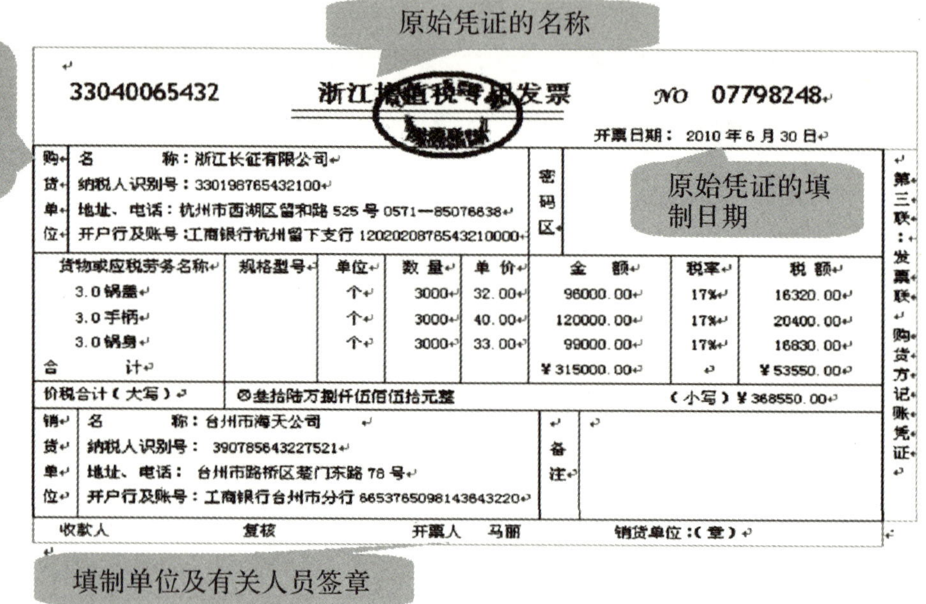

33040065432　　浙江增值税专用发票　　NO 07798248

开票日期：2010 年 6 月 30 日

购货单位　名　　称：浙江长征有限公司
纳税人识别号：330198765432100
地址、电话：杭州市西湖区留和路 525 号 0571—85076838
开户行及账号：工商银行杭州留下支行 1202020876543210000

密码区

货物或应税劳务名称	规格型号	单位	数量	单价	金额	税率	税额
3.0 锅盖		个	3000	32.00	96000.00	17%	16320.00
3.0 手柄		个	3000	40.00	120000.00	17%	20400.00
3.0 锅身		个	3000	33.00	99000.00	17%	16830.00
合计					¥315000.00		¥53550.00

价税合计（大写）　⊗叁拾陆万捌仟伍佰伍拾元整　　（小写）¥368550.00

销货单位　名　　称：台州市海天公司
纳税人识别号：390785643227521
地址、电话：台州市路桥区楚门东路 78 号
开户行及账号：工商银行台州市分行 6653765098143843220

备注

收款人　　复核　　开票人　马丽　　销货单位：(章)

第三联：发票联　购货方记账凭证

图 5-2　原始凭证的基本内容

三、原始凭证的填制要求

原始凭证大部分是由本单位业务经办部门和人员填制或取得的。为了完整、清晰、准确、及时记录经济业务，使原始凭证真正具有法律效力，必须使经办人员充分认识到原始凭证在经营管理中的作用，了解和掌握原始凭证的填制方法和要求。概括而言，原始凭证的填制要求有以下几方面：

1. 记录要真实

原始凭证所填列的经济业务内容和数字必须真实可靠，符合实际情况。

2. 内容要完整

原始凭证所要求填列的项目必须逐项填列齐全，不得遗漏和省略。

3. 手续要完备(签名、盖章:谁出票谁盖章,谁经手谁签字)

(1)单位自制的原始凭证必须有经办单位负责人或者其他指定的人员签名盖章;

(2)对外开出的原始凭证必须加盖本单位公章;

(3)从外部取得的原始凭证,必须盖有填制单位的公章;

(4)从个人取得的原始凭证,必须有填制人员的签名盖章。

4. 书写要清楚、规范

(1)不得使用未经国务院公布的简化汉字。

(2)大小写金额必须相符且填写规范。

①小写金额用阿拉伯数字逐个书写,不得写连笔字。

在金额前要填写人民币符号“¥”,人民币符号“¥”与阿拉伯数字之间不得留有空白;

金额数字一律填写到角、分,无角、分的,写“00”或符号“—”;有角无分的,分位写“0”,不得用符号“—”;

②大写金额用汉字壹、贰、叁、肆、伍、陆、柒、捌、玖、拾、佰、仟、万、亿、元、角、分、零、整等,一律用正楷或行书体书写;

大写金额前未印有“人民币”字样的,应加写“人民币”三个字,“人民币”字样和大写金额之间不得留有空白;

大写金额到元为止的,后面要写“整”或“正”字;到角为止的,可以写“整”或“正”字;有分的,不写“整”或“正”字。如小写金额为¥1008.00,大写金额应写成“人民币壹仟零捌元整”。

5. 编号要连续

如果原始凭证已预先印定编号,在写坏作废时,应加盖“作废戳记”,妥善保管,不得撕毁。

6. 不得涂改、刮擦、挖补

原始凭证记载的各项内容均不得涂改,随意涂改的原始凭证是无效凭证,不能作为记账的依据。原始凭证有错误的,应当由出具单位重开或更正,更正处应当加盖出具单位印章。原始凭证金额有错误的,应当由出具单位重开,不得在原始凭证上更正。

7. 填制要及时

经办人员在每项经济业务发生或完成后,必须及时填制或取得原始凭证,并及时按规定程序将原始凭证传递给财会部门。原始凭证上的日期一律以填制当日日期为准。

四、原始凭证的审核

对填制的原始凭证要进行全面的审核,审核无误的原始凭证才能编制记账凭证。审核原始凭证是会计机构会计人员结合日常财务工作进行会计监督的基本形式。

原始凭证的审核内容主要包括以下三个方面。

1. 审核原始凭证的真实性

所谓真实,是指原始凭证上反映的应当是经济业务的本来面目,不得掩盖、歪曲和颠倒真实情况。审核原始凭证的基本内容:凭证的名称、接受凭证单位的名称、填制凭证的日期、经济业务的内容、总金额、填制单位和填制人员及有关人员的公章和签名、凭证的附件和凭证的编号等,是否真实和正确。主要审核经济业务双方当事单位和当事人的真实性,经济业务发生的时间、地点、填制凭证的日期的真实性,经济业务内容的真实性,经济业务的"量"的真实性,以及重点审核单价、金额的真实性。凡有下列情况之一者不能作为正确的会计凭证:

(1)未写接受单位名称或名称不符;

(2)数量和金额计算不正确;

(3)有关责任人员未签字或未盖章;

(4)凭证联次不符;

(5)有污染、抹擦、刀刮和挖补痕迹。

2. 审核原始凭证的完整性

所谓完整,是指原始凭证应具备的要素要完整,手续要齐全。审核时要检查原始凭证必备的要素是否都填写了。例如,发货票上要有供货单位的财务公章、税务专用章、本联发货票用途、发货票的编号等。要素不完整的原始凭证,原则上应退回重填。特殊情况下,需有旁证并经主管领导批准才能报账。审核原始凭证的手续是否齐全,主要包括双方经办人是否签字或盖章;需要旁证的原始凭证,旁证不齐也应视为手续不齐全。手续不齐全的原始凭证,应退回补办手续后再予以受理。

3. 审核原始凭证的合法性

所谓合法性,是指要按会计法规、会计制度(包括本单位制定的正在使用的会计制度和计划预算)办事。在实际工作中,要审核经济业务的发生是否符合相关政策和法规。违法的原始凭证主要有三种情况:明显的假发票、假车票;虽是真实的但制度规定不允许报销的;虽能报销,但制度对报销的比例或金额有明显限制的,超过比例和限额的不能报销。

在审核中,会计人员对内容不完整、不准确的原始凭证,应退回有关部门或人员及时更正或重开;对于金额错误的原始凭证,只能退回重开;对不真实、不合法的原始凭证有权不予接受,并向单位负责人报告。

第三节 记账凭证的填制和审核

一、记账凭证的分类

(一)按适用的经济业务不同分类

记账凭证按适用的经济业务,分为通用记账凭证和专用记账凭证两类。

1. 通用记账凭证

通用记账凭证的格式,不再分为收款凭证、付款凭证和转账凭证,而是以一种格式记录全部经济业务(见表 5-8)。

在经济业务比较简单的单位,为了简化凭证,可以使用通用记账凭证,记录所发生的各种经济业务。

表 5-8　通用记账凭证

记　账　凭　证

年　　月　　日　　　　　　　　　　记字第　　号

摘　要	会计科目	明细科目	√	借方金额										√	贷方金额									
				千	百	十	万	千	百	十	元	角	分		千	百	十	万	千	百	十	元	角	分
合　计																								

附单据　张

财务主管　　　记账　　　出纳　　　　　　审核　　　制单

2. 专用记账凭证

专用记账凭证是用来专门记录某一类经济业务的记账凭证。专用凭证按所记录的经济业务与现金和银行存款的收付关系,分为收款凭证、付款凭证和转账凭证三种。

(1)收款凭证。收款凭证(certificate of receipts)是用来记录现金和银行存款等货币资金收款业务的凭证,它是根据现金和银行存款收款业务的原始凭证填制的(见表 5-9)。

表 5-9　收款凭证

收款凭证

____字____号

借方科目　　　　　　　　年　　月　　日　　　　　　附件______张

对方单位	摘　要	贷方科目		金额								记账符号
		总账科目	明细科目	十	万	千	百	十	元	角	分	
银行结算方式及票号			合计									

会计主管　　　记账　　　稽核　　　出纳　　　制证

(2)付款凭证。付款凭证(payment voucher)是用来记录现金和银行存款等货币资金付款业务的凭证，是根据现金和银行存款付款业务的原始凭证填制的（见表 5-10）。

表 5-10　付款凭证

付款凭证

____字____号

贷方科目　　　　年　月　日　　　　附件______张

对方单位	摘　要	贷方科目		金额								记账符号
		总账科目	明细科目	十	万	千	百	十	元	角	分	
银行结算方式及票号			合计									

会计主管　　记账　　稽核　　出纳　　制证

（3）转账凭证。转账凭证（transfer voucher）是用来记录与现金和银行存款等货币资金收付款业务无关的业务（即在经济业务发生时不需要收付现金和银行存款的各项业务）的凭证，它是根据有关转账业务的原始凭证填制的（见表 5-11）。

表 5-11　转账凭证

转账凭证

转字第____号

年　月　日　　　　附　件____张

摘　要	总账科目	明细科目	借方金额									贷方金额								记账符号
			十	万	千	百	十	元	角	分		十	万	千	百	十	元	角	分	
合　计																				

会计主管　　记账　　稽核　　制证

（二）按填制方式不同分类

记账凭证按填制方式的不同，可以分为单式记账凭证和复式记账凭证两类。

1. 单式记账凭证

单式记账凭证又叫单科目记账凭证，要求将某项经济业务所涉及的每个会计科目，分别填制记账凭证，每张记账凭证只填列一个会计科目，其对应科目只供参考，不据以记账。也就是把某一项经济业务的会计分录，按其所涉及的会计科目，分散填制两张或两张以上的记账凭证（见表5-12、表5-13）。

单式记账凭证便于汇总计算每一个会计科目的发生额，便于分工记账；但是填制记账凭证的工作量变大，而且出现差错不易查找。

表5-12　借项记账凭证

对应科目　　　　　　　　年　月　日　　　　　　　　记字第　　号

摘　要	总账科目	明细科目	金　额	账　页
合　计				

会计主管　　　记账　　　出纳　　　审核　　　制单

表5-13　贷项记账凭证

对应科目　　　　　　　　年　月　日　　　　　　　　记字第　　号

摘要	总账科目	明细科目	金　额	账　页
合计				

会计主管　　　记账　　　出纳　　　审核　　　制单

2.复式记账凭证

复式记账凭证又叫多科目记账凭证，要求将某项经济业务所涉及的全部会计科目集中填列在一张记账凭证上。复式记账凭证可以集中反映账户的对应关系，因而便于了解经济业务的全貌，了解资金的来龙去脉；便于查账，同时可以减少填制记账凭证的工作量，减少记账凭证的数量；但是不便于汇总计算每一会计科目的发生额，不便于分工记账。表5-9～表5-11所示的收款凭证、付款凭证和转账凭证的格式都是复式记账凭证的格式。

（三）按是否经过汇总分类

记账凭证按是否经过汇总，可以分为汇总记账凭证和非汇总记账凭证。

1.汇总记账凭证

汇总记账凭证是根据非汇总记账凭证按一定的方法汇总填制的记账凭证。汇总记账凭证按汇总方法不同，可分为分类汇总和全部汇总两种。

分类汇总凭证是根据一定期间的记账凭证按其种类分别汇总填制的，如根据收款凭证汇总填制的“现金汇总收款凭证”和“银行存款汇总收款凭证”、根据付款凭证汇总填制的“现金汇总付款凭证”和“银行存款汇总付款凭证”，以及根据转账凭证汇总填制的“汇总转账凭证”都是分类汇总凭证。

2. 非汇总记账凭证

非汇总记账凭证，是没有经过汇总的记账凭证，前面介绍的收款凭证、付款凭证和转账凭证以及通用记账凭证都是非汇总记账凭证。

记账凭证分类可以总结为如图 5-3 所示。

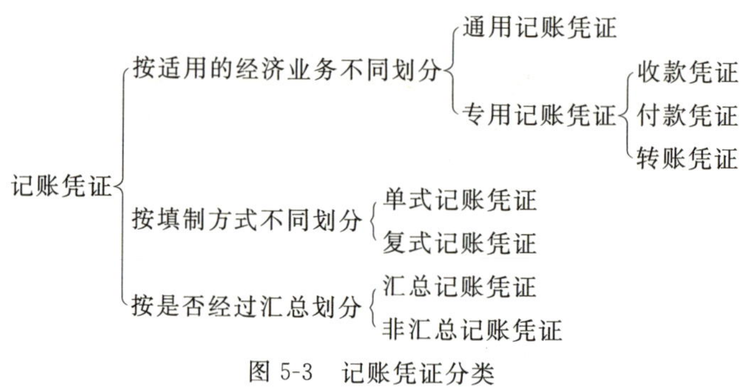

图 5-3 记账凭证分类

二、记账凭证的基本内容

记账凭证是会计人员根据审核后的原始凭证进行归类、整理，并确定会计分录而编制的会计凭证，是登记账簿的依据。由于原始凭证只表明经济业务的内容，而且种类繁多、数量庞大、格式不一，因而不能直接记账。为了做到分类反映经济业务的内容，必须按会计核算方法的要求，将其归类、整理、编制记账凭证，标明经济业务应记入的账户名称及应借应贷的金额，作为记账的直接依据。所以，记账凭证必须具备以下内容：

(1)记账凭证的名称。

(2)填制凭证的日期。

(3)凭证编号。

(4)经济业务的内容摘要。

(5)经济业务应记入账户的名称、记账方向和金额。

(6)所附原始凭证的张数和其他附件资料。

(7)制单人员、稽核人员、会计机构负责人、会计主管人员签名或盖章。收款凭证和付款凭证还应当由出纳签名或盖章。

三、记账凭证的填制要求

记账凭证是根据审核无误的原始凭证或汇总原始凭证填制的。记账凭证填制正确与否，直接影响整个会计系统最终提供信息的质量。与原始凭证的填制相同，记账凭证也有记录真实、内容完整、手续齐全、填制及时等要求。

(一)记账凭证填制的基本要求

(1)记账凭证的各项内容必须完整。

(2)记账凭证的书写应当清楚、规范。

(3)除结账和更正错账的记账凭证可以不附原始凭证外,其他记账凭证必须附原始凭证。

(4)记账凭证可以根据每一张原始凭证填制,或根据若干张同类原始凭证汇总填制,也可以根据原始凭证汇总表填制,但不得将不同内容和类别的原始凭证汇总填制在一张记账凭证上。

(5)分类正确。填制记账凭证,要根据经济业务的内容,区别不同类型的原始凭证,正确应用会计科目和记账凭证。一般情况下,现金或银行存款的收、付款业务,应使用收款凭证或付款凭证;不涉及现金和银行存款收付的业务,应使用转账凭证。现金送存银行,或者从银行提取现金,应以付款业务为主,只填制付款凭证,不填制收款凭证,以避免重复记账。

(6)连续编号。为了分清会计事项处理的先后顺序,以便记账凭证与会计账簿之间的核对,确保记账凭证完整无缺,填制记账凭证时,应当对记账凭证连续编号。记账凭证编号的方法有多种:一种是将全部记账凭证作为一类统一编号;另一种是分别按收款业务、付款业务、转账业务三类进行编号,这样记账凭证的编号应分为收字第×号、付字第×号、转字第×号;还有一种是分别按现金收入、现金支出、银行存款收入、银行存款支出和转账业务五类进行编号,这种情况下,记账凭证的编号应分为现收字第×号、现付字第×号、银收字第×号、银付字第×号和转字第×号。

无论采用哪一种编号方法,都应该按月顺序编号,即每月都从 1 号编起,按自然数 1、2、3、4、5、……顺序编至月末,不得跳号、重号。

一笔经济业务需要填制两张或两张以上记账凭证的,可以采用分数编号法进行编号,例如有一笔经济业务需要填制三张记账凭证,凭证顺序号为 6,就可以编成 $6\frac{1}{3}$、$6\frac{2}{3}$、$6\frac{3}{3}$,前面的数表示凭证顺序,后面分数的分母表示该号凭证共有三张,分子表示三张凭证中的第 1 张、第 2 张、第 3 张。

(7)分录正确。会计分录是记账凭证重要的组成部分,在记账凭证中,要正确编制会计分录并保持借贷平衡,就必须根据国家统一的会计制度的规定和经济业务的内容,正确使用会计科目,不得任意简化或改动。

(8)填错更改。填制记账凭证时如果发生错误,应当重新填制。已经登记入账的记账凭证在当年内发现错误的,如果是使用的会计科目或记账凭证方向有错误,可以用红字金额填制一张与原始凭证内容相同的记账凭证,在摘要栏注明"注销某月某日某号凭证"字样,同时再用蓝字重新填制一张正确的记账凭证,在摘要栏注明"更正某月某日某号凭证"字样;如果会计科目和记账方向都没有错误,只是金额错误,可以按正确数字和错误数字之间的差额,另编一张调整的记账凭证,调增金额用蓝数字,调减金额用红数字。发现以前年度的金额有错误时,应当用蓝字填制一张更正的记账凭证。

(9)空行注销。填制记账凭证时,应按行次逐行填写,不得跳行或留有空行。记账凭证填完经济业务后,如有空行,应当在金额栏自最后一笔金额数字下的空行至合计数上的空行处划斜线或"～"线注销。

记账凭证的填制如表 5-14 所示。

表 5-14　记账凭证的填制

记账凭证

20×5 年 9 月 7 日　　　　记字第 7 号

摘　　要	会计科目	明细科目	√	借方金额								√	贷方金额								记账符号
				十	万	千	百	十	元	角	分		十	万	千	百	十	元	角	分	
购入原材料	原材料	精制梳棉		1	8	5	9	6	8	0	0										
	应交税费	应交增值税（进项税额）			3	1	6	1	4	5	6										
	应付账款	苏州棉麻厂											2	1	7	5	8	2	5	6	
合　　计			¥	2	1	7	5	8	2	5	6	¥	2	1	7	5	8	2	5	6	

附单据 3 张

财务主管　　记账　　出纳　　审核　　制单 刘华

(二)收款凭证的填制要求

收款凭证是根据审核无误的现金和银行存款收款业务的原始凭证编制的。收款凭证左上角的“借方科目”，按收款的性质填写“库存现金”或者“银行存款”；日期填写的是编制本凭证的日期；右上角填写编制收款凭证顺序号；“摘要栏”简明扼要地填写经济业务的内容梗概；“贷方科目”栏内填写与收入“库存现金”或“银行存款”科目相对应的总账科目及所属明细科目；“金额”栏内填写实际收到的现金或银行存款的数额；“金额”栏的合计数，只合计“总账科目”金额，表示借方科目“现金”或“银行存款”的金额；该凭证右边“附件　张”根据所附原始凭证的张数填写；凭证最下方有关人员签章处供有关人员在履行了责任后签名或签章，以明确经济责任。

【例 5-1】20×5 年 9 月 7 日，收到 A 单位还来的欠款 5 000 元，存入银行，附原始凭证 1 张，是该公司 9 月份的第 3 笔银行存款收款业务。

收款凭证的填制如下：

收款凭证

借方科目：银行存款　　　　20×5 年 9 月 7 日　　　　银收字 3 号

对方单位	摘　　要	贷方科目		金额								记账符号
		总账科目	明细科目	十	万	千	百	十	元	角	分	
A 单位	收回前欠款	应收账款	A 单位			5	0	0	0	0	0	√
银行结算方式及票号			合计		¥	5	0	0	0	0	0	

附单据 1 张

会计主管　　记账　　稽核　　出纳　　制证 刘华

(三)付款凭证的填制要求

付款凭证是根据审核无误的现金和银行付款业务的原始凭证编制的。付款凭证的左上角“贷方科目”,应填列“现金”或者“银行存款”,“借方科目”栏应填写与“现金”或“银行存款”科目相对应的总账科目及所属的明细科目。其余各部分的填制方法与收款凭证基本相同,不再细述。

对于涉及库存现金和银行存款之间划转的业务,如将现金存入银行或从银行提取现金,为了避免重复记账,一般只填制付款凭证,不填制收款凭证。

出纳人员在办理收款或付款业务后,应在原始凭证上加盖“收讫”或“付讫”的戳记,以免重复收付。

【例 5-2】20×5 年 9 月 9 日,用现金 500 元购买办公用品。附原始凭证 3 张,是该公司 9 月份的第 7 笔现金付款业务。

付款凭证的填制如下:

付款凭证

贷方科目:库存现金　　　　20×5 年 9 月 9 日　　　　现付字第7号

对方单位	摘　要	借方科目		金额								记账符号
		总账科目	明细科目	十	万	千	百	十	元	角	分	
	购办公用品	管理费用					5	0	0	0	0	√
银行结算方式及票号			合计			¥	5	0	0	0	0	

附单据 3 张

会计主管　　记账　　稽核　　出纳　　制证 刘华

(四)转账凭证的填制要求

转账凭证是根据审核无误的不涉及现金和银行存款收付的转账业务的原始凭证编制的。转账凭证的“会计科目”栏应按照先借后贷的顺序分别填写应借应贷的总账科目及所属的明细科目;借方总账科目及所属明细科目的应记金额,应在与科目同一行的“借方金额”栏内相应栏次填写,贷方总账科目及所属明细科目的应记金额,应在与科目同一行的“贷方金额”栏内相应栏次填写;“合计”行只合计借方总账科目金额和贷方总账科目金额,借方总账科目金额合计数与贷方总账金额合计数应相等。

【例 5-3】20×5 年 9 月 17 日,生产领用材料 2 000 元用于甲、乙产品生产,其中甲产品 1 500元,乙产品 500 元。附原始凭证 1 张,是该公司 9 月份的第 35 笔转账业务。

转账凭证的填制如下:

转账凭证

20×5 年 9 月 17 日　　　　转字第35号

摘　要	总账科目	明细科目	√	借方金额								√	贷方金额								记账符号
				十	万	千	百	十	元	角	分		十	万	千	百	十	元	角	分	
生产领用材料	生产成本	甲产品				1	5	0	0	0	0										
	生产成本	乙产品					5	0	0	0	0										
	原材料														2	0	0	0	0	0	
合　计					¥	2	0	0	0	0	0			¥	2	0	0	0	0	0	

附单据1张

财务主管　　记账　　出纳　　审核　　制证 刘华

此外，某些既涉及收款业务或付款业务，又涉及转账业务的综合型业务，可以分开填制不同类别的记账凭证。

【例 5-4】20×5 年 9 月 20 日，企业向 F 公司购买一批价值为 30 000 元的丙材料，材料已验收入库，并支付 10 000 元货款，另一部分货款尚未支付，暂不考虑增值税。企业应对这笔业务编制如下两张记账凭证：

付款凭证

贷方科目：银行存款　　　　20×5 年 9 月 20 日　　　　银付字第8号

对方单位	摘　要	借方科目		金额								记账符号
		总账科目	明细科目	十	万	千	百	十	元	角	分	
	购入丙材料	原材料	丙材料		1	0	0	0	0	0	0	√
银行结算方式及票号			合计	¥	1	0	0	0	0	0	0	

附单据1张

会计主管　　记账　　稽核　　出纳　　制证 刘华

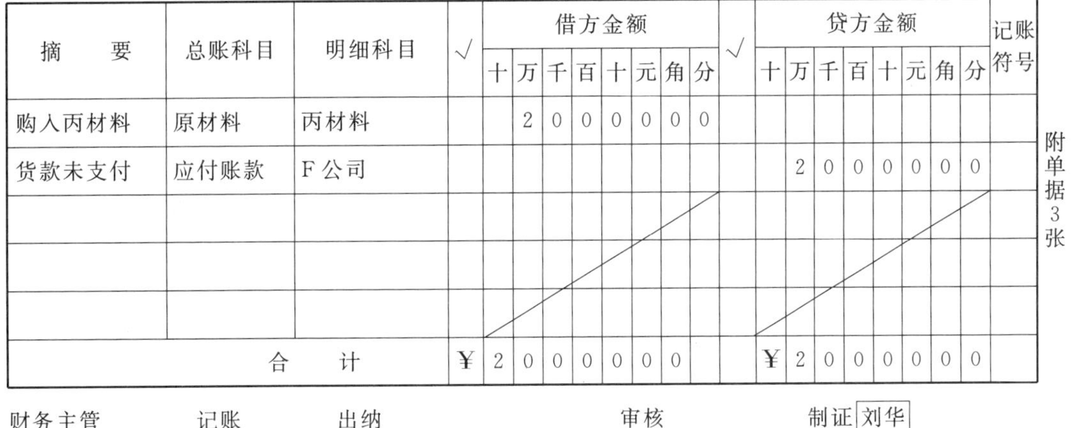

转账凭证

20×5 年 9 月 20 日　　　　转字第38号

摘　要	总账科目	明细科目	√	借方金额								√	贷方金额								记账符号
				十	万	千	百	十	元	角	分		十	万	千	百	十	元	角	分	
购入丙材料	原材料	丙材料			2	0	0	0	0	0	0										
货款未支付	应付账款	F公司												2	0	0	0	0	0	0	
合　计				¥	2	0	0	0	0	0	0		¥	2	0	0	0	0	0	0	

附单据3张

财务主管　　记账　　出纳　　审核　　制证 刘华

四、记账凭证的审核

记账凭证编制以后，必须由专人进行审核，借以监督经济业务的真实性、合法性和合理性，并检查记账凭证的编制是否符合要求。特别要审核最初证明经济业务实际发生、完成的原始凭证。因此，对记账凭证的审核是一项严肃细致、政策性很强的工作。只有做好这项工作，才能正确地发挥会计反映和监督的作用。

记账凭证审核的基本内容包括以下几项：

(1)内容是否真实。审核记账凭证是否有原始凭证为依据，所附原始凭证的内容是否与记账凭证的内容一致，记账凭证汇总表的内容与其所依据的记账凭证的内容是否一致等。

(2)项目是否齐全。审核记账凭证各项目的填写是否齐全，如日期、凭证编号、摘要、金额、所附原始凭证张数及有关人员签章等。

(3)科目是否准确。审核记账凭证的应借、应贷科目是否正确，是否有明确的账户对应关系，所使用的会计科目是否符合国家统一的会计制度的规定等。

(4)金额是否正确。审核记账凭证所记录的金额与原始凭证的有关金额是否一致、计算是否正确，记账凭证汇总表的金额与记账凭证的金额合计是否相符等。

(5)书写是否规范。审核记账凭证中的记录是否文字工整，数字清晰，是否按规定进行更正等。

(6)手续是否完备。审核出纳人员在办理收款或付款业务后，是否在原始凭证上加盖"收讫"或"付讫"的戳记，以免重复收付

在审核过程中，如果发现不符合要求的地方，应要求有关人员采取正确的方法进行更正。只有经过审核无误的记账凭证，才能作为登记账簿的依据。

第四节　会计凭证的传递和保管

一、会计凭证的传递

会计凭证的传递，是指从会计凭证取得或填制起至归档保管时止，在单位内部有关部门和人员之间按照规定的时间、程序进行处理的过程。

会计凭证的传递应当满足内部控制的要求，使传递程序合理有效，同时尽量节约传递时间，减少传递的工作量。各单位应根据具体情况确定每一种会计凭证的传递程序和方法。

会计凭证的传递具体包括传递程序和传递时间。各单位根据经济业务的特点、内部机构设置、人员分工和管理要求，具体规定各种凭证的传递程序；根据有关部门和经办人员办理业务的情况，确定凭证的传递时间。

二、会计凭证的保管

会计凭证的保管是指会计凭证记账后的整理、装订、归档和存查工作。

会计凭证是记录经济业务、明确经济责任、具有法律效力的证明文件，又是登记账簿的依据，所以，它是重要的经济档案和历史资料。任何企业在完成经济业务手续和记账之后，必须按规定立卷归档，形成会计档案资料，妥善保管，以便日后随时查阅。

会计凭证整理、保管的要求有：

(1)各种记账凭证，连同所附原始凭证和原始凭证汇总表，要分类按顺序编号，定期(1天、5天、10天或1个月)装订成册，并加具封面、封底，注明单位名称、凭证种类、所属年月和起讫日期、起止号码、凭证张数等。为防止任意拆装，应在装订处贴上封签，并由经办人员在封签处加盖骑缝章。

(2)对一些性质相同、数量很多或各种随时需要查阅的原始凭证，可以单独装订保管，在封面上写明记账凭证的时间、编号、种类，同时在记账凭证上注明“附件另订”。

(3)各种经济合同和重要的涉外文件等凭证，应另编目录，单独登记保管，并在有关原始凭证和记账凭证上注明。

(4)其他单位因有特殊原因需要使用原始凭证时，经本单位负责人批准，可以复制，但应在专门的登记簿上进行登记，并由提供人员和收取人员共同签章。

(5)会计凭证装订成册后，应由专人负责分类保管，年终应登记归档。会计凭证的保管期限和销毁手续，应严格按照《会计档案管理办法》进行管理。

(6)会计凭证在归档后，应按年月日顺序排列，以便查阅。对已归档凭证的查阅、调用和复制，都应得到批准，并办理一定的手续。会计凭证在保管中应防止霉烂破损和鼠咬虫蛀，以确保其安全和完整。

本章小结

本章主要介绍了会计凭证的种类和意义、原始凭证的填制和审核、记账凭证的填制和审核、会计凭证的传递和保管。第一节主要介绍了会计凭证的种类和意义，包括会计凭证的概念、会计凭证的作用、会计凭证的种类；第二节主要介绍了原始凭证的填制和审核，包括原始凭证的分类、原始凭证的主要内容、原始凭证的填制要求以及原始凭证的审核；第三节主要介绍了记账凭证的填制和审核，主要包括记账凭证的分类、记账凭证的主要内容、记账凭证的填制要求以及记账凭证的审核；第四节主要介绍了会计凭证的传递和保管，包括会计凭证的传递要求以及会计凭证保管的相关规定。

应知考核

一、单项选择题

1. 记账凭证是根据审核无误的(　　)填制的。

A. 会计科目　　B. 借贷记账法　　C. 会计要素　　D. 原始凭证

2. 填制原始凭证时，以下大写金额书写符合要求的是(　　)。

A. 人民币壹仟壹拾捌元　　B. 人民币壹仟贰佰捌拾捌元捌角捌分整

C. 人民币壹仟捌元整　　D. 人民币壹仟零贰拾捌元整

3. 企业购进原材料 100 000 元，款项未付。该笔经济业务应编制的记账凭证是(　　)。

A. 收款凭证　　B. 付款凭证　　C. 转账凭证　　D. 以上均可

4. 会计日常核算工作的起点是(　　)。

A. 填制和审核会计凭证　　B. 财产清查

C. 设置会计科目和账户　　D. 登记会计账簿

5. 会计凭证分为原始凭证和记账凭证的依据是(　　)。

A. 填制方式　　B. 反映业务的方法　　C. 填制程序和用途　　D. 取得的来源

6. 将库存现金存入银行，按规定应填制(　　)。

A. 现金收款凭证　　B. 银行存款收款凭证

C. 现金付款凭证　　D. 银行存款付款凭证

7. 下列不能作为记账依据的是(　　)。

A. 经济合同　　B. 收货单　　C. 入库单　　D. 火车票

8. 下列属于外来原始凭证的是(　　)。

A. 银行信汇凭证　　B. 现金收据　　C. 收料单　　D. 工资计算单

9. 下列业务中应该编制收款凭证的是(　　)。

A. 购买原材料用银行存款支付　　B. 收到销售商品的款项

C. 购买固定资产，款项尚未支付　　D. 销售商品，收到商业汇票一张

10. 下列不符合原始凭证填制的基本要求的是(　　)。

A. 原始凭证不得涂改、刮擦、挖补

B. 收回职工借款时，应退还原借款收据

C. 大写和小写金额必须相符

D. 从外部取得的原始凭证，必须盖有填制单位的公章

11. 下列属于累计凭证的是(　　)。

A. 领料单　　B. 限额领料单　　C. 耗用材料汇总表　　D. 工资汇总表

12. "工资结算汇总表"属于(　　)。

A. 转账凭证　　B. 一次凭证　　C. 累计凭证　　D. 汇总凭证

13. 在原始凭证上书写阿拉伯数字，错误的做法是(　　)。

A. 金额数字前书写货币币种符号

B. 币种符号与金额数字之间要留有空白

C. 币种符号与金额数字之间不得留有空白

D. 数字前写有币种符号的，数字后不再写货币单位

14. 下列各项中，不属于原始凭证审核内容的是(　　)。

A. 真实性　　B. 完整性

C. 应借、应贷会计科目　　D. 及时性

15. 付款凭证左上角的"贷方科目"可能登记的科目有(　　)。

A. 预付账款　　B. 银行存款　　C. 预收账款　　D. 其他应付款

16. 外来原始凭一般都是(　　)。

A. 一次凭证　　B. 汇总凭证　　C. 累计凭证　　D. 单式凭证

17. 下列记账凭证中，不能据以登记现金日记账的是(　　)。

A. 银行存款收款凭证　　B. 银行存款付款凭证

C. 现金收款凭证　　D. 现金付款凭证

18. 会计人员对真实合法但小写金额错误的原始凭证应(　　)。

A. 直接据以编制记账凭证　　B. 将金额更正后据以编制记账凭证

C. 退回出具单位重新开具　　D. 不予受理，并向单位负责人报告

19. 下列各项中，不属于记账凭证审核内容的是(　　)。

A. 内容是否真实　B. 项目是否齐全　　C. 科目是否正确　　D. 内容是否合理

20. 原始凭证不得外借，其他单位如有特殊原因需要使用时，经本单位会计机构负责人(会计主管人员)批准后方可(　　)。

A. 外借　　B. 购买　　C. 复制　　D. 赠阅

21. 转账凭证是指用于记录(　　)的会计凭证。

A. 现金或银行存款收款业务　　B. 现金或银行存款付款业务

C. 不涉及现金或银行存款业务　　D. 涉及所有经济业务

22. 可以不附原始凭证的记账凭证是(　　)。

A. 更正错误的记账凭证　　B. 材料入库的记账凭证

C. 以现金存银行的记账凭证　　D. 从银行提取现金的记账凭证

23. 记账凭证的填制是由(　　)进行的。

A. 出纳人员　　B. 会计人员　　C. 经办人员　　D. 主管人员

24. 下列不属于自制原始凭证的是(　　)。

A. 领料单　　B. 成本计算单　　C. 入库单　　D. 火车票

25. 会计凭证分为原始凭证和记账凭证的依据是(　　)。

A. 填制方式　　B. 反映业务的方法　　C. 填制程序和用途　　D. 取得的来源

二、多项选择题

1. 会计凭证是(　　)。

A. 编制会计报表的直接依据　　B. 明确经济责任的会计资料

C. 登记账簿的依据　　D. 记录经济业务的书面证明

2. 以下经济业务中，应填制转账凭证的有(　　)。

A. 销售不需用原材料，取得现金收入 2 000 元

B. 以资本公积转增资本

C. 购入设备，价款 50 000 元以票据形式支付

D. 结转已销商品的成本

3. 以下属于原始凭证的有(　　)。

A. 火车票　　B. 领料单　　C. 增值税专用发票　　D. 产品入库单

4. 原始凭证按照填制手续及内容不同，可分为(　　)。

A. 一次凭证　　B. 多次凭证　　C. 累计凭证　　D. 汇总凭证

5. 填制原始凭证时，符合书写要求的是(　　)。

A. 阿拉伯金额数字前面应当书写货币币种符号

B. 币种符号与阿拉伯金额数字之间不得留有空白

C. 大写金额有分的，分字后面要写“整"或“正”字

D. 汉字大写金额可以用简化字代替

6. 下列各项中，属于审核记账凭证时应审核的内容有(　　)。

A. 内容是否真实　　B. 项目是否齐全

C. 科目是否正确　　D. 金额是否正确

7. 下列业务中，需要填制付款凭证的有(　　)。

A. 从银行提取现金　　B. 将库存现金存入银行

C. 收回前欠货款　　D. 转账支付购料款

8. 记账凭证应有下列(　　)的签名或印章。

A. 填制人员、稽核人员　　B. 会计机构负责人、会计主管人员

C. 记账人员　　D. 总会计师(或负责财务工作的单位负责人)

9. 记账凭证的填制必须做到记录真实、内容完整、填制及时、书写清楚外，还必须符合(　　)要求。

A. 如有空行，应当在空行处划线注销　　B. 发生错误应该按规定的方法更正

C. 必须连续编号　　D. 除另有规定外，应该有附件并注明附件张数

10. 下列各项中，(　　)可能会是收款凭证对应贷方科目。

A. 库存现金　　B. 银行存款　　C. 实收资本　　D. 应收账款

三、判断题

1. 一切会计凭证都必须经过有关人员的严格审核，只有经过审核无误的会计凭证才能作为登记账簿的依据。 （　　）

2. 原始凭证的小写金额要用阿拉伯数字逐个书写，不得写连笔字。 （　　）

3. 出纳人员在办理收款或付款业务后，应在凭证上加盖“收讫”或“付讫”的戳记，以避免重收重付。 （　　）

4. 对于经济业务较少的单位可以采用通用记账凭证来记录所有经济业务。 （　　）

5. 会计凭证的传递是指会计凭证从取得或填制时起至归档保管时止，在单位内部会计部门和人员之间的传速手续。 （　　）

6. 每项经济业务的发生都必须从外部取得原始凭证。 （　　）

7. 记账凭证填制完成后，如有空行，应当自金额栏最后一笔金额数字下的空行处至合计数上的空行处划线注销。 （　　）

8. 收款凭证左上角的“贷方科目”应填写“库存现金”或“银行存款”。 （　　）

9. 专用记账凭证和通用记账凭证都属于复式记账凭证。 （　　）

10. 年度终了后，会计凭证可暂由会计机构保管1年，期满后应由会计机构移交给本单位档案机构统一保管。 （　　）

应会考核

资料一：企业名称：无锡大华服装公司（增值税一般纳税人）

开户行：建设银行解放路支行　　　账号：06635698

纳税人登记号：1501178845678

会计人员：路晓　　　出纳员：李利　　　会计主管：张成

（1）2015年6月1日，开出现金支票从银行提取2 000元现金备用。要求：填制现金支票。

<table>
<tr>
<td rowspan="3">中国建设银行（鲁）
现金支票存根
No. 33306451
附加信息

出票日期　年　月　日
收款人：
金　额：
用　途：
单位主管　　会计</td>
<td colspan="11">中国建设银行现金支票（苏）　　无锡 No. 33306451
出票日期（大写）　年　月　日　付款行名称：
收款人：　　　　出票人账号：</td>
</tr>
<tr>
<td rowspan="2">本支票付款期限十天</td>
<td>人民币
（大写）</td>
<td>百</td><td>十</td><td>万</td><td>千</td><td>百</td><td>十</td><td>元</td><td>角</td><td>分</td>
</tr>
<tr>
<td colspan="10">用途
上列款项请从
我账户内支付
出票人签章　　王新华印
　　　　复核　　记账</td>
</tr>
</table>

(2)12 月 12 日,向美联商场销售成衣,其中男套装 50 套,每套 700 元,裙装 30 套,每套 600 元(不含增值税),开出增值税专用发票,收到对方的转账支票。要求:填制增值税专用发票。

××省增值税专用发票

开票日期:　　　年　　月　　日

<table>
<tr><td>购货单位</td><td colspan="3">名　　　称:
纳税人识别号:
地 址 、电 话:
开户行及账号:</td><td>密码区</td><td colspan="4">6＋－<2>6>927＋296＋/　加密版本:01
446<600375<35><4/　37009931410
2－2<2051＋24＋2618<7　0445
/3－15>>09/5/－1>>>＋2</td></tr>
<tr><td colspan="2">货物或应税劳务名称

合　计</td><td>规格型号</td><td>单位</td><td>数量</td><td>单价</td><td>金　额</td><td>税率</td><td>税　额</td></tr>
<tr><td colspan="2">价税合计(大写)</td><td colspan="7">(小写)</td></tr>
<tr><td>销货单位</td><td colspan="4">名　　　称:
纳税人识别号:
地 址 、电 话:
开户行及账号:</td><td>备注</td><td colspan="3"></td></tr>
</table>

第一联:抵扣联　购货方抵扣凭证

收款人:　　　　复核:　　　　开票人:　　　　销货单位:(章)

资料二:20××年 12 月份华阳公司发生下列经济业务:

(1)1 日,从东阳公司购入 A 材料 1 000 千克,单价 200 元,增值税税率 17%,款项尚未支付。

(2)2 日,以银行存款归还短期借款 100 000 元。

(3)5 日,接银行收款通知,收到京通公司前欠货款 80 000 元,存入银行。

(4)9 日,以库存现金 500 元购买行政管理部门用的办公用品。

要求:根据上述经济业务编制记账凭证。

第六章

会计账簿

本章学习目标和教学重点、难点

学习目标：

通过本章的学习，应使学生了解设置账簿的意义与原则，明确账簿的种类和格式，掌握总账、明细账、日记账等各种账簿的登记依据、基本要求、方法及期末结账的方法，掌握结账、对账方法及更正错账的方法。

教学重点：

各种账簿的登记依据、基本要求、方法及期末结账的方法。

教学难点：

结账方法和更正错账的方法。

第一节　会计账簿概述

一、会计账簿的概念及意义

(一)会计账簿的概念

会计账簿(books of accounts)简称账簿，是指由具有一定格式而又相互联系的账页所组成的以审核无误的会计凭证为依据，据以全面、系统、连续、分类记录和核算各项经济业务的簿记。

在会计核算工作中，需要设置会计账簿，把分散在会计凭证中的大量零散核算资料加以集中和归类整理，分门别类地记录在账簿中。设置和登记账簿，是编制会计报表的基础，是连接会计凭证与会计报表的中间环节。

(二)会计账簿的意义

1. 通过账簿的设置和登记，可以记载、储存会计信息

将会计凭证所记录的经济业务逐笔逐项记入有关账簿，可以全面反映一定时期发生的各项经济活动，及时储存所需要的各项会计信息。

2. 通过账簿的设置和登记，可以分类、汇总会计信息

通过账簿记录，可以将分散在会计凭证上的大量核算资料，按其不同性质加以归类、整理和汇总，以便全面、系统、连续和分类地提供企业资产、负债、所有者权益、收入、费用和利润等会计要素的增减变化情况，及时提供各方面所需要的总括会计信息，为管理决策提供信息。

3. 为计算财务成果、编制会计报表提供依据

账簿记录是对会计凭证的进一步整理，也是会计分析、会计检查的重要依据。如账簿中

记录的财产物资的账面数可以通过实地盘点的方法，与实存数进行核对，来检查财产物资是否妥善保管，账实是否相符。

4. 通过账簿的设置和登记，可以编报、输出会计信息

会计账簿是对会计凭证的系统化，提供的是全面、系统、分类的会计信息，因而账簿记录是编制会计报表的主要资料来源，账簿所提供的资料是编制会计报表的主要依据。

二、会计账簿与账户的关系

账簿与账户有着十分密切的关系。账户是根据会计科目开设的，账户存在于账簿之中。账簿中的每一账页就是账户的存在形式和载体，没有账簿，账户就无法存在；账簿序时、分类地记载经济业务，是在个别账户中完成的。因此，账簿只是一个外在形式，账户才是它的真实内容。账簿是由若干账页组成的一个整体，而开设于账页上的账户则是这个整体中的个别部分，账簿与账户是形式和内容的关系。

三、会计账簿的种类

在会计核算中，账簿的种类是多种多样的，为了便于了解和使用，必须对账簿进行分类。账簿一般可以按其用途、外表形式和账页格式进行划分。

（一）按用途分类

账簿按用途不同，可分为序时账簿、分类账簿和备查账簿三类。

1. 序时账簿

序时账簿又称日记账，是指按照经济业务发生的时间先后顺序，逐日逐笔登记经济业务的簿籍。日记账的特点是序时登记和逐笔登记。序时账簿通常有两种：一种是用来登记全部经济业务发生情况的账簿，称为普通日记账；另一种是用来登记某一类经济业务发生情况的账簿，称为特种日记账。在实际工作中，因经济业务的复杂性，一般很少采用普通日记账，应用较为广泛的是特种日记账。为了加强对货币资金的监督和管理，各单位应当设置专门记录和反映现金收付业务及其结存情况的现金日记账以及专门记录和反映银行存款收付业务及其结存情况的银行存款日记账。在我国，大多数单位一般只设现金日记账和银行存款日记账，而不设置转账日记账。

2. 分类账簿

分类账簿（ledger）又称分类账，是指对各项经济业务按照会计要素的具体类别而设置的账簿。分类账簿按其反映内容详细程度的不同，又可分为总分类账簿（简称总账）和明细分类账簿（简称明细账）。总分类账簿是根据一级会计科目开设账户，用来分类登记全部经济业务，提供各种资产、负债、所有者权益、收入、费用和利润总括核算资料的分类账簿。明细分类账簿通常是根据一级科目所属的二级科目或明细科目开设账户，用来分类登记某一类经济业务，提供明细核算资料的分类账簿。明细分类账是对总分类账的补充和具体化，并受总分类账的控制和统驭。分类账簿提供的核算信息是编制会计报表的主要依据。

分类账簿和序时账簿的作用不同。序时账簿能提供连续系统的信息，反映企业资金运动的全貌；分类账簿则是按照经营与决策的需要而设置的账户，归集并汇总各类信息，反映资金运动的各种状态、形式及其构成。在账簿组织中，分类账簿占有特别重要的地位。因为只有通过分类账簿，才能把数据按账户生成不同信息，满足编制会计报表的需要。

3. 备查账簿

备查账簿(memorandum)简称备查账，是指对某些在序时账簿和分类账簿等主要账簿中都不予登记或登记不够详细的经济业务事项进行补充登记时使用的账簿。备查账簿可以为某项经济业务的内容提供必要的参考资料，加强企业对使用和保管属于他人的财产物资的监督，例如租入固定资产登记簿、受托加工材料登记簿、供销商品登记簿等。备查账簿可以由各单位根据需要进行设置。

备查账簿与序时账簿、分类账簿相比，存在两点不同之处：一是登记依据可能不需要记账凭证，甚至不需要一般意义上的原始凭证；二是账簿的格式和登记方法不同，备查账簿的主要栏目不记录金额，它更注重用文字来表达某项经济业务的发生情况。备查账簿只是对账簿记录的一种补充，它与其他账簿之间不存在严密的依存和钩稽关系。

【思考与答疑】备查账簿即备查簿或备查账，其主要用途是对主要账簿未能记载和记载不全的事项进行补充登记。

(二)按外表形式分类

账簿按外表形式，可以分为订本式账簿、活页式账簿和卡片式账簿三种。

1. 订本式账簿

订本式账簿简称订本账，是在启用之前就已将账页装订在一起，并对账页进行了连续编号的账簿。订本账的优点是能避免账页散失和防止抽换账页；其缺点是不能准确地为各账户预留账页，同一本账簿在同一时间内只能由一人登记，不能分工记账。这种账簿一般适用于总分类账、现金日记账、银行存款日记账。

2. 活页式账簿

活页式(loose leaf type)账簿简称活页账，是由许多分散账页所组成的账簿，使用前可活动地装订在一起，可以随时增页和减页，在一个会计年度结束后才将账页予以装订，加具封面，并给各账页连续编号。其优点是便于分工记账，可以根据记账的需要随时增减账页，比较方便灵活。其缺点是账页容易散失和被抽换。活页账一般适用于明细分类账。

3. 卡片式账簿

卡片式账簿简称卡片账，是将一定数量的卡片账页存放于专设的卡片箱中，账页可以根据需要随时增添的账簿。卡片账一般适用于低值易耗品、固定资产等的明细核算。

【思考与解惑】库存现金和银行存款日记账采用订本账。各种明细分类账一般可采用活页账形式。

(三)按账页格式分类

账簿按账页格式的不同，可以分为三栏式账簿、多栏式账簿和数量金额式账簿三种。

1. 三栏式账簿

三栏式账簿是设有借方、贷方和余额三个基本栏目的账簿。各种日记账、总分类账以及资产、债权、债务明细账都可以采用三栏式账簿。三栏式账簿又分为设对应科目和不设对应科目两种。区别是在摘要栏和借方科目栏之间是否有一栏“对应科目”，见表 6-1。

表 6-1　现金日记账

年		凭证		摘　　要	对应科目	借　方	贷　方	余　额
月	日	种类	号数					

2. 多栏式账簿

多样式账簿是在账簿的两个基本栏目借方和贷方按需要分设若干专栏的账簿。其专栏设置在借方还是在贷方，或是两方同时设专栏，以及专栏的数量等，均应根据需要确定。收入、费用明细账一般采用这种格式的账簿，见表 6-2。

表 6-2　＿＿＿＿＿明细分类账

年		凭证号		摘　　要	（　　）方						
月	日										合计

3. 数量金额式账簿

数量金额式账簿的借方、贷方和余额三个栏目内，都分设数量、单价和金额三小栏，借以反映财产物资的实物数量和价值。如原材料、库存商品、产成品等明细账一般采用数量金额式账簿，见表 6-3。

表 6-3　＿＿＿＿＿明细分类账

类别：　　　　　　　　　　　　计划单价：

品名或规格：　　　　　　　　　储备定额：

存放地点：　　　　　　　　　　计量单位：

年		凭证号	摘　　要	收入			发出			结存		
月	日			数量	单价	金额	数量	单价	金额	数量	单价	金额

四、会计账簿的基本结构

1. 封面

封面包括账簿的名称、记账单位的名称和所记录的会计年度。

2. 扉页

扉页一般印有账簿启用登记及交接表，包括账簿启用和截止的日期、账簿的页数和册次、经管人员和交接记录、会计主管人员签章等。

3. 账页

账页是账簿用来记录具体经济业务的载体，其格式因记录经济业务内容的不同而有所不同，但其基本内容应包括：

(1)账户名称，包括一级、二级或三级明细账户；

(2)登记账户的日期栏；

(3)凭证种类和号数栏；

(4)摘要栏(简要说明所记录经济业务的内容)；

(5)金额栏，包括借、贷方发生额及相应的余额栏(增减变动的数额)；

(6)总页数和分账户页次。

第二节　会计账簿的设置和登记

一、会计账簿的设置和登记的基本要求

账簿所记录的经济业务不同，其结构和登记方法也各异。各单位账簿的设置与登记均应按照会计核算的基本要求和会计规范的有关规定，结合本单位经济业务的特点和经营管理的需要，设置必要的账簿，并认真做好记账工作。账簿设置与登记的基本要求包括：

(1)确保全面、连续、系统地核算和监督各项经济业务，为经营管理和编制会计报表提供完整、系统的会计核算资料。

(2)在保证满足核算和监督经济业务的前提下，尽量考虑人力、物力的节约，注意防止重复记账。

(3)在格式设计上，要从所要核算的经济业务的内容和需要提供的核算指标出发，力求简明实用，避免烦琐复杂，以提高会计工作效率。

《会计法》规定，各单位发生的各项经济业务事项应当在依法设置的会计账簿上统一登记、核算，不得违反会计法和国家统一的会计制度的规定，私设会计账簿登记、核算。

二、日记账的设置和登记

日记账(journal)有普通日记账和特种日记账两种。

(一)普通日记账

普通日记账(general journal)是逐日序时登记特种日记账以外经济业务的账簿。在不设特种日记账的企业,则要序时、逐笔登记企业的全部经济业务,因此,普通日记账也称分录簿。

普通日记账的格式如表 6-4 所示。一般分为"借方金额"和"贷方金额"两栏,登记每一分录的借方账户和贷方账户及金额。这种账簿不结余额。

表 6-4 普通日记账

年		凭证号数	摘 要	会计科目	借方	贷方	过账
月	日						

(二)特种日记账

常用的特种日记账(special journal)是"现金日记账"和"银行存款日记账"。除此之外,有的单位还设置"转账日记账",有的商业企业还设置"购货日记账"、"销货日记账"。

为了加强货币资金的管理,各单位通常要对现金和银行存款设置日记账,以便进行序时核算。

1. 现金日记账

现金日记账是根据审核无误的现金收、付款凭证,逐日逐笔顺序登记的。但企业从银行提现时,现金收入数应根据银行存款的付款凭证进行登记。每日收、付款登记完毕后,应分别计算出收、付款合计数和余额,并将当日账面结存数同实际库存现金数核对相符,借以了解和检查现金收、付及结存情况。企业常用的现金日记账采用三栏式账页格式,如表 6-5 所示。

表 6-5 现金日记账

第 页

年		记账凭证		摘 要	对方科目	收入	支出	结余
月	日	种类	编号					

现金日记账的登记方法如下:

(1)日期和凭证栏是指现金实际收、付款日期和凭证的种类。如"现金收(付)款凭证"简写为"现收(付)","银行存款收(付)款凭证"简写为"银收(付)"。对于从银行提取现金的业务，应根据银行存款付款凭证登记现金日记账。凭证栏还应登记凭证的编号，以便于查账和核对。

(2)摘要栏是摘要说明入账的经济业务的内容。文字要简练，说明要清楚。

(3)对方科目栏是指现金收入的来源科目或支出的用途科目。如从银行提取现金，其来源科目(即对应科目)为“银行存款”。其作用在于了解经济业务的来龙去脉。

(4)收入、支出栏是指现金实际收付的金额。每日终了，应分别计算现金收入和付出的合计数，结出余额，同时将余额与出纳员的库存现金核对，即通常所说的“日清”，如账款不符应查明原因并记录备案。月终同样要计算现金收、付和结存的合计数，通常称为“月结”。

2. 银行存款日记账

银行存款日记账是由出纳人员根据审核无误的银行存款收付凭证，序时逐笔登记的账簿，其一般格式如表 6-6 所示。银行存款日记账应按存款种类分别设置“结算户存款”、“信用证存款”等账簿。它比现金日记账多了两栏“现金支票号数”、“转账支票号数”。

表 6-6　银行存款日记账

第　页

年		记账凭证		摘　要	现金支票号数	转账支票号数	对方科目	收入	支出	结余
月	日	种类	编号							

银行存款日记账的登记方法与现金日记账的登记方法和要求基本相同。对于现金存入银行的收入数，应根据现金付款凭证进行登记，每日终了和月终要进行“日清月结”工作，并与银行发送的账单即银行对账单(bank statement)进行核对，编制银行存款余额调节表。

现金和银行存款日记账，一般采用三栏式的账簿。为了反映每一笔收支业务的来龙去脉，以便分析和汇总对应科目的发生额，也可采用多栏式日记账。这种账簿是把收入栏和支出栏分别按对方科目设专栏进行登记，把经济业务发生的原因或结果全部反映出来。其格式如表 6-7、表 6-8 所示。

表 6-7　现金(银行存款)收入日记账

年		收款凭证编号	摘　要	结算凭证		贷方科目				收入合计	余额
月	日			种类	号数				合计		

表 6-8　现金(银行存款)支出日记账

年		收款凭证编号	摘　　要	结算凭证		借方科目				支出合计	余额
月	日			种类	号数				合计		

若会计工作业务量不大,凭证不多,也可将以上两种格式合并。多栏式的银行存款日记账基本上与现金日记账的格式相同。多栏式日记账的登记方法与三栏式的登记方法基本相同。所不同的是,每日终了需要把支出日记账中的“本日合计数”转记收入日记账中的本日“支出合计”栏内,并结出当日余额。

(三)转账日记账

转账日记账是根据转账凭证登记除现金、银行存款收支业务以外的经济业务的一种序时账簿。设置转账日记账是为便于集中反映转账业务的发生情况,但也有些企业不单独设置转账日记账。转账日记账的格式与表 6-4 所示的普通日记账基本相同。

三、明细分类账的设置和登记

明细分类账由各明细分类账户组成,用来提供某一总分类账户的明细核算资料。登记明细分类账,可以提供各类经济业务的详细资料,为加强企业经管理提供详细的信息资料。明细分类账的登记方法,可以根据经济业务的烦琐程度和管理上的要求而定。因为,明细分类账中要填列各项具体资料,所以明细分类账一般是根据原始凭证逐笔登记的,如果所附原始凭证的业务摘要基本相同,也可根据记账凭证来登记。

根据不同业务的特点和管理上的要求,常用的明细分类账的格式有三栏式、数量金额式、多栏式和平行式四种。

(一)三栏式明细分类账

在三栏式明细分类账的账页中,设有借方、贷方、余额三个金额栏,用来登记那些只需要进行金额核算而不需要进行数量核算的债权、债务结算业务,如“应付账款”、“应收账款”等账户的明细分类核算。其账页的格式及登记方法如表 6-9 所示。

表 6-9　应付账款明细分类账

明细账户名称:红星公司

单位:元

20×5 年		凭证字号	摘　　要	借方金额	贷方金额	借/贷	余额
月	日						
5	1	转字 9	期初余额			贷	28 000
	5	转字 18	赊购材料		14 700	贷	42 700
	10	银付 9	偿还欠款	8 500		借	34 200
	31		本月合计	8 500	14 700	贷	34 200

(二)数量金额式明细分类账

在数量金额式明细分类账的账页中,分别设有收入、发出和结存的数量栏和金额栏。这种格式适用于既要进行金额核算,又要进行实物数量核算的各种财产物资明细核算,如"原材料"、"库存商品"等科目的明细分类核算。在这种账簿中,一般要登记财产物资的种类、名称、规格、数量、计量单位及金额等项目,以适应财产物资管理的需要。其账页的格式及登记方法如表 6-10 所示。

表 6-10　　库存商品明细分类账

类别:　　　　　　　　计划单价:
品名或规格:　　　　　储备定额:
存放地点:　　　　　　计量单位:

20×5 年		凭证号	摘　要	收入			发出			结存		
月	日			数量	单价	金额	数量	单价	金额	数量	单价	金额
6	1		期初余额							80	60	4 800
	1	转 2	入库	100	60	6 000				180	60	10 800
	2	转 7	领用				30	60	1 800	150	60	9 000
	3	转 9	销售				50	60	3 000	100	60	6 000
	30		本月合计	100	60	6 000	80	60	4 800	100	60	6 000

(三)多栏式明细分类账

多栏式明细分类账与以上两种明细分类账不同。它不是按照有关的明细科目分设账页,而是根据经济业务的特点和经营管理的需要在一张账页内按有关明细科目或明细项目分类设置若干个专栏,这样便可以在同一张账页上集中反映各有关明细科目的核算资料。这种格式适用于登记明细项目多、借贷方向单一的经济业务,如材料采购、生产成本、制造费用、管理费用、财务费用、营业外支出等科目的明细分类科目。一般采用借方多栏式明细分类账、贷方多栏式明细分类账和借方、贷方多栏式明细分类账,其格式如表 6-11、表 6-12、表 6-13所示。主营业务收入和营业外收入等科目所属明细分类科目一般采用贷方多栏式明细分类账,其格式如表 6-12 所示。

表 6-11　借方多栏式明细分类账

年		记账凭证		摘　要	合计	借方(项目)					
月	日	种类	编号								

表 6-12　贷方多栏式明细分类账

年		记账凭证		摘　要	合计	贷方（项目）					
月	日	种类	编号								

表 6-13　借方、贷方多栏式明细分类账

年		记账凭证		摘　要	借方（项目）			贷方（项目）			借/贷	余额
月	日	种类	编号									

【思考与答疑】收入、成本、费用类科目明细账一般采用多栏式账簿。应收账款明细账一般采用三栏式账簿，库存商品和原材料明细账一般采用数量金额式账簿。在贷方多栏式明细账中，平时如果发生借方发生额，应该用红字在贷方中登记。对于只设有贷方的多栏式明细账，平时在贷方登记“主营业务收入”、“营业外收入”等账户的发生额，借方登记月末将贷方发生额一次转出的数额，所以平时如果发生借方发生额，应该用红字在多栏式账页的贷方中登记表示冲减。

（四）平行式明细分类账

平行式明细分类账也称横线登记式明细分类账。它的账页结构特点是：将前后密切相关的经济业务在同一横行内进行详细登记，以检查每笔经济业务的完成及变动情况。这种账页一般用于“材料采购”及“委托银行收款”、“其他应收款”等明细分类账，其格式如表 6-14 所示。

表 6-14　平行式明细分类账

年		凭证字号	摘　要	借方			年		凭证字号	摘　要	贷方			余额
月	日					合计	月	日					合计	

四、总分类账的设置和登记

总分类账是由各个总分类账户组成，用来登记全部经济业务，提供总括核算指标的分类

账簿。总分类账登记的依据和方法，主要取决于企业所采用的账务处理程序。它可以直接根据每张记账凭证逐笔进行登记，也可以将各种记账凭证采用一定的方法进行汇总，根据汇总后的结果进行登记，即根据记账凭证汇总表或科目汇总表进行登记。企业每月终了，应将当月已发生的经济业务全部登记入账，结出总账各账户的本期发生额和期末余额，并进行试算平衡。总分类账的格式通常采用借、贷、余三栏式的订本账，其一般格式如表 6-15 所示。

表 6-15　总　账

账户名称：短期借款

20×5 年		凭证字号	摘　要	借方金额	贷方金额	借/贷	余额
月	日						
1	1		上年结转			贷	100 000
	2	银收 002	向银行借入款项		50 000	贷	150 000
	…						
	31		本月合计		50 000	贷	34 200

根据实际需要，在上述总分类账中的借、贷两栏内也可以增设“对方科目”栏，其一般格式如表 6-16 所示。

表 6-16　总　账

20×5 年		凭证字号	摘　要	借方		贷方		借/贷	余额
月	日			金额	对方科目	金额	对方科目		
1	1		上年结转					贷	100 000
	2	银收 002	向银行借入款项			50 000	银行存款	贷	
	…								
	31		本月合计			50 000		贷	

总分类账的格式还有多栏式，如表 6-17 所示。

表 6-17　总　账

年		凭证字号	摘　要	发生额	科目		科目		科目		科目	
月	日				借方	贷方	借方	贷方	借方	贷方	借方	贷方

多栏式总分类账，把序时日记账和总分类账结合在一起，变成了一种联合账簿，故通常称它为“日记总账”。它具有序时日记账和总分类账的双重作用。采用这种账簿，可减少记账工作量，提高效率，并能较全面地反映资金运动的情况，便于分析，适用于经济业务较少的企业和单位。但这种账簿的篇幅较大，不便于保管。不过在实现了会计电算化的单位，采用

这种账簿格式却有许多优点。

总分类账的登记方法较多，究竟采用何种方法，要根据各单位所采用的会计核算程序来确定，它可以直接根据记账凭证逐笔登记，也可以通过一定的汇总方式，先把各种记账凭证汇总编制成科目汇总表或汇总记账凭证，再据以登记。月末，在全部经济业务登记入账后，结出各账户的本期发生额和期末余额。这些内容将在第九章分别加以介绍。

第三节　记账规则与错账更正

登记账簿是加工会计信息的一项重要基础工作。只有正确、及时、全面和系统地把企业在生产经营过程中发生的资金增减变动记入账内，才能用以反映和监督资金运动的情况。因此，认真做好记账工作，对于计算生产耗费和经营收支以及编制会计报表，都有着重要的意义。

一、账簿的启用

账簿是企业重要的经济档案，为了保证账簿记录的合法性、合理性，保证账簿资料的完整性，防止舞弊行为，明确记录责任，会计人员启用新的账簿时，应在账簿的扉页上填写“账簿启用表”和“经管账簿人员一览表”(或称“账簿启用和交接表”)，详细填写单位名称、账簿名称、账簿编号、账簿页数(若为活页账，应在装订成册后写明页数)和启用日期等，并填明会计主管人员、记账人员姓名，加盖公章，由会计主管人员和记账人员签章。若记账人员更换时，应在主管会计监督下办理交接手续，并在表内注明交接日期，移交人和接管人双方都应签章，以明确责任，其一般格式如表 6-18 所示。

表 6-18　账簿启用、交接表

<table>
<tr><td>账簿名称</td><td colspan="2"></td><td colspan="2">单位名称</td><td></td></tr>
<tr><td>账簿编号</td><td colspan="2"></td><td colspan="2" rowspan="5">公
章</td><td rowspan="5">印花税票粘贴处</td></tr>
<tr><td>账簿页数</td><td colspan="2"></td></tr>
<tr><td>启用日期</td><td colspan="2"></td></tr>
<tr><td>记账人员</td><td colspan="2">(签章)</td></tr>
<tr><td>会计主管</td><td colspan="2">(签章)</td></tr>
<tr><td colspan="3">交接日期</td><td rowspan="2">移交人</td><td rowspan="2">接管人</td><td rowspan="2">会计主管</td></tr>
<tr><td>年</td><td>月</td><td>日</td></tr>
<tr><td></td><td></td><td></td><td></td><td></td><td></td></tr>
</table>

二、登记账簿的规则

登记账簿是会计核算的一项重要的基础工作和中心环节，账簿登记是否正确、完整，关系到企业整个会计核算的质量。为了向经营管理者提供正确可靠的会计资料，必须认真负责地做好记账工作。为此，在登记账簿时，必须按照记账规则的要求登记账簿。

（1）为了保证账簿记录的准确性，必须根据审核无误的会计凭证，及时地登记各种账簿。登记账簿时，应将会计凭证的日期、编号、摘要、金额等逐项登记入账，做到数字准确、摘要简明清楚、登记及时。

（2）账簿登记完毕，应在"过账"栏内注明账簿的页数或做出"√"符号，表示已登记入账，以避免重登、漏登，也便于查阅、核对，并在记账凭证上签名或盖章。

（3）为了使账簿记录清晰，防止涂改，记账时必须用钢笔和蓝、黑墨水书写，不能使用铅笔或圆珠笔登账，红色墨水只能在结账划线、改错和冲账时使用。

【思考与解惑】以下几种情况下可以使用红色墨水记账：①按照红字冲账的记账凭证，冲销错误记录；②在不设借贷等栏的多栏式账页中，登记减少数；③在三栏式账户的余额栏前，如未印明余额方向的，在余额栏内登记负数余额；④根据国家统一的会计制度的规定可以用红字登记的其他会计记录。

（4）各种账簿按页次顺序连续登记，不得跳行、隔页。如果发现跳行、隔页，应当将空行、空页划线注销，或者注明"此行空白"、"此页空白"字样，并由记账人员签名或者盖章。

（5）"摘要"栏内的说明，应简明扼要，文字要规范，"金额"栏的数字应与账页上标明的位数对准，各账户结出余额后，应当在"借或贷"栏内写明"借"或"贷"字样。没有余额的账户，应在"借"或"贷"栏内写"平"字，并在余额栏内用"0"表示。现金日记账和银行存款日记账必须逐日结出余额。

（6）每一账页登记完毕结转下页时，应当结出本页合计数及余额，写在本页最后一行和下页第一行有关栏内，并在摘要栏内注明"过次页"和"承前页"字样；也可将本页合计数及金额只写在下页第一行有关栏内，并在摘要栏内注明"承前页"字样。

对需要结计本月发生额的账户，结计"过次页"的本页合计数，应当为自本月初起到本页末止的发生额合计数；对需要结计本年累计发生额的账户，结计"过次页"的本页合计数，应当为自年初起到本页末止的累计数；对既不需要结计本月发生额，也不需要结计本年累计发生额的账户，可以只将每页末的余额结转次页。

（7）账簿记录发生错误时，不得刮、擦、挖、补、随意涂改或用褪色药水更改字迹，应根据错误的情况，按规定的方法进行更正。

【思考与答疑】根据会计账簿的记账规则，账簿中书写的文字和数字一般应占格距的二分之一，在不设借贷等栏的多栏式账页中，登记减少数可以用红字表示。为了使账簿记录清晰，防止涂改，记账时应采用蓝、黑墨水书写，不能使用圆珠笔（银行的复写账簿除外）或铅笔书写。

三、更正错账的方法

（一）查找错账的方法

在记账过程中，由于重记、漏记、数字错位、数字颠倒、数字记错、科目记错、借贷方向记反（反向）等，可能会发生各种各样的差错，从而影响会计信息的准确性。出现错账后，应及时找出差错,并予以更正。查找错账的方法主要有以下几种。

1. 差数法

它是指按照错账的差数查找错账的方法。例如,在记账过程中只登记了会计分录的借方或贷方,漏记了另一方,从而造成试算平衡中借方合计与贷方合计不等。其表现形式是:借方金额遗漏,会使该金额在贷方超出;贷方金额遗漏,会使该金额在借方超出。对于这样的差错,可由会计人员通过回忆和与相关金额的记账核对来查找。

2. 尾数法

对于发生的角、分的差错可以只查找小数部分,以提高查错的效率。如相差 0.2,那就去找尾数为 0.2 的经济业务。

3. 除 2 法

它是指以差数除以 2 来查找错账的方法。当某个借方金额误记入贷方(或相反)时,出现错账的差数表现为错误的 2 倍,将此差数用 2 去除,得出的商即是反向的金额。例如,应记入“原材料——甲材料”科目借方的 7 000 元误记入贷方,则该明细科目的期末余额将小于其总分类科目的期末余额 14 000 元,被 2 除的商 7 000 元即为借贷方向反向的金额。同理,如果借方总额大于贷方 8 000 元,即应查找有无 4 000 元的贷方金额误记入借方。若非此类错误,则应另寻差错的原因。

4. 除 9 法

是先根据求得的差数来除以 9,再按取得的商数,去分析和查找错账的一种方法。如果差数除以 9 后,能够除尽,则其错误原因可能有两种:

一种可能是属于两位数的数码倒置所造成的差错。比如 12 误记为 21、19 误记为 91,这种数位错误,其差错数总是 9 的整数倍。如上述前者相关 9(21－12),后者相关 72(91－19),它们都可以被 9 除尽,并可用其商数 1(9÷9)、8(72÷9)去寻查错账。

例如,已发现的差错数是 54,它可以用 9 除尽:54÷9＝6。因此,差错可能发生在:60 与 06 的误记;82 与 28 的误记(6 与 0 之差、8 与 2 之差都是 6;60－06＝54,82－28＝54)。

又如,已发现的差错数是 72,它也可以用 9 除尽:72÷9＝8。因此,差错可能是把 91 与 19、80 与 08 误记(9 与 1、8 与 0 之差都是 8;91－19＝72,80－08＝72)。

另一种可能是由于数字串位所造成的差错,比如 69 误记为 690。

例如,已发现差错数是 621,它可以用 9 除尽,看商数的倍数:621÷9＝69。因此,差错可能是把 69 误记为 690 或把 690 误记为 69。

(二)更正错账的方法

对于账簿记录中所发生的错误,应采用正确的方法予以更正。由于记账差错的具体情况不同,更正错账的方法(erroneous accounts correction)也不同,常用的更正错账的方法有划线更正法、红字更正法和补充登记法三种。

1. 划线更正法

(1)适用范围。划线更正法(correction by drawing a redline)用于在记账或结账过程中发现的，记账凭证正确无误，而账簿记录中文字或数字有错误时的一种错账更正方法。这些错误包括数字抄写与计算错误和文字书写方面的错误，比如过账记错方向、金额写错、错写摘要或者过错账户等。

(2)更正的方法与要求。更正时，先在错误的文字或数字正中划一条单红线，表示注销。划线时必须使原有字迹仍可辨认，以备审查。然后将正确的文字或数字用蓝字写在划线处的上方，并由记账人员在更正处盖章，以示负责。使用这一方法应该注意的是：

第一，文字错误可以只划掉错误的文字，数字错误则需划掉整笔数字，不能只划掉其中一个或几个写错的数字。例如，把 6 398.00 元误记为 6 938.00 元，不能只划去其中的“93”，改为“39”，而是应把“6 938.00”全部用单红线划去，并在其上写上“6 398.00”。

第二，被划掉的文字或数字仍应清晰可辨，不得涂成模糊一片。

2.红字更正法

红字更正法(correction by using red ink)也叫赤字冲账法或红笔订正法，是指用红字冲销原有错误账户或数字，以更正或调整账簿记录的一种方法。通常有两种情况：

(1)记账后在当年内发现记账凭证所记的会计科目错误或记账方向发生错误，可以采用红字更正法。更正的方法及要求是：

第一步，用红字金额编制一张与原错误记账凭证内容一致(账户名称、记账方向和金额均一致)的记账凭证，在摘要栏中注明“冲销×日×号错误凭证”，填制日期为错账的更正日期，凭证编号按本日已编凭证顺序编号；

第二步，根据上述红字冲销凭证登记有关账户，以注销原来的错误记录；

第三步，用蓝字编制一张正确的记账凭证，在摘要栏中注明“更正×日×号错误凭证”，作为更正错账的依据；

第四步，根据上述更正凭证以蓝字登记有关账户，以达到正确记录的目的。

【例 6-1】生产车间领用消耗用材料 4 500 元。

填制记账凭证时，误记为“管理费用”(并已登记入账)：

借：管理费用　　4 500

　贷：原材料　　4 500

更正方法如下：

用红字编制一张与上述错误凭证一样的记账凭证如下(用分录表示)：

借：管理费用　　[4 500]

　贷：原材料　　[4 500]

然后用蓝字金额填制一张正确的记账凭证，记账凭证如下(用分录表示)：

借：制造费用　　4 500

　贷：原材料　　4 500

(2)会计科目无误而所记金额大于应记金额，从而引起记账错误，可以采用红字更正法。更正的方法与要求是：

第一步，填制一张红字金额为正确金额与错误金额差额的记账凭证(账户及对应关系均与原记账凭证相同)，在摘要栏中注明“冲销×日×号错误凭证多记金额”；

第二步，根据上述红字凭证，据以用红字金额登记有关账户，冲销多记金额。

【例 6-2】生产车间领用一般消耗用材料 4 500 元。

填制记账凭证时，将借方账户“制造费用”和贷方账户“原材料”的金额误记为 5 400 元，并已登记入账。

更正方法：

填制一张红字凭证以冲销多记金额如下：

借：制造费用　　900

　贷：原材料　　900

3. 补充登记法

(1)适用范围。补充登记法(correction by extra recording)适用于记账凭证中应借、应贷的会计科目正确，但所记金额小于应记金额，并已登记入账，而造成的账簿记录金额少记的错账。

(2)更正的方法与要求。

第一步，将少记的金额用蓝字填制一张与原记账凭证账户对应关系相同的记账凭证，在摘要栏中注明“补充登记×日×号凭证少记金额”；

第二步，根据上述凭证用蓝字据以登记有关账户，补记少记金额。

【例 6-3】生产车间领用一般消耗用材料 5 400 元。

原错误的记账凭证为：

借：制造费用　　4 500

　贷：原材料　　4 500

更正方法：

填制蓝字凭证补登少记的金额如下：

借：制造费用　　900

　贷：原材料　　900

用红字更正法和补充登记法更正错误时，在更正错误的记账凭证上，应注明被更正的记账凭证的日期和编号，以便核对查考。

【答疑与解惑】 在结账之前，如果发现账簿记录有错误，而记账凭证填制正确，更正时可用划线更正法。而不论是结账前还是结账后，无论是金额错误，还是分录(包括会计科目、记账方向)错误，都可采用红字更正法。补充登记法适用于发现记账凭证中应借、应贷的会计科目正确，但所记的金额小于应记正确金额的情况。如果会计人员在审核记账凭证时，发现记账凭证有错误，例如将 8 000 元写成 800 元，尚未入账，一般应采用重新编制记账凭证予以改正。记账凭证上会计科目或记账方向错误，可以采用红字更正法。

第四节　对账和结账

一、对　账

对账(account checking)就是核对账目,是指对账簿、账户记录所进行的核对工作。为了保证账簿记录的真实可靠、正确完整,对账簿所记录的有关数据加以检查和核对,这种检查和核对工作在会计上叫对账。对账一般可以分为账证核对、账账核对和账实核对,通常在期末结账前进行。

(一)账证核实

账证核对,是指会计账簿记录与会计凭证(包括记账凭证和原始凭证)有关内容进行核对。保证账证相符,是会计核算的基本要求之一,也是账账相符、账实相符和账表相符的基础。

(二)账账核对

账账核对,是指将各种会计账簿之间相对应的记录进行核对。账账核对的内容主要包括:

(1)总分类账各账户借方余额合计数与贷方余额合计数核对相符。

(2)总分类账各账户余额与其所属明细分类账各账户余额之和核对相符。

(3)现金日记账和银行存款日记账的余额与总分类账中"库存现金"和"银行存款"账户余额核对相符。

(4)会计部门有关财产物资的明细分类账余额与财产物资保管或使用部门登记的明细账核对相符。

(三)账实核对

账实核对,是在账账核对的基础上,将各种财产物资的账面余额与实存数额进行核对。账实核对的主要内容包括:

(1)现金日记账账面余额与现金实际库存数核对相符。

(2)银行存款日记账账面余额与开户银行对账单核对相符。

(3)各种材料、物资明细分类账账面余额与实存数核对相符。

(4)各种债权债务明细账账面余额与有关债权、债务单位或个人的账面记录核对相符。

【答疑与解惑】 甲企业与乙企业之间存在购销关系,甲企业定期将"应收账款——乙企业"明细账与乙企业的"应付账款——甲企业"明细账进行核对。这种核对属于账实核对,是有关债权债务明细账账面余额与对方单位的账面记录核对。

二、结　账

结账(checking out)是一项将账簿记录定期结算清楚的账务工作。在一定时期结束时(如月末、季末或年末),为了编制会计报表,需要进行结账。结账的内容通常包括两个方面:一是结清各种损益类账户,并据以计算确定本期利润;二是结清各资产、负债和所有者权益账户,分别结出本期发生额合计和余额。

(一)结账的程序

(1)结账前,必须将本期发生的经济业务事项全部登记入账,并保证其正确性。不得把将要发生的经济业务提前入账,也不得把已经在本期发生的经济业务延期入账。在此基础上,才可保证结账的顺利进行,确保财务报表的正确性。

(2)在本期经济业务全面入账的基础上,根据权责发生制的要求,高速有关账项,合理确定本期应计的收入和应计的费用。

(3)编制结账分录,即将各损益类账户余额全部转入"本年利润"科目,结平所有损益类账户。

(4)结算出资产、负债和所有者权益账户的本期发生额和余额,并结转下期。

完成上述工作后,就可以根据总分类账和明细分类账的本期发生额和期末余额的记录,分别进行试算平衡。

(二)结账的方法

会计期间一般按日历时间划分为月、季、年,结账于各会计期末进行,所以分为月结、季结、年结。现行的结账方法是划线结账法。

1.月　结

月结应在月末进行,是计算账户该月发生额合计并结计月终余额的结账工作。月结时,先在应结账的账户最后一笔记录下划一条通栏红线;然后,在红线下边空行的"摘要"栏内注明"月结"或"本月合计"字样,并于有关栏反映发生额的合计数和月末余额数,在"本月合计"记录行下,再划一条通栏红线,表示月结完成。本月没有发生额的账户,一般不必进行月结。

2.季　结

季结应在每季季末进行,是计算账户该季度发生额合计并结计季终余额的结账工作。季度结账一般还用于总账。由于总账在年终结账时要将所有总账结出全年发生额和年末余额,以便于总括反映本年全年各项资金运动情况的全貌并核对账目,而总账在各月只结余额而不结计发生额,因此,为减少年终结账的工作量而把工作做在平时,对于总账就要进行季结。即在每季度结束时,应在季末月份月结后,分别结算出本季度借方、贷方本期发生额合计数和期末余额,在"摘要"栏内注明"本季累计"字样,并在该行下面再划一条通栏单红线,以便与下季发生额划分清楚。

3.年　结

年结应在每年年末进行,是计算账户该年发生额合计并结计年终余额的结账工作。年度结账时，应在第四季度结“本季累计”行下一行的“摘要”栏内注明“本年合计”字样，加计全年四个季度的“本季累计”，并计算出年末余额，填入该行的相关金额栏，然后在“本年合计”行下划通栏双红线（称为“封账线”），表示年末封账。

【思考与答疑】对需要结计本年累计发生额的账户，结计“过次页”的本页合计数应当为自年初起至本页末止的累计数，这样做，便于根据“过次页”的合计数，随时了解本年初到本页末止的累计发生额，也便于年终结账时，加计“本年累计”数。

第五节　会计账簿的更换和保管

一、会计账簿的更换

为了保持会计账簿资料的连续性，在每会计年度结束，新的会计年度开始时，应按照会计法规定，进行账簿的更换。

会计账簿的更换是指在会计年度终了，将上年旧账更换为次年新账。更换新账的程序是：

(1)总账、日记账和大部分的明细账，要每年更换一次。年初，将旧账簿各账户的余额直接记入新账簿中有关账户新账页的第一行“余额”栏内，并注明余额的借贷方向。在更换新账时，注明各账户的年份，在第一行“日期”栏内写明 1 月 1 日，“凭证种类号数”栏空置不填；在新账“摘要”栏内注明“上年结转”字样，将旧账页最后一行数字下的空格，画一条斜红线注销，并在旧账页最后一行“摘要”栏内加盖“结转下年”戳记。在新旧账户之间转记余额，可不必填制凭证。过入新账的有关账簿余额的结转事项，不需要编制记账凭证。

在年度内，订本账簿记满更换新账簿时，办理与年初更换新账簿相似的手续。

(2)部分明细账，如“固定资产”明细账等，因年度内变动不多，年初可不必更换账簿。但在“摘要”栏内，要加盖“结转下年”戳记，以划分新旧年度之间的金额。

二、会计账簿的保管

会计账簿是会计工作的重要历史资料，也是重要的经济档案，对于企业经营管理及财务分析具有重要的作用，因此，各单位应该按照《会计法》、《会计档案管理办法》、《会计基础工作》等国家会计制度的规定，加强对会计账簿的管理，妥善保管各类账簿，以供日后检查、分析和审计。

账簿的保管应由专人负责，以明确责任，保证账簿的安全和会计资料的完整。账簿的日常保管应由各自分管的记账人员专门保管，未经单位负责人和会计机构负责人（会计主管人员）批准，不许非经营人员翻阅、查看、摘抄和复制。会计账簿除非特殊需要或司法介入，一般不允许携带外出。年终，会计人员应对更换下来的活页账、卡片账装订成册，顺序编号，加具封面封底，登记存档保管。采用电子计算机进行会计核算的单位，应当保存打印出的纸质会计档案。当年形成的会计档案，在会计年度终了后，可暂由会计机构保管 1 年，因工作需要确需推迟移交的，应当经单位档案管理机构同意，临时保管期最长不超过3年；期满之后应当由会计机构编制移交清册，移交本单位档案机构统一保管；未设立档案机构的，应当在会计机构内部指定专人保管，出纳人员不得兼管会计档案。

账簿应当按照国家统一规定的保管期限保管，不得在保管期限未满时销毁账簿。新《会计档案管理办法》自2016年1月起施行，凭证账簿的保存期为30年；固定资产卡片在固定资产报废清理后应继续保存5年。保管期满、需要销毁时，由本单位档案部门提出销毁意见，会同会计部门共同鉴定，严格审查，编造会计档案销毁清册，报经单位负责人批准后由专人监销，并由其在销毁清册上签章并向单位负责人报告。

本章小结

会计账簿是由专门格式的账页组成的，用以全面记录经济业务的簿记。通过设置和登记账簿，可以系统地归纳和积累会计核算资料，可以为计算财务成果、编制会计报表提供依据，为开展财务分析和会计检查提供依据。账簿按其用途的不同，可以分为序时账簿、分类账簿和备查账簿；按账页格式不同，账簿可分为三栏式、多栏式、数量金额式和平行登记式；按外表形式不同，可分为订本账、活页账和卡片账。

设置账簿的格式要力求简便实用，适应管理上的需要。企业应设置序时账簿，包括现金日记账和银行存款日记账，应逐日逐笔连续系统地进行记录。总分类账的登记方法因各单位采用的账务处理程序不同而有别，可以根据记账凭证逐笔登记总账，也可以依据科目汇总表登记总账。为了提供各会计要素变化的详细资料，企业还应设置明细账，根据记账凭证及所附的原始凭证逐笔或定期汇总登记。

在会计核算中，将一定时期内发生的经济业务全部登记入账后，于期末结账前，应进行对账，包括账证核对、账账核对、账实核对。月末结计出各账户的本期发生额和期末余额。结账工作包括月结、季结和年结三种。在登记账簿的过程中，一旦发生错误，不得任意刮擦、挖补、涂抹或用褪色药水更改，应按照规定方法予以更正。更正错账的方法有划线更正法、红字更正法、补充登记法。

能力考核

应知考核

会计账簿的含义、意义、种类和格式，会计账簿与会计账户的联系与区别，总账、明细账、日记账各种账簿的登记依据、基本要求、方法，记账规则与程序，期末结账的方法，对账方法及更正错账方法。

一、单项选择题

1. 下列各项中不属于对账的是（　　）。
   A. 账簿记录与原始凭证之间的核对
   B. 总分类账簿与其所属明细分类账簿之间的核对
   C. 现金日记账的期末余额合计与现金总账期末余额的核对
   D. 财产物资明细账账面余额与财产物资实存数额的核对

2. 下列关于总账和明细账的表述中，正确的是(　　)。

A. 明细账根据明细分类科目设置

B. 总账的余额不一定等于其所属明细账的余额的合计数

C. 所有资产类总账的余额合计数应等于所有负债总账的余额合计数

D. 现金日记账实质上就是现金的总账

3. 会计账簿暂由本单位财务会计部门保管(　　)，期满之后，由财务会计部门编造清册移交本单位的档案部门保管。

A. 1 年　　B. 3 年　　C. 5 年　　D. 10 年

4. 下列账簿中，不需要每年进行更换的账簿是(　　)。

A. 现金日记账　　B. 银行存款日记账

C. 总账　　D. 固定资产明细账

5. 需要结计本年累计发生额的账户，结计"过次页"的合计数为(　　)。

A. 自年初起至本日止累计数

B. 自年初起至本页末止累计数

C. 自月初至本页末止累计数

D. 自本页初至本页末止累计数

6. 下列各种方法中，(　　)适用于记账后发现账簿错误是由于记账凭证中会计科目运用错误引起的情况。

A. 划线更正法　　B. 红字更正法

C. 补充登记法　　D. 平行登记法

7. 收回货款 1 500 元存入银行，填制记账凭证时，会计科目无误，金额误填为 15 000 元，并已入账。正确的更正方法是(　　)。

A. 采用划线更正法

B. 用蓝字借记"银行存款"，贷记"应收账款"

C. 用蓝字借记"应收账款"，贷记"银行存款"

D. 用红字借记"银行存款"，贷记"应收账款"

8. 更正错账时，划线更正法的适用范围是(　　)。

A. 记账凭证上会计科目或记账方向错误，导致账簿记录错误

B. 记账凭证正确，在记账时发生错误，导致账簿记录错误

C. 记账凭证上会计科目或记账方向正确，所记金额大于应记金额，导致账簿记录错误

D. 记账凭证上会计科目或记账方向正确，所记金额小于应记金额，导致账簿记录错误

9. (　　)就是核对账目，是指对账簿记录所进行的核对工作。

A. 对账　　B. 结账　　C. 错账更正　　D. 试算平衡

10. 银行存款日记账与银行对账单之间的核对属于(　　)。

A. 账证核对　　B. 账账核对　　C. 账实核对　　D. 余额核对

11. 下列关于银行存款账实核对的表述中，正确的是(　　)。

A. 将银行存款日记账的余额与银行存款的收付款凭证核对

B. 将银行存款日记账的余额与总账中的银行存款账核对

C. 将银行存款日记账的余额与银行对账单核对

D. 将银行存款日记账的余额与银行金库中存款的实有数核对

12. 对账就是核对账目，其主要内容包括(　　)。

A. 账实核对、账表核对、账账核对　　B. 账账核对、账证核对、账表核对

C. 账账核对、账证核对、表表核对　　D. 账证核对、账账核对、账实核对

13. 下列关于对账的表述，不正确的是(　　)。

A. 对账工作一般在月末进行，即在记账之后结账之前进行

B. 对账的内容包括账证核对、账账核对、账实核对、证表核对

C. 账证核对是指账簿记录与原始凭证、记账凭证的核对

D. 账实核对是指各项财产物资、债权债务等账面余额与实有数额之间的核对

14. 对总分类账格式和登记方法的错误要求是(　　)。

A. 总分类账的账页格式有三栏式和多栏式两种

B. 总分类账一般不采用订本账

C. 总分类账应该按照总分类账户分类登记

D. 总分类账的登记方法取决于单位、企业采用的账务处理程序

15. 下面关于账页格式的选择，表述错误的是(　　)。

A. 库存现金日记账的格式主要有三栏式和多栏式

B. 总分类账以及资本、债权、债务明细账一般采用三栏式

C. 收入、成本、费用明细账一般采用三栏式

D. 原材料、库存商品等存货明细账一般采用数量金额式

16. 对所发生的每项经济业务事项，都要以会计凭证为依据，一方面记入有关总分类账户，另一方面记入总账所属明细分类账户。下列选项中，正确表明该方法的是(　　)。

A. 复式记账法　　B. 平行登记法　　C. 借贷记账法　　D. 同时登记法

17. 下列账簿形式中，(　　)适用于原材料、库存商品等存货类明细账。

A. 三栏式　　B. 多栏式　　C. 数量金额式　　D. 横线登记式

18. 不能作为明细分类账的记账依据的是(　　)。

A. 原始凭证　　B. 原始凭证汇总表

C. 科目汇总表　　D. 记账凭证

19. 三栏式银行存款日记账属于(　　)。

A. 序时账　　B. 明细账　　C. 总分类账　　D. 备查账

20. 下列关于库存现金日记账的表述中，正确的是(　　)。

A. 库存现金日记账应当每月结出发生额和余额

B. 库存现金日记账应当每十五天结出发生额

C. 库存现金日记账应当每隔三至五天结出余额

D. 库存现金日记账应当每日结出发生额和余额

21. 多栏式现金日记账(　　)登记的是现金实际收付的金额。

A. 收入、支出栏　　B. 凭证栏　　C. 摘要栏　　D. 对方科目栏

22. 下列各账簿中，必须逐日逐笔登记的是(　　)。

A. 库存现金总账
B. 银行存款日记账
C. 库存商品明细账
D. 原材料明细账

23. 关于会计账簿的登记要求，错误的是（ ）。

A. 账簿记录中的日期，应该填写原始凭证上的日期
B. 在不设借贷等栏的多栏式账页中，登记减少数可以使用红色墨水
C. 在登记各种账簿时，应按页次顺序连续登记，不得隔页、跳行
D. 对于没有余额的账户，应在“借或贷”栏内写“平”字，并在“余额”栏用“θ”表示

24. 下列关于会计账簿的登记要求，不正确的是（ ）。

A. 账簿中书写的文字和数字一般应占格距的二分之一
B. 凡需结出余额的账户，若没有余额应该在“借或贷”栏目内写“平”字，并在“余额”栏用“θ”表示
C. 在不设借贷等栏的多栏式账页中，登记减少数可以用红字表示
D. 为了使账簿记录清晰，防止涂改，记账时可以采用蓝色或者黑色的圆珠笔

25. 下列账簿组成部分中，（ ）作为记录经济业务事项的载体。

A. 封面 B. 扉页 C. 账页 D. 说明

26. 下列关于订本账的表述，错误的是（ ）。

A. 订本账是启用之前就已将账页装订在一起，并对账页进行了连续编号的账簿
B. 订本账的优点是能避免账页散失和防止抽换账页，其缺点是不能准确为各账户预留账页
C. 这种账簿一般适用于总分类账、现金日记账、银行存款日记账
D. 所有的账簿都必须采用订本账

27. 下列明细分类账中，（ ）可以采用多栏式账簿。

A. 应付账款明细分类账
B. 实收资本明细分类账
C. 库存商品明细分类账
D. 管理费用明细分类账

28. 关于三栏式账簿，错误的是（ ）。

A. 三栏式账簿是设有借方、贷方和余额三个基本栏目的账簿
B. 各种收入、费用类明细账都采用三栏式账簿
C. 三栏式账簿又分为设对方科目和不设对方科目两种
D. 有“对方科目”栏的，称为设对方科目的三栏式账簿

29. （ ）提供的核算信息是编制会计报表的主要依据。

A. 会计凭证 B. 序时账簿 C. 分类账簿 D. 总分类账

30. 下列账簿中可以采用卡片账的是（ ）。

A. 原材料总分类账
B. 现金日记账
C. 固定资产明细分类账
D. 固定资产总分类账

二、多项选择题

1. 下列属于错账产生的原因的有（ ）。

A. 重记 B. 漏记 C. 数字颠倒 D. 数字记错

2. 账簿与账户的关系是（ ）。

A. 账户存在于账簿之中，账簿中的每一账页就是账户的存在形式和载体

B. 没有账簿，账户就无法存在

C. 账簿序时、分类地记载经济业务，是在个别账户中完成的

D. 账簿只是一个外在形式，账户才是它的真实内容

3. 下列关于会计账簿与账户关系的说法中，正确的有（　　）。

A. 账户存在于账簿之中，账簿中的每一账页就是账户的存在形式和载体

B. 没有账簿，账户就无法存在

C. 账簿只是一个外在形式，账户才是其真实内容

D. 账簿与账户的关系是形式和内容的关系

4. 关于会计账簿的更换，正确的说法有（　　）。

A. 会计账簿的更换通常在新会计年度建账时进行

B. 总账、日记账和多数明细账应每年更换一次

C. 变动较小的明细账可以连续使用

D. 各种备查账簿可以连续使用

5. 下列结账方法中，正确的有（　　）。

A. 现金、银行存款日记账，每月要结出本月发生额和余额，在摘要栏内注明“本月合计”字样，并在下面通栏划单红线

B. 需要结计本年累计发生额的明细账，每月结账时，应在“本月合计”行下结出自年初起至本月末的累计发生额

C. 总账账户平时只需结出月末余额。年终结账时，将所有总账账户结出全年发生额和年末余额，在摘要栏内注明“本年合计”字样，并在合计数下通栏划双红线

D. 年度终了时，对有余额的账户，要将其余额结转下年，并在摘要栏注明“结转下年”字样

6. 账簿记录发生错误，不准涂改、挖补、刮擦或者用药水消除字迹，不准重新抄写，而是应该按（　　）更正。

A. 全冲全入法　　B. 补充登记法　　C. 红字更正法　　D. 划线更正法

7. 下列各项中，（　　）属于错账更正方法。

A. 划线更正法　　B. 红字更正法　　C. 补充登记法　　D. 平行登记法

8. 对账的主要内容包括（　　）。

A. 账证核对　　B. 账账核对　　C. 账实核对　　D. 证表核对

9. 关于明细分类账，正确的说法是（　　）。

A. 明细分类账是根据二级账户或明细账户开设账页，分类、连续地登记经济业务以提供明细核算资料的账簿

B. 明细分类账所提供的资料也是编制会计报表的依据之一

C. 明细分类账一般采用订本式账簿

D. 有的明细分类账可以采用卡片式账簿

10. 总分类账可以根据（　　）登记。

A. 记账凭证　　B. 科目汇总表　　C. 汇总记账凭证　　D. 试算平衡表

11. 下列各项中,(　　)属于平行登记要点。

A. 同一期间　　B. 同向　　C. 同时登记

D. 记入总分类账的金额与记入明细账的合计金额相等

12. 根据明细分类账的登记方法,下列明细账中应该逐日逐笔登记的是(　　)。

A. 收入明细账　　B. 原材料明细账

C. 固定资产明细账　　D. 债权、债务明细账

13. 下列(　　)明细账既可逐日逐笔登记,也可定期汇总登记。

A. 固定资产　　B. 库存商品　　C. 应收账款　　D. 管理费用

14. 下列各项中,(　　)可以作为银行存款日记账的记账依据。

A. 库存现金收款凭证　　B. 库存现金付款凭证

C. 银行存款收款凭证　　D. 银行存款付款凭证

15. 常见的特种日记账主要是指(　　)。

A. 现金日记账　　B. 银行存款日记账

C. 收入日记账　　D. 固定资产日记账

16. 银行存款日记账通常是由出纳人员根据审核后的(　　)逐日逐笔按照先后顺序进行登记。

A. 银行存款收款凭证　　B. 银行存款付款凭证

C. 现金收款凭证登记　　D. 现金付款凭证登记

17. 关于会计账簿的登记要求,表述正确的有(　　)。

A. 账簿记录中的日期,应该填写记账凭证上的日期

B. 在三栏式账户的余额栏前,如未印明余额方向的,在余额栏内登记负数余额可以使用红色墨水

C. 如无意发生隔页、跳行现象,应在空页、空行处用红色墨水划对角线注销,或者注明“此页空白”或“此行空白”字样,并由记账人员签名或者签章

D. 对于没有余额的账户,应在“借或贷”栏内写“平”字,并在“余额”栏用“θ”表示

18. 下列各项中,属于登记会计账簿应当注意事项的有(　　)。

A. 特殊记账使用红墨水

B. 各种账簿应按页次顺序连续登记,不得跳行、隔页

C. 如果发生跳行、隔页,应当将空行、空页划线注销,或者注明“此行空白”、“此页空白”字样,并由记账人员签章

D. 每一账页登记完毕结转下页时,应当结出本页合计数及余额

19. 登记会计账簿时,下列说法正确的有(　　)。

A. 要使用蓝黑墨水钢笔书写

B. 月末结账划线可用红色墨水笔

C. 在某些特定条件下可使用铅笔

D. 在规定范围内可以使用红色墨水

20. 下列关于会计账簿启用的说法中,正确的有(　　)。

A. 启用会计账簿时,应在账簿封面上写明单位名称和账簿名称

B. 启用会计账簿时，应在账簿扉页上附启用表

C. 启用订本式账簿时应当从第一页到最后一页顺序编定页数，不得跳页、缺号

D. 在年度开始，启用新账簿时，应把上年度的年末余额记入新账的第一行

三、判断题

1. 三栏式明细分类账是设有数量、单价和金额三个栏目，用以分类核算各项经济业务，提供详细核算资料的账簿。（　　）

2. 三栏式账簿是指具有日期、摘要、金额三个金额栏目格式的账簿。（　　）

3. 账簿只是一个外在形式，账户才是它的真实内容。账簿与账户的关系，是形式和内容的关系。（　　）

4. 在记账过程中，可能由于种种原因会使账簿记录发生错误。对于发生的账簿记录错误，应采用正确、规范的方法予以更正，不得涂改、挖补、刮擦或者用药水消除字迹，不得重新抄写。（　　）

5. 总分类账和明细分类账平行登记要求做到方向相同、期间一致、金额相等。（　　）

6. 各种账簿必须按照国家统一规定的保存年限妥善保管，保管期满后可以销毁。（　　）

7. 所有的账簿每年都要更换新账。（　　）

8. 对既不要需要结计本月发生额也不需要结计本年累计发生额的账户，可以只将每页末的余额结转次页。（　　）

9. 月结时，收入、费用类账户需要结出本月发生额和余额，记入最后一笔记录下的借方和贷方栏内，并在摘要栏内注明“本月合计”字样，同时在该行下划双红线，以完成月结工作。（　　）

10. 如果在结账前发现账簿记录有文字或数字错误，而记账凭证没有错误，则可采用划线更正法，不可以采用红字更正法。（　　）

11. 现金日记账和银行存款日记账期末余额应分别同有关总分类账户的期末余额核对，属于账账核对。（　　）

12. 对账就是在会计期末（月末、季末、年末）将本期内所有发生的经济业务全部登记入账以后，计算出本期发生额和期末发生额。（　　）

13. 银行存款日记账的账面余额，应同开户银行寄送企业的银行对账单相核对，一般至少一年核对一次。（　　）

14. 期末进行试算平衡时，发现所有总分类科目的本期借方发生额合计数与所有总分类科目的本期贷方发生额合计数不相等，则说明科目记录不正确。（　　）

15. 费用明细账一般均采用三栏式账簿。（　　）

16. 总分类账户记入借方，明细分类账户也记入借方；总分类账户记入贷方，明细分类账户也记入贷方。（　　）

17. 明细账一般是逐笔登记，也可以定期汇总登记。（　　）

18. 明细分类账可以根据原始凭证直接登记，也可以根据汇总原始凭证登记，还可以根据记账凭证登记。（　　）

19. 三栏式或多栏式现金日记账，可以使用活页账。（　　）

20. 现金日记账是由出纳人员根据审核无误的现金收、付款凭证和转账凭证按照经济业务的发生顺序，逐日、逐笔序时登记。　　（　）

应会考核

会计账簿的种类与格式，各种账簿尤其是日记账的登记与设置，记账规则与方法，对账与结账方法，更正错账的方法。

一、练习三栏式现金日记账和银行存款日记账的登记方法

资料：广州太阳公司 2015 年 6 月“库存现金”借方余额 3 200 元，“银行存款”借方余额 45 000 元。6 月份发生以下经济业务：

(1)6 月 2 日，向银行借入为期 6 个月的借款 100 000 元，存入银行。

(2)6 月 3 日，向本市红光公司购进甲材料 60 吨，单价 400 元，货款 24 000 元，货款已用支票支付，材料已验收入库。

(3)6 月 4 日，以银行存款 14 600 元偿还前欠红星公司货款。

(4)6 月 5 日，用现金支付 3 日所购材料的运杂费 400 元。

(5)6 月 6 日，职工王放出差借差旅费 2 000 元，经审核开出现金支票。

(6)6 月 8 日，从银行提取现金 15 000 元，以备发放职工工资。

(7)6 月 10 日，以现金 15 000 元发放职工工资。

(8)6 月 12 日，以现金 500 元支付职工困难补助。

(9)6 月 15 日，销售商品 40 吨，单价 800 元，货款已收到。

(10)6 月 18 日，用银行存款支付销售商品所发生的费用 600 元。

(11)6 月 25 日，收到华夏公司前欠货款 18 000 元，存入银行。

(12)6 月 26 日，职工王放出差回来报销差旅费 1 900 元，余额退回。

(13)6 月 30 日，用银行存款 28 000 元交纳税金。

要求：

①根据资料编制会计分录，并按经济业务的顺序编号(为简化核算，不考虑增值税)；

②设置“现金日记账”和“银行存款日记账”，登记并结出发生额和余额。

二、练习错账的更正方法

1. 资料：东方公司 2015 年 8 月发生以下错账：

(1)8 日，管理人员张一出差，预借差旅费 1 000 元，用现金支付，原编记账凭证的会计分录为：

借：管理费用　　　　1 000

　贷：库存现金　　　　1 000

并已登记入账。

(2)18 日，用银行存款支付前欠 A 公司货款 11 700 元，原编记账凭证会计分录为：

借：应付账款——A 公司　　　　11 700

　贷：银行存款　　　　11 700

会计人员在登记“应付账款”账户时，将“11 700”元误写为“1 170”元。

(3)30 日,企业计算本月应交所得税 34 000 元,原编记账凭证会计分录为:

借:所得税费用　　3 400

　贷:应交税费　　3 400

并已登记入账。

要求:①说明以下错账应采用的更正方法;

②对错账进行更正。

2. 资料:某公司 2013 年 6 月发生下列部分经济业务:

(1)开出现金支票 5 000 元,预付厂部办公室人员差旅费。记账凭证上编制的会计分录如下:

借:管理费用　　5 000

　贷:库存现金　　5 000

并且在登记账簿时,将"管理费用"和"库存现金"账户的金额登记为 500 元。

(2)用银行存款归还前欠某单位货款 32 000 元,记账凭证上编制的会计分录如下,并据以登记入账:

借:应付账款　　23 000

　贷:银行存款　　23 000

(3)计提车间固定资产折旧 5 000 元,记账凭证上编制的会计分录如下,并据以登记入账:

借:制造费用　　50 000

　贷:累计折旧　　50 000

要求:根据以上资料,对以下 5 个问题分别做出正确的选择。

①对经济业务(1)所出现的错误应采用的错账更正法是(　　)。

A. 划线更正法　B. 红字更正法　C. 补充登记法　D. 任意更正法

②对经济业务(1)如果用红字更正法更正,在更正时,先用红字金额填制一张与原始凭证完全相同的记账凭证,以示注销原记账凭证,然后用蓝字金额填制一张正确的集中凭证并据以登记入账。其正确的记账凭证所涉及的会计科目应为(　　)。

A. 管理费用　B. 其他应收款　C. 库存现金　D. 银行存款

③对经济业务(2)应采用的错账更正法是(　　)。

A. 划线更正法　B. 红字更正法　C. 补充登记法　D. 任意更正法

④对经济业务(2)进行更正其记账凭证上所涉及的金额应为(　　)元。

A. 32 000　B. 23 000　C. 红字 9 000　D. 蓝字 9 000

⑤对经济业务(3)进行更正,其记账凭证上所涉及的金额应为(　　)。

A. 5 000　B. 50 000　C. 红字 45 000　D. 蓝字 45 000

第七章

财产清查

本章学习目标和教学重点、难点

学习目标：

通过本章的学习，应使学生掌握财产清查的概念和分类，掌握财产清查结果的账务处理方法，一般掌握永续盘存制和实地盘存制的含义及其流程，了解财产清查的意义、种类和一般程序。

教学重点：

不同类型财产清查的账务处理。

教学难点：

永续盘存制和实地盘存制的区别，财产清查结果的账务处理方法。

第一节　财产清查概述

一、财产清查的概念

财产清查(property inventory)是根据会计账簿的记录，对企业所有的各项财产物资、货币资金和往来结算款项进行实物盘点与核对，以确定财产物资、货币资金和债权的实存数，并查明账存数与实存数是否相符的一种专门方法。

实际工作中，经济业务发生以后填写会计凭证，登记相应的账簿，定期地进行账证、账账的核对，并不能保证各种财产物资的账存数和实存数完全相符，还需要通过账实核对，也就是财产清查，才能检查账存数和实际结存数是否一致。一般来说，造成账实不符(account discrepancy)的原因主要有以下几个方面：

(1)财产物资收发过程中，由于计量、检验器具不准确而造成数量或质量上的差错；

(2)各种财产物资在运输、保管过程中，发生自然损耗；

(3)在财产物资发生增减变动时，会计人员没有及时填制凭证登记入账或是计算、登记时出现漏记、重记、多记、少记等错账现象；

(4)由于规章制度不健全，管理不善或工作人员失职造成财产损坏、变质或短缺；

(5)不法分子的营私舞弊、贪污盗窃而发生的财产损失；

(6)在结算过程中，由于未达账项或拒付等引起的账账、账实不相符；

(7)自然灾害造成的财产损失；

(8)其他原因造成财产损失或升溢。

这些原因都会影响财产物资的实存数和账面的记录不一致。通过财产清查才能够发现这种不一致，并及时调整账面记录，使得账簿的记录始终和实际的结存数保持一致，做到账实相符。所以，财产清查的意义在于：

(1)通过财产清查，保证会计资料的真实性。在财产清查过程中一旦发现账和实不一致，需要及时调整账面记录，使得账面记录与实际数保持一致，以保证会计资料的真实可靠。

(2)通过财产清查,保护财产物资的安全和完整。通过财产清查,可以查明财产物资的保管使用情况,针对存在的问题,采取相应措施,改善管理,建立健全各项管理制度,加强经济责任制,保护企业财产物资的安全与完整。

(3)通过财产清查,保证财经纪律和结算制度的贯彻执行。通过财产清查,可以查明现金的使用是否符合《现金管理暂行条例》的规定,银行存款的结算是否符合《支付结算办法》的规定,对往来账款相互拖欠要查明原因,采取措施,及时处理,自觉维护和遵守财经纪律。

(4)通过财产清查,挖掘财产物资的潜力,提高资金使用效率。通过财产清查,可以查明各项财产物资的储备和利用情况,对于超储积压的物资和不需用的财产物资及时处理,可促使财产物资的有效使用;及时清理各种往来款项,加速资金周转。

(5)通过财产清查,促进改善经营管理,健全内部会计控制。通过财产清查,可以找出企业的财产物资在收、发、存等管理方面存在的问题或疏漏,促使企业进一步改善其经营管理,以达到进一步健全企业内部控制的目的。

二、财产清查的分类

(一)按清查的范围不同可划分为全部清查和局部清查

1. 全部清查

全部清查(all inventory)是指对企业的所有财产进行全面彻底的清查、盘点和核对。一般包括以下内容:

(1)现金、银行存款和其他货币资金等货币性资产。

(2)所有的固定资产、存货等实物资产。

(3)各项债权、债务及预算交拨款项。

(4)各项其他单位加工或保管的材料、商品及物资等。

因全面清查的范围广,内容多,一般只是在以下几种情况下才需要进行:

(1)年终决算之前,为了确保年终决算会计资料真实、正确,要进行一次全面清查。

(2)单位撤销、合并或改变隶属关系,要进行一次全面清查,以明确经济责任。

(3)开展资产评估、清产核资等活动,需要进行全面清查,以摸清家底,便于按需要组织资金的供应。

(4)单位主要负责人调离工作,需要进行全面清查。

(5)中外合资、国内联营,需要进行全面清查。

2. 局部清查

局部清查(local inventory)是根据管理的需要或依据有关规定,对部分财产物资、货币资金和债权债务进行清点核对。局部清查相对全面清查而言范围小,内容少,时间也较短,企业经常进行的都是局部清查,一般包括:

(1)库存现金由出纳员每日清点核对,做到日清月结。

(2)银行存款每月至少与银行核对一次。

(3)各种往来款项每年至少核对一至两次。

(4)对流动性较大的原材料、库存商品等除年度清查外,年内还要轮流盘点或重点抽查。

(5)对于贵重物资,每月应清查盘点一次。

(二)按清查的时间不同可划分为定期清查和不定期清查

定期清查(periodic inventory)是在规定时期对资产所进行的清查,一般是在年度、季度或月度结账时进行。这种清查可以是全部清查,也可以是局部清查。

不定期清查(non-periodic inventory)是指随时根据实际情况的需要而临时进行的财产清查。同定期清查一样,它可以是全部清查,也可以是局部清查。这种清查主要是在以下几种情况下进行的:

(1)更换财产、物资和现金经管人员时。

(2)财产发生非常灾害或意外损失时。

(3)上级主管单位、财政机关和银行等部门对企业进行会计检查时。

(4)进行临时性财产核资工作时。

(三)按清查的内容不同可划分为实物资金的清查、货币资金的清查和结算资金的清查

实物资金的清查是指对企业所拥有的各项实物形态财产物资进行的清查,是通过现场盘点实物数量进行的。货币资金的清查是指对企业在银行的存款和库存现金所进行的清查,是通过与银行核对账目和盘点库存现金数量来进行的。结算资金的清查是指对企业债权、债务进行的清查,是通过与有关单位核对账目进行的。

第二节　财产清查的方法

一、财产物资的盘存制度

财产物资的盘存制度,有实地盘存制和永续盘存制两种。在不同的财产物资盘存制度下,各项财产物资在账簿中的记录方法是不同的。

(一)实地盘存制

实地盘存制(physical inventory system)是指企业平时对财产物资只登记增加数,不登记减少数,每到结账时,根据实地盘点的实存数倒推出各项财产物资的减少数,并据以登记入账的一种盘存核算方法。其计算公式是:

期初结存数+本期收入数－期末盘点实存数=本期减少数

实地盘存制由于平时不逐笔登记财产物资的减少数,所以账面上不能随时反映财产物资的增减结存情况,而是以存计销,以存计耗。虽然工作比较简化,但手续不严密,甚至把物资的短缺隐含在发出数量之内,因而不利于加强财产物资的管理,没有特殊原因,一般企业不宜采用。

(二)永续盘存制

永续盘存制(perpetual inventory system)又称账面盘存制,是指企业为加强财产物资的管理,及时反映财产物资的增减结存情况,对各项财产物资的增加、减少,都要根据有关原始凭证在财产物资明细账中逐笔、连续地登记,并随时计算出其结存数额的一种盘存核算方法。账面结存数的计算公式为:

期末结存数=期初结存数+本期收入数-本期发出数

永续盘存制有利于加强财产物资的管理,在财产物资增减结存变动时,从数量和金额两方面进行控制,有利于随时与预定的库存限额进行对比,及时合理地组织财产物资的购销和处理,加速资金周转。这种盘存制度的不足之处是日常的账簿登记、核算工作量大。由于主客观原因的存在,即使采取了永续盘存制,也可能发生账实不符的情况,因此,必须将永续盘存制和实地盘存制有机结合起来,通过定期或不定期盘点,确保永续盘存制的贯彻执行。

二、财产清查的一般程序及方法

(一)财产清查的准备

1.组织准备

(1)在进行财产清查前,要专门成立清查组织,负责财产清查的组织和管理。

(2)在清查过程中,清查组织还必须做好监督和检查工作,及时研究、处理清查中出现的问题。

(3)在清查结束后,应将清查的结果及其处理意见和建议以书面报告形式呈送有关部门审批。

2.业务准备

(1)首先,会计部门和会计人员,应在财产清查前,将有关账目登记齐全,结出余额,核对清楚,做到账簿记录完整、正确,账证相符,账账相符,为清查提供可靠的依据。

(2)其次,财产物资管理部门和保管人员,应将截止日为止的所有经济业务办理好凭证手续,全部登记入账,并结出余额。

(二)实施财产清查

实物资产是指具有实物形态的各种资产,包括固定资产、材料、库存商品、委托加工物资等。

实物资产清查就是通过确定其实存数(包括数量和金额)与账存数(包括数量和金额)进行核对,据以查明实存数与账存数是否相符的一种专门方法。实物资产的清查通常有以下两种方法。

1.实地盘点法

实地盘点法(physical inventory method),是在财产物资存放现场,逐一清点数量或用计量仪器确定其实存数量的一种方法。适用于机器设备、原材料、包装物、库存商品等能够逐一清点的实物资产。盘点固定资产时,除了盘点数量还要注意有无设备不完好,有无报废遗弃未办理手续;盘点材料时,应按材料类别分别逐一盘点。检查有无名不符实、有无霉烂变质、有无品种串号等问题。

2. 技术推算法

技术推算法(technology reckoning)，是对大量成堆、难以逐一清点的物品，按照一定的标准或数学方法推算出实物资产实存数量的一种方法，如煤炭、饲料等。

为明确相关人员各自的经济责任，在进行盘点清查时，保管人员必须在场，对各种财产的盘点结果，应如实准确地登记在“盘存单”(见表 7-1)中，并由盘点人员和实物保管人员共同签字或盖章，以示负责。

表 7-1　盘存单

单位名称：

财产类别：　　　　　　盘点时间：　　　　　　存放地点：

编号	名　称	计量单位	数量	单价	金　额	备　注

盘点人签章：　　　　　　实物保管人签章：

“盘存单”一般填制一式三联：一联由清点人员留存备查；一联交实物保管人员保存；一联交财会部门与账面记录相核对。

财会部门应根据“盘存单”上所列示的资料编制“实存账存对比表”(见表 7-2)，作为调整账簿记录的原始凭证，也是分析账实差异原因、查明责任的依据。

表 7-2　账存实存对比表

财产类别：　　　　　　年　月　日　　　　　　编号：

编号	名称及规格	计量单位	实际盘存		账面盘存		盘盈		盘亏	
			数量	金额	数量	金额	数量	金额	数量	金额

主管：　　　　　　复核：　　　　　　制表：

(二)库存现金的清查方法和技术处理

对于企业库存现金的清查，是通过实地盘点的方法，将库存现金的清点实数与截止清查日由出纳员保管的现金日记账的余额进行核对。为了明确责任，清点时，出纳员必须在场，注意不允许用白条、借条、收据抵充库存现金。库存现金的盘点，除了要清查库存现金的数额外，还需要检查库存数是否超过银行核定的限额。如果超过了限额，应立即将超过部分存入银行。清点完毕，要根据盘点的结果，认真填制“库存现金盘点报告表”(见表 7-3)，作为掌握现金实有额的一个重要原始依据。

表 7-3　库存现金盘点报告表

单位名称：　　　　　　　　　　年　　月　　日

账存金额	实有金额	对比结果		备注
		盘　盈	盘　亏	

盘点人签章：　　　　　　　　　　出纳员签章：

(三)银行存款的清查方法和技术处理

银行存款的清查是采用与开户银行核对账目的方法进行的，就是将本单位的银行存款日记账与开户银行转来的对账单逐笔进行核对，以确定双方银行存款收入、付出及其余额的账簿记录是否正确的一种方法。虽然银行对账单和本单位银行存款日记账所记录的内容相同，但是，银行对账单上的存款余额与本单位银行存款日记账上的存款余额仍会出现不一致。这除了本单位与银行之间的一方或双方记账有错误外，另一个原因就是双方往往会出现未达账项。所谓未达账项，是指开户银行和本单位之间，对于同一款项的收付业务，由于凭证传递时间不同，导致记账时间的不一致，发生的一方已取得结算凭证登记入账，而另一方由于尚未取得结算凭证尚未入账的会计事项。开户银行和本单位之间的未达账项有四种情况：

(1)企业已收，银行未收款。即企业已经入账而银行尚未入账的收入事项。如企业销售产品收到支票，送存银行后即可根据银行盖章的"进账单"回单联，登记银行存款的增加，而银行则不能马上登记增加，要等款项收妥后再记增加。如果此时对账，就形成了企业已收、银行未收款的现象。

(2)企业已付，银行未付款。即企业已经入账而银行尚未入账的付出事项。如企业开出一张支票支付购料款，企业可根据支票存根联、发货票等凭证，登记银行存款的减少。而持票人尚未将支票送往银行，银行由于尚未接到支付款项的凭证尚未记减少。如果此时对账，就形成了企业已付、银行未付款的现象。

(3)银行已收，企业未收款。即开户银行已经入账而企业尚未入账的收入事项。如外地某单位给企业汇来款项，银行收到汇单后，登记存款增加，企业由于尚未收到汇款凭证，尚未记银行存款增加。如果此时对账，就形成了银行已收、企业未收款的现象。

(4)银行已付，企业未付款。即银行已经入账而企业尚未入账的付出事项。如银行代企业支付款(如水电费等)。银行取得支付款项的凭证已记银行存款减少，而企业尚未接到凭证，尚未登记银行存款减少。如果此时对账，就形成了银行已付、企业未付款的现象。

上述任何一种未达账项存在，都会使企业银行存款日记账余额与开户银行转来的对账单的余额不符。因此，在与银行对账时，应首先查明有无未达账项，如果有未达账项可编制"银行存款余额调节表"(bank balance sheet adjustment)，对未达账项调整后，再确定企业与开户银行之间双方记账是否一致，双方的账面余额是否相符。

现举例说明企业的“银行存款余额调节表”的具体编制方法。

【例 7-1】20×5 年 7 月 31 日某企业银行存款日记账余额为 85 000 元，银行对账单余额为 83 900 元，经逐笔核对，发现以下几笔未达账项：

(1)7 月 30 日，企业销售产品，收到转账支票 2 000 元，送存银行，银行尚未收到款项；

(2)7 月 30 日，企业开出转账支票支付水费 9 300 元，持票人未到银行办理兑取，银行尚未支付；

(3)7 月 30 日，银行收到企业委托代收的某公司购货款 1 000 元，企业尚未收到收款通知，企业尚未入账；

(4)银行已扣掉企业应付的借款利息 9 400 元，企业尚未收到付息通知，尚未入账。

根据上述资料，编制“银行存款余额调节表”如表 7-4 所示。

表 7-4 银行存款余额调节表

20×5 年 7 月 31 日

单位：元

项目	金额	项目	金额
企业银行存款日记账余额	85 000	银行对账单余额	83 900
加：银行已收，企业未收 减：银行已付，企业未付	1 000 9 400	加：企业已收，银行未收 减：企业已付，银行未付	2 000 9 300
调节后的存款余额	76 600	调节后的存款余额	76 600

【答疑与解惑】 “银行存款余额调节表”如何进行账务处理？

答：“银行存款余额调节表”只是用来对账，即银行对账单和银行存款余额调节表只是用来清查企业实际所有的银行存款数额。企业不能将其作为会计核算的原始依据。对于未达账项不应立即进行账务处理，需待日后取得有关的结算凭证，再编制记账凭证，登记入账。

(四)结算往来款项的清查方法和技术处理

往来款项的清查，也是采取同对方核对账目的方法进行的。首先，将有关往来款项正确完整地登记入账。然后，逐户编制一式两联的对账单，送交对方单位进行核对，如对方单位核对无误，应在回单上盖章后退回发出单位；如对方发现数字不符，应在回单上注明不符原因后退回发出单位，或者另抄对账单退回，作为进一步核对的依据。发出单位收到对方的回单后，对错误的账目应及时查明原因，并按规定的手续和方法加以更正。最后，再根据清查结果编制“往来款项清查报告”，其一般格式如表 7-5 所示。

表 7-5 往来款项清查报告

企业名称： 年 月 日

明细分类账户		调查结果		不符的原因分析			
单位名称	金额	相符	不相符	未达账项	拖付款项	争执款项	无法收回

记账员签章： 清查人员签章：

第三节　财产清查的处理

一、财产清查的处理流程

财产清查的结果有三种情况：一是账存数与实存数相符；二是账存数大于实存数，发生盘亏(inventory loss)；三是账存数小于实存数，即盘盈(inventory profit)。无论是盘亏还是盘盈，都必须按照国家有关法律、法规和制度的规定，按照有关程序，严肃认真地予以处理。财产清查结果的处理要做到以下四个方面。

(一)认真查明盘盈、盘亏的原因和性质，提出处理意见

对于财产清查中发现的盘盈、盘亏以及质量问题，应核准数字，调查分析其发生的原因，明确经济责任，提出处理意见，按照审批权限和程序报请批准后予以处理。

(二)积极处理多余积压物资，及时清理往来款项

对于企业不需用的或多余的物资，除在本单位内部设法利用、改制、代用外，还应积极组织调拨和推销；对于长期不清的债权、债务，要指定专人负责查明原因，主动与对方单位协商解决。

(三)总结经验教训，建立健全财产管理制度

针对清查过程中的问题，认真总结财产管理的经验教训，制订改进工作的具体措施，建立健全财产物资管理制度，落实财产管理责任制，保护财产物资的安全与完整。

(四)根据清查的结果，及时调整账簿记录，做到账实相符

对于各种盘盈、盘亏，经批准后按批准的意见进行相应的账项调整。对于各种结算款项，如发现差错，应及时调整账目；对于确实无法收回的应收款项，应按规定手续经批准后予以注销。

二、财产清查结果的账务处理

企业应设置“待处理财产损溢”(wait deal assets loss or income)账户来核算和监督财产清查过程中查明的财产盘盈、盘亏和毁损以及其他处理情况。“待处理财产损溢”账户属于双重性质的账户，“待处理财产损溢”账户下设明细账“待处理流动资产损溢”和“待处理固定资产损溢”。借方用来登记各项财产发生的盘亏、毁损数和经批准处理盘盈财产的转销数；贷方登记各项财产发生的盘盈数和经批准处理的盘亏、毁损财产的转销数；期末如为借方余额，表示尚待处理的净损失，如为贷方余额，表示尚待处理的净溢余。本账户在会计年末应全部转销，没有余额，第二年如发现实现转销数与应转销数不符，再进行调整。

账户结构如表 7-6 所示。

表 7-6 “待处理财产损溢”账户

借方	贷方
期初余额：尚未处理的各项财产损失 发生额：各项财产发生的盘亏、毁损数 各项财产发生的盘盈转销数	期初余额：尚未处理的各项财产溢余 发生额：各项财产发生的盘盈数 各项财产发生的盘亏、毁损转销数
期末余额：尚未处理的各项财产损失	期末余额：尚未处理的各项财产溢余

(一)盘盈的处理

一般发生盘盈的流动资产，应先记入“待处理财产损溢”账户贷方，查明原因，根据不同情况，按规定程序报经批准后进行账务处理。盘盈的流动资产经核实批准后从“待处理财产损溢”账户转入“管理费用”账户。发生盘盈的库存现金，一般都属于重要事项，应尽快查明原因。如多收了现金，应尽快退还给当事人，记入“其他应付款”；如无法查明原因，则记入“营业外收入”。

固定资产属于企业单位价值高而且使用年限长的实物资产，出现由于企业无法控制的因素而造成盘盈的可能性极小，甚至是不可能的。固定资产如果出现盘盈，必定是企业自身“主观”原因造成的，或者说是以前会计期间少计或漏计这些资产等会计差错而形成的，所以，应当按照前期差错进行更正处理。盘盈固定资产的账务处理方法是应用“以前年度损益调整”(prior year income adjustment)账户核算。

【答疑与解惑】 发生因债权人注销等原因无法偿还的“应付账款”如何处理？

发生无法偿还的应付账款，如债权方与企业无任何股权关系的话，属于企业意外所得。计入“营业外收入”，若债权债务双方属于关联方企业，则计入“资本公积”。目前基础会计中的学习，我们默认为企业之间均无股权投资关系，计入“营业外收入”。

【例 7-2】某企业在财产清查中，发现账外设备一台，其重置完全价值 6 000 元，估计已提折旧额 2 500 元。

发现盘盈时：

借：固定资产 6 000

　贷：累计折旧 2 500

　　　以前年度损益调整 3 500

调整应纳所得税：

借：以前年度损益调整 875

　贷：应交税费——应交所得税 875

结转以前年度损益调整：

借：以前年度损益调整 2 625

　贷：利润分配——未分配利润 2 625

【例 7-3】某企业经财产清查，发现盘盈钢材 200 千克，经查明是由于收发计量错误造成的，按单位成本 1.5 元/千克入账，其账务处理如下：

批准前：

借：原材料　　3 000

　贷：待处理财产损溢——待处理流动资产损溢　　3 000

批准后：

借：待处理财产损溢——待处理流动资产损溢　　3 000

　贷：管理费用　　3 000

(二)盘亏及毁损的处理

发生盘亏及毁损的财产物资，应先记入“待处理财产损溢”账户，查明原因，根据不同情况，按规定程序报经批准后进行账务处理，盘亏及毁损的固定资产的净值经核实批准后从“待处理财产损溢”账户转入“营业外支出”账户。对于盘亏及毁损的流动资产，由于造成亏损的原因不同，分别根据以下几种情况进行账务处理：

(1)发现现金盘亏的事项，属于重大事项，必须尽快处理，一般都应及时查明原因，尽快由过失人赔偿，借记“其他应收款”。

(2)属于自然损耗产生的定额内合理的亏损，经批准后即可转作“管理费用”。

(3)属于超定额短缺及毁损，能确定过失人的应由过失人员赔偿。属于保险责任范围的，应向保险公司索赔，扣除过失人或保险公司赔款及残料价值后，计入“管理费用”。

(4)属于非常损失造成的毁损，扣除保险公司赔款和残料价值后，计入“营业外支出”。

【例 7-4】某企业在清查中，发现盘亏设备一台，其原价为 100 000 元，累计折旧30 000元。

批准前：

借：待处理财产损溢——待处理固定资产损溢　　70 000

　　累计折旧　　30 000

　贷：固定资产　　100 000

批准后：

借：营业外支出　　70 000

　贷：待处理财产损溢——待处理固定资产损溢　　70 000

【例 7-5】某公司发生盘亏甲产成品 10 件，单位实际成本 100 元，经查明属于定额内合理损耗。

批准前：

借：待处理财产损溢——待处理流动资产损溢　　1 000

　贷：库存商品　　1 000

批准后：

借：管理费用　　1 000

　贷：待处理财产损溢——待处理流动资产损溢　　1 000

【例 7-6】某企业盘亏甲材料 10 吨，单位成本 180 元，经查明，是由于过失人造成的材料毁损，应由过失人赔偿 1 000 元，毁损材料残值 100 元。

批准前：

借：待处理财产损溢——待处理流动资产损溢　　1 800

贷:原材料——甲材料 1 800

批准后,分别不同情况处理:

(1)由过失人赔偿的 1 000 元。

借:其他应收款 1 000

贷:待处理财产损溢——待处理流动资产损溢 1 000

(2)残料作价入库。

借:原材料——甲材料 100

贷:待处理财产损溢——待处理流动资产损溢 100

(3)扣除过失人的赔款和残值后的盘亏数计入“管理费用”。

借:管理费用 700

贷:待处理财产损溢——待处理流动资产损溢 700

【例 7-7】某公司盘亏乙材料一批,实际成本 3 000 元,经查明,是非常事故造成的损失。

批准前:

借:待处理财产损溢——待处理流动资产损溢 3 000

贷:原材料——乙材料 3 000

批准后:

借:营业外支出——非常损失 3 000

贷:待处理财产损溢——待处理流动资产损溢 3 000

本章小结

财产清查也叫财产盘点,是指通过实物资产、现金的实地盘点和对银行存款、往来款项的核对,来查明各项财产物资、货币资金、往来款项的实有数和账面数是否相符的一种会计核算的专门方法。财产清查的意义在于:提高会计资料质量,保证会计信息真实;改善经营管理水平,保证各项财产安全;严明工作人员纪律,保证财产使用合法。财产清查的内容包括流动资产清查、固定资产清查、非交易性金融资产清查、无形资产清查、其他资产清查、债务清查、产权清查等。财产清查的种类:按清查的对象和范围分为全面清查和局部清查;按财产清查的时间划分,有定期清查和不定期清查两种。财产清查准备包括组织准备、部门准备等。

对库存现金是清查时通过实地盘点进行的,确定库存现金的实存数,再与现金日记账的账面余额核对,以查明盈亏情况。银行存款的清查采用与开户银行核对账目的方法进行。实物资产的盘存制度有永续盘存制和实地盘存制。永续盘存制,也叫“账面盘存制”,是平时对企业单位各项财务物资分别设立明细账,根据会计凭证连续记载其增减变化并随时结出余额的一种管理制度。实地盘存制,是平时根据有关会计凭证,只登记财产物资的增加数,不登记减少数。月末或一定时期可根据期末盘点资料,弄清各种财物的实有数额;然后,再根据“期初结存数+本期增加数-本期实存数=本期减少数”的公式,倒推出本期减少的数额。

财产清查的结果处理一般指的是对账实不符,即发生盘盈、盘亏情况的处理。其具体步骤如下:核准数字,分析差异,查明原因;调整账目,做到账实相符。对于盘盈固定资产,按重置价值减去折旧后的差额计入未分配利润;对于盘盈的存货,则冲减管理费用。对于盘亏、毁损的固定资产,按其原价扣除累计折旧、变价收入和过失人及保险公司赔偿后的差额,计入营业外支出；属于计量收发差错和管理不善等原因造成盘亏、毁损的存货，扣除过失人或保险公司赔偿和残料价值后，计入管理费用；如存货毁损属于非常损失，在扣除过失人或保险公司赔偿和残料价值后，计入营业外支出。对于确实收不回的应收款项，无法支付的应付款项，在批准前不做账务处理；按规定程序批准后，前者转销坏账准备，后者转为营业外收入。

能力考核

应知考核

财产清查的分类及其理解、实地盘存制、永续盘存制、"待处理财产损溢"账户的具体应用、财产清查具体盘盈盘亏业务的账务处理。

一、单项选择题

1. 财产清查是通过实地盘点、查证核对来查明(　　)是否相符的一种方法。

A. 账证　B. 账账　C. 账存数与实存数　D. 账表

2. 公司需要进行全面清查的是(　　)。

A. 会计离职前　B. 会计主管离职前

C. 单位的总经理离职前　D. 仓管员离职前

3. 定期清查是(　　)。

A. 临时清查　B. 局部清查　C. 全部清查　D. 清查对象不定

4. 采用实地盘存制，平时对财产物资的记录(　　)。

A. 只登记增加数，不登记减少数　B. 只登记减少数，不登记增加数

C. 先登记增加数，后登记减少数　D. 先登记减少数，后登记增加数

5. 对现金和实物进行清查应采用的方法是(　　)。

A. 实地盘点　B. 永续盘存　C. 盘存计耗　D. 询证核对

6. "待处理财产损溢"属于(　　)账户。

A. 损溢类　B. 资产类　C. 成本类　D. 所有者权益类

7. "永续盘存制"下，平时对财产物资(　　)。

A. 只登记增加数　B. 只登记减少数

C. 既登记增加数，又登记减少数　D. 只登记盘存数

8. 固定资产盘盈时，在未报经批准之前，不能记入(　　)账户。

A. 固定资产　B. 累计折旧　C. 待处理财产损溢　D. 营业外收入

9. 固定资产盘亏的净值，报经批准后应转作(　　)。

A. 管理费用　B. 营业外支出　C. 制造费用　D. 其他业务支出

10. "账存实存对比表"是调整账簿记录的(　　)。

A. 一次凭证　B. 累计凭证　C. 自制原始凭证　D. 记账凭证

二、多项选择题

1. 下列情况中，(　　)需要进行全面财产清查。

A. 年终决算之前　B. 清产核资

C. 单位撤销、合并　　D. 资产重组或改变隶属关系

2. 属于全面清查的有(　　)。

A. 年终决算之前的清查　　B. 单位撤销、合并或改变隶属关系时的清查

C. 开展清产核资时的清查　　D. 发生非常灾害或损失时的清查

3. 定期清查一般是在(　　)。

A. 年度终了时　　B. 季度终了时　　C. 月末结账时　　D. 单位撤销时

4. 未达账项通常有(　　)等几种情况。

A. 银行已收款入账而企业未入账　　B. 银行已付款入账而企业未入账

C. 银行已付款入账而企业也付款入账　　D. 企业已收款入账而银行未入账

5. 财产清查中查明的各种流动资产盘亏或毁损数，根据不同的原因，报经批准后可能列入的账户有(　　)。

A. 管理费用　　B. 营业外收入　　C. 营业外支出　　D. 其他应收款

6. 财产物资清查中，常用的方法有(　　)。

A. 全面清查　　B. 局部清查　　C. 实地盘点　　D. 技术推算盘点

7. 对银行存款进行清查的方法是将企业银行存款日记账与银行对账单相核对，如果两者不符，其可能的原因有(　　)。

A. 企业账务记录有误　　B. 银行账务记录有误

C. 企业已记账，银行未记账　　D. 银行已记账，企业未记账

8. 当财产物资发生的盘亏和损失在报经批准后，应转入的账户有(　　)。

A. 管理费用　　B. 营业外支出　　C. 其他应收款　　D. 应收账款

9. 清查库存现金时候发现现金短缺，经过核查后，应由出纳人赔偿，但未收到赔款，则应(　　)。

A. 借记“待处理财产损溢——待处理流动资产损溢”

B. 贷记“待处理财产损溢——待处理流动资产损溢”

C. 借记“其他应收款”

D. 贷记“其他应收款”

10. 不定期清查适用于(　　)。

A. 财产保管人员变动　　B. 年终结账

C. 发现财产被盗　　D. 改变隶属关系

三、判断题

1. 对于银行已登记入账，企业尚未登记入账的未达账项，可根据“银行存款余额调节表”登记企业的银行存款日记账。(　　)

2. 存货的盘亏、毁损和报废，在报批后均应记入“管理费用”账户。(　　)

3. 属于自然灾害造成的存货毁损，扣除保险公司赔款和残值后的净损失，应记入“管理费用”账户。(　　)

4. 财产物资的盘存制度有权责发生制和收付实现制。(　　)

5. 采用实地盘存制的企业，平时在账簿上不反映各项财产物资的减少数。(　　)

6. 一般情况下，全面清查是定期清查，局部清查是不定期清查。(　　)

7. 银行存款日记账与银行对账单余额不一致的主要原因是由于记账错误和未达账项所造成的。（　　）

8. 永续盘存制就是对各项财产物资平时在账簿中只登记其增加数，不登记其减少数，期末根据实地盘点的结存数来倒计财产物资的减少数，并据以登记有关账簿的一种盘存制度。（　　）

9. 清查盘点现金时，出纳员必须回避。（　　）

10. 企业在银行的实有存款应是银行对账单上列明的余额。（　　）

应会考核

银行存款余额调节表的编制、财产清查具体业务的账务处理。

1. 某企业 2015 年 1 月 31 目的银行存款日记账的账面余额为 192 000 元，收到银行转来的对账单的余额为 186 500 元，经逐笔核对，发现以下未达账项：

(1)企业将收到的销售货款的转账支票 4 200 元送存银行，企业已记银行存款增加，但银行尚未记账。

(2)企业已开出转账支票 2 800 元，企业已记银行存款减少，但持票人尚未到银行办理转账，银行尚未入账。

(3)银行代企业收到销货款 5 700 元，银行已收妥入账，企业尚未收到收款通知，所以尚未记账。

(4)银行代企业支付的电费 9 800 元，银行已记账，企业尚未收到银行的付款通知，所以尚未记账。

请编制银行存款余额调节表，确定企业月末实际可用的银行存款余额。

2. 资料：华夏公司在财产清查中，发现以下问题：

(1)盘亏设备一台，账面原值 50 000 元，已提折旧 20 000 元。

(2)生产车间盘盈设备一台，同类设备的市价为 30 000 元，估计已损耗价值为 8 000 元。

(3)甲材料盘盈 4 000 元。

(4)乙材料盘亏 1 000 元。

(5)发现账外 A 产品 5 件，单位成本 1 000 元。

(6)应付外单位购料款 5 000 元，该单位已撤销。

上述各项盘盈、盘亏及损失，经查属实，报请上级部门审核批准，作如下处理：

(1)盘亏设备在营业外支出中列账。

(2)盘盈机器尚可使用，企业自行留用。

(3)盘盈甲材料和 A 产品均属收发计量错误所致。

(4)盘亏乙材料有 300 元属定额内损耗，其余属自然灾害造成，应由保险公司赔偿 300 元。

(5)确实无法支付的款项转作营业外收入。

要求：根据清查结果，做成审批前的会计分录；同时根据报请批准的结果，做成审批后的会计分录。

第八章

财务报表

本章学习目标和教学重点、难点

学习目标：

通过本章的学习，应使学生熟悉财务报表的概念、分类和编制要求，了解财务报表的结构，掌握资产负债表、利润表的编制方法。

教学重点：

资产负债表中相关账户余额的计算及填列。

教学难点：

资产负债表及利润表的编制，结合财务报表相关指标分析资产负债表、利润表、现金流量表的信息含量。

第一节　财务报表概述

一、财务报表及其目标

财务报表(financial statement)是指企业对外提供的反映企业某一特定日期的财务状况和某一会计期间的经营成果、现金流量等会计信息的文件。

编制财务报表，是对会计核算工作的全面总结，也是及时提供合法、真实、准确、完整会计信息的重要环节。1999 年修订的《中华人民共和国会计法》中将其称为"财务报表"，国际会计准则中将其称为"财务报告"。其实"财务报表"与"会计报表"、"财务报告"的提法在文字上略有差异，但其内容基本一致。一般而言，财务报告包括财务报表和其他应当在财务报告中披露的相关信息和资料。

企业编制财务报表的目标是向财务报表使用者提供与企业财务状况、经营成果和现金流量等有关的会计信息，反映企业管理层受托责任的履行情况，有助于财务报表使用者做出经济决策。财务报表使用者通常包括投资者、债权人、政府及其有关部门和社会公众等。

二、财务报表的概念及其组成

财务报表是对企业财务状况、经营成果和现金流量的结构性表述。一套完整的财务报表至少应当包括资产负债表、利润表、现金流量表、所有者权益(或股东权益)变动表以及附注。

财务报表分别从不同角度反映了企业的财务状况、经营成果、现金流量和所有者权益变动情况。其中，资产负债表是反映企业在某一特定日期财务状况的报表；利润表是反映企业在一定会计期间的经营成果及其分配情况的报表；现金流量表是反映企业在一定会计期间内现金及现金等价物流入和流出情况的报表；所有者权益变动表是反映构成所有者权益的各组成部分当期的增减变动情况的报表；附注是财务报表不可或缺的组成部分，是对在资产负债表、利润表、现金流量表和所有者权益变动表等报表中列示项目的文字描述或明细资料，以及对未能在这些报表中列示项目的说明等。

三、财务报表的分类

不同性质的经济单位，由于会计核算的内容和经济管理的要求不同，所编制的财务报表的种类也不尽相同。就企业而言，其所编制的财务报表可以按照以下标准划分为不同的类别。

(1)按照财务报表反映的资金运动状态的不同，分为静态财务报表和动态财务报表。

静态财务报表是指反映企业资金运动处于某一相对静止状态的财务报表，一般情况下，反映企业某一特定日期的财务状况的财务报表为静态财务报表，如“资产负债表”。静态报表亦称时点报表。

动态财务报表是指反映企业资金处于运动状态的财务报表，一般情况下，反映企业某一特定时期内的经营成果的“利润表”和反映企业在一定时期内经营活动、投资活动和筹资活动的“现金流量表”，以及反映企业在一定时期内所有者权益的各组成部分增减变动情况的“所有者权益变动表”均为动态财务报表，动态报表亦称时期报表。

(2)按财务报表编报期间的不同，可以分为中期财务报表和年度财务报表。

中期财务报表是以短于一个完整会计年度的报告期间为基础编制的财务报表，包括月报、季报和半年报等。中期财务报表至少应当包括资产负债表、利润表、现金流量表和附注，其中，中期资产负债表、利润表和现金流量表应当是完整报表，其格式和内容应当与年度财务报表相一致。与年度财务报表相比，中期财务报表中的附注披露可适当简略。

(3)按财务报表编报主体的不同，可以分为个别财务报表和合并财务报表。

个别财务报表是由企业在自身会计核算基础上对账簿记录进行加工而编制的财务报表，它主要用以反映企业自身的财务状况、经营成果和现金流量情况。

合并财务报表是以母公司和子公司组成的企业集团为会计主体，根据母公司和所属子公司的财务报表，由母公司编制的综合反映企业集团财务状况、经营成果及现金流量的财务报表。

(4)按财务报表服务对象的不同，可以分为外部报表和内部报表。

外部报表是企业向外部的会计信息使用者报告经济活动和财务收支情况的财务报表，如资产负债表、利润表、现金流量表和所有者权益变动表。这类报表一般有统一的格式和编制要求。按照我国现行会计准则和会计制度的规定，企业对外报送的财务报表包括“资产负债表”、“利润表”、“现金流量表”和“所有者权益变动表”四种财务报表。企业对外报送的财务报表的具体格式、编制方法和报送时间均由财政部统一规定，任何单位都不得随意增减。

内部报表是企业根据其内部经营管理的需要而编制的、供其内部管理人员使用的财务报表。内部报表的种类、格式、编制方法及其编制时间均由各单位根据本单位的经营特点和管理要求自行规定、自行设计。工业企业内部财务报表一般包括反映企业收支情况的财务报表和反映企业成本、费用情况的财务报表。

(5)按照财务报表编制单位的不同，分为单位财务报表和汇总财务报表。

单位财务报表是指由独立核算的会计主体编制的，用以反映该会计主体的财务状况、经营成果及其收支和成本、费用情况的财务报表。

汇总财务报表是由上级主管部门将其所属各基层经济单位的财务报表，与其本身的财务报表汇总编制而成的财务报表，用以反映一个部门或一个区域的经济情况。

四、财务报表的作用

财务报表是根据日常会计核算资料定期编制的，总括反映企业在某一特定日期的财务状况和某一会计期间的经营成果以及现金流量情况的书面报告文件。编制财务报表是会计核算的一种专门方法。

会计工作的目的，是向企业的管理者和与企业有关的各外部利害关系集团提供决策有用的会计信息。在会计制度和会计准则规范下，会计人员通过填制和审核会计凭证、登记账簿等会计核算方法，对企业所发生的各种经济业务，虽然已经进行了连续、系统、全面的记录，但是，这些日常核算资料比较庞杂、分散，不能集中、概括、相互联系地反映企业的经济活动及其经营成果的全貌，因此，不便于理解和利用，很难满足信息使用者的需要。为了使会计信息有用，还需要对日常的会计核算资料进一步进行加工整理，并按照一定的要求和格式，定期编制财务报表。财务报表的作用，可概括为以下五个方面。

(1)为企业内部的经营管理者进行日常经营管理提供必要的信息资料。

各企业的经营管理者，需要经常不断地考核、分析本企业的财务状况、成本费用情况；评价本企业的经营管理工作；总结经验，查明问题存在的原因；改进经营管理工作，提高管理水平；预测经济前景，进行经营决策。所有这些工作都必须借助于财务报表所提供的会计信息才能够进行。

(2)为投资者进行投资决策提供必要的信息资料。

企业的投资者包括国家、法人、外商和社会公众等。投资者所关心的是投资的报酬和投资的风险，在投资前需要了解企业的财务状况和经营活动情况，以便做出正确的投资决策；投资后，需要了解企业的经营成果、资金使用状况以及资金支付报酬的能力等资料。而财务报表正是投资者了解所需信息的唯一或主要渠道。

(3)为债权人提供企业的资金运转情况和偿债能力的信息资料。

随着市场经济的不断发展，商业信贷和商业信用在社会经济发展过程中的作用日趋重要。由商业信贷所形成的债权人主要包括银行、非银行金融机构等，它们需要反映企业能按时支付利息和偿还债务的资料。由商业信用所形成的债权人是商品经济条件下的又一债权人(通过供应材料、设备及劳务等交易成为企业的债权人)，以及因公司发行债券所形成的债权人(包括法人和社会公众)，他们需要了解企业偿债能力的资料。而财务报表也是债权人了解这些信息的唯一或主要渠道。

(4)为财政、工商、税务等行政管理部门提供对企业实施管理和监督的各项信息资料。

财政、工商、税务等行政管理部门，履行国家管理企业的职能，负责检查企业的资金使用情况、成本计算情况、利润的形成和分配情况以及税金的计算和结交情况；检查企业财经法纪的遵守情况。财务报表作为集中、概括反映企业经济活动情况及其结果的会计载体，是财政、工商、税务各部门对企业实施管理和监督的重要资料。

(5)为企业内部审计机构和外部审计部门检查、监督企业的生产经营活动提供必要的信息资料。

审计包括企业内部审计和外部审计。而审计工作一般是从财务报表审计开始的，所以，财务报表不仅能够为审计工作提供详尽、全面的数据资料，而且可以为会计凭证和会计账簿的进一步审计指明方向。

第二节　资产负债表

一、资产负债表概述

资产负债表(balance sheet)是指反映企业在某一特定日期的财务状况的报表。

资产负债表主要反映资产、负债和所有者权益三方面的内容，并满足“资产＝负债＋所有者权益”平衡式。

(一)资　产

资产反映由过去的交易、事项形成并由企业在某一特定日期所拥有或控制的、预期会给企业带来经济利益的资源。

资产应当按照流动资产和非流动资产两大类别在资产负债表中列示，在流动资产和非流动资产类别下进一步按性质分项列示。

流动资产是指预计在一个正常营业周期中变现、出售或耗用，或者主要为交易目的而持有，或者预计在资产负债表日起一年内(含一年)变现的资产，或者自资产负债表日起一年内交换其他资产或清偿负债的能力不受限制的现金或现金等价物。

资产负债表中列示的流动资产项目通常包括货币资金、交易性金融资产、应收票据、应收账款、预付款项、应收利息、应收股利、其他应收款、存货和一年内到期的非流动资产等。

非流动资产是指流动资产以外的资产。资产负债表中列示的非流动资产项目通常包括长期股权投资、固定资产、在建工程、工程物资、固定资产清理、无形资产、开发支出、长期待摊费用以及其他非流动资产等。

(二)负　债

负债反映在某一特定日期企业所承担的、预期会导致经济利益流出企业的现时义务。

负债应当按照流动负债和非流动负债在资产负债表中进行列示，在流动负债和非流动负债类别下再进一步按性质分项列示。

流动负债是指预计在一个正常营业周期中清偿，或者主要为交易目的而持有，或者自资产负债表日起一年内(含一年)到期应予以清偿，或者企业无权自主地将清偿推迟至资产负债表日后一年以上的负债。资产负债表中列示的流动负债项目通常包括短期借款、应付票据、应付账款、预收款项、应付职工薪酬、应交税费、应付利息、应付股利、其他应付款以及一年内到期的非流动负债等。

非流动负债是指流动负债以外的负债。非流动负债项目通常包括长期借款、应付债券和其他非流动负债等。

（三）所有者权益

所有者权益是企业资产扣除负债后的剩余权益，反映企业在某一特定日期股东（或投资者）拥有的净资产的总额，它一般按照实收资本（或股本，下同）、资本公积、盈余公积和未分配利润分项列示。

二、资产负债表的作用

资产负债表是总括反映企业在某一特定日期（月末、季末、半年末和年末）全部资产、负债、所有者权益情况的财务报表。资产负债表是根据资产、负债和所有者权益之间的相互关系，按照一定的分类标准和一定的排列顺序，并对日常会计核算工作中形成的大量数据进行高度浓缩整理后编制而成的。它表明企业在某一特定日期所拥有或控制的经济资源、所承担的现有义务和所有者对企业净资产的要求权。其编表依据是会计恒等式。

(1)资产负债表可以向信息使用者提供企业当前所拥有或控制的经济资源总额及其分布情况，便于信息使用者衡量企业的经济实力，分析企业的生产经营能力，分析和评价企业的经济资源构成是否合理。

(2)资产负债表可以向信息使用者提供企业经济资源的来源渠道及其构成情况，便于信息使用者分析企业资本结构的合理性和企业所面临的财务风险。

(3)通过对资产负债表中资产、负债和所有者权益的综合分析，可以使信息使用者了解企业的财务实力、偿债能力和支付能力，有利于经营者做出正确的经营决策、投资决策和筹资决策，有利于企业外部利害关系集团做出正确的投资决策。

(4)通过对年初和本期末资产负债表各项目数字的对比分析，可以使信息使用者了解企业资金结构的变化情况、财务状况的变动情况和变动趋势，以便判断和评价企业当前的竞争实力和发展前景。

三、资产负债表的结构

资产负债表的结构有账户式和报告式两种，我国企业的资产负债表采用账户式结构。

账户式资产负债表分左右两方，左方为资产项目，右方为负债及所有者权益项目。账户式资产负债表中的资产各项目的合计等于负债和所有者权益各项目的合计，即资产负债表左方和右方平衡。因此，通过账户式资产负债表，可以反映资产、负债、所有者权益之间的内在联系，即“资产＝负债＋所有者权益”。同时，资产负债表还提供表中各项目的年初数和本期期末数的比较资料。

资产项目大体按资产的流动性大小排列，流动性大的资产如“货币资金”、“交易性金融资产”等排在前面，流动性小的资产如“长期股权投资”、“固定资产”等排在后面。

负债及所有者权益项目一般按要求清偿时间的先后顺序排列：“短期借款”、“应付票据”、“应付账款”等需要在一年以内或者长于一年的一个正常营业周期内偿还的流动负债排在前面，“长期借款”等在一年以上才需偿还的非流动负债排在中间，在企业清算之前不需要偿还的所有者权益项目排在后面。

根据《企业会计准则》的规定，我国企业资产负债表格式如表 8-1 所示。

表 8-1　资产负债表

编制单位：　　　　　　　　　　　年　月　日　　　　　　　　　　　单位：元

资　　产	期末余额	期初余额	负债和所有者权益（或股东权益）	期末余额	期初余额
流动资产：			流动负债：		
货币资金			短期借款		
交易性金融资产			交易性金融负债		
应收票据			应付票据		
应收账款			应付账款		
预付款项			预收款项		
应收利息			应付职工薪酬		
应收股利			应交税费		
其他应收款			应付利息		
存货			应付股利		
一年内到期的非流动资产			其他应付款		
其他流动资产			一年内到期的非流动负债		
流动资产合计			其他流动负债		
非流动资产：			流动负债合计		
可供出售金融资产			非流动负债：		
持有至到期投资			长期借款		
长期应收款			应付债券		
长期股权投资			长期应付款		
投资性房地产			专项应付款		
固定资产			预计负债		
在建工程			递延所得税负债		
工程物资			其他非流动负债		
固定资产清理			非流动负债合计		
生产性生物资产			负债合计		
油气资产			所有者权益（或股东权益）：		
无形资产			实收资本（或股本）		
开发支出			资本公积		

续表

资　　产	期末余额	期初余额	负债和所有者权益(或股东权益)	期末余额	期初余额
商誉			减:库存股		
长期待摊费用			盈余公积		
递延所得税资产			未分配利润		
其他非流动资产			所有者权益(或股东权益)合计		
非流动资产合计					
资产总计			负债和所有者权益(或股东权益)总计		

四、资产负债表的编制

(一)年初余额栏的填列方法

资产负债表"年初余额"栏内的各项数字,应根据上年年末资产负债表的"期末余额"栏内所列数字填列。如果上年度资产负债表规定的各个项目的名称和内容同本年度不相一致,应对上年年末资产负债表各项目的名称和数字按照本年度的规定进行调整,填入表中"年初余额"栏内。

(二)期末余额栏的填列方法

1. 根据总账科目余额填列

"交易性金融资产"、"工程物资"、"固定资产清理"、"递延所得税资产"、"短期借款"、"交易性金融负债"、"应付票据"、"应付职工薪酬"、"应交税费"、"应付利息"、"应付股利"、"其他应付款"、"专项应付款"、"预计负债"、"递延所得税负债"、"实收资本(或股本)"、"资本公积"、"库存股"、"盈余公积"等项目,应根据有关总账科目的余额填列。

有些项目则需根据几个总账科目的期末余额计算填列:"货币资金"项目,需根据"库存现金"、"银行存款"、"其他货币资金"三个总账科目的期末余额的合计数填列;"其他非流动资产"、"其他流动负债"项目,应根据有关科目的期末余额分析填列。

2. 根据明细账科目余额计算填列

企业的"应收账款"、"应付账款"、"预收账款"、"预付账款"等账户须根据明细账科目余额计算填列。"一年内到期的非流动资产"、"一年内到期的非流动负债"项目,应根据有关非流动资产或负债项目的明细科目余额分析填列;"长期借款"、"应付债券"项目,应分别根据"长期借款"、"应付债券"科目的明细科目余额分析填列;"未分配利润"项目,应根据"利润分配"科目中所属的"未分配利润"明细科目期末余额填列。

【答疑与解惑】 企业既有应收、应付业务,也有预收、预付业务,企业资产负债表中"应收账款"、"应付账款"、"预收账款"、"预付账款"等账户期末余额应如何填列?

答："应付账款"项目，需要根据"应付账款"和"预付账款"两个科目所属的相关明细科目的期末贷方余额计算填列；"应收账款"项目，需要根据"应收账款"和"预收账款"两个科目所属的相关明细科目的期末借方余额计算填列；"预付账款"项目，需要根据"应付账款"和"预付账款"两个科目所属的相关明细科目的期末借方余额计算填列；"预收账款"项目，需要根据"应收账款"和"预收账款"两个科目所属的相关明细科目的期末贷方余额计算填列。

【例 8-1】某企业 20×5 年 12 月 31 日结账后有关科目所属明细科目借贷方余额如表 8-2 所示。

表 8-2　明细科目借贷方余额

单位：元

科目名称	明细科目借方余额合计	明细科目贷方合计
应收账款	1 600 000	100 000
预付账款	800 000	60 000
应付账款	400 000	1 800 000
预收账款	600 000	1 400 000

该企业 20×5 年 12 月 31 日资产负债表中相关项目的金额为：

"应收账款"项目金额为：1 600 000＋600 000＝2 200 000(元)

"预付账款"项目金额为：800 000＋400 000＝1 200 000(元)

"应付账款"项目金额为：60 000＋1 800 000＝1 860 000(元)

"预收账款"项目金额为：1 400 000＋100 000＝1 500 000(元)

本例中，应收账款项目，应当根据"应收账款"科目所属明细科目借方余额 1 600 000 元和"预收账款"科目所属明细科目借方余额 600 000 元加总，作为资产负债表中"应收账款"的项目金额，即 2 200 000 元。

预付款项项目，应当根据"预付账款"科目所属明细科目借方余额 800 000 元和"应付账款"科目所属明细科目借方余额 400 000 元加总，作为资产负债表中"预付款项"的项目金额，即为 1 200 000 元。

应付账款项目，应当根据"应付账款"科目所属明细科目贷方余额 1 800 000 元和"预付账款"科目所属明细科目贷方余额 60 000 元加总，作为资产负债表中"应付账款"的项目金额，即为 1 860 000 元。

预收款项项目，应当根据"预收账款"科目所属明细科目贷方余额 1 400 000 元和"应收账款"科目所属明细科目贷方余额 100 000 元加总，作为资产负债表中"预收款项"的项目金额，即为 1 500 000 元。

【例 8-2】某企业 20×5 年 12 月 1 日购入原材料一批，价款 150 000 元，增值税 25 500 元，款项已付，材料已验收入库，当年根据实现的产品销售收入计算的增值税销项税额为 50 000元。该月转让一项专利，需要交纳营业税 50 000 元尚未支付，没有其他未支付的税费。

该企业 20×5 年 12 月 31 日资产负债表中"应交税费"项目金额为：

50 000－25 500＋50 000＝74 500(元)

本例中,只有未付增值税和营业税两项。由于本期应交增值税为销项税额减进项税额,即24 500(50 000－25 500)元,加上未交纳的营业税50 000元,作为资产负债表中“应交税费”的项目金额,即74 500元。

3.根据总账科目和明细账科目余额分析计算填列

如“长期借款”项目,需要根据“长期借款”总账科目余额扣除“长期借款”科目所属的明细科目中将在一年内到期,且企业不能自主地将清偿义务展期的长期借款后的金额计算填列。“长期待摊费用”项目,应根据“长期待摊费用”科目的期末余额减去将于一年内(含一年)摊销的数额后的金额填列;“其他非流动负债”项目,应根据有关科目的期末余额减去将于一年内(含一年)到期偿还数后的金额填列。

【例8-3】某企业20×5年长期借款情况如表8-3所示。

表8-3　长期借款情况

借款起始日期	借款期限(年)	金额(元)
20×5年1月1日	3	1 000 000
20×3年1月1日	5	2 000 000
20×2年6月1日	4	1 500 000

该企业20×5年12月31日资产负债表中“长期借款”项目金额为:

1 000 000＋2 000 000＝3 000 000(元)

本例中,企业应当根据“长期借款”总账科目余额4 500 000(1 000 000＋2 000 000＋1 500 000)元,减去一年内到期的长期借款1 500 000元,作为资产负债表中“长期借款”项目的金额,即3 000 000元。将在一年内到期的长期借款1 500 000元,应当填列在流动负债下“一年内到期的非流动负债”项目中。

【例8-4】某企业20×5年“长期待摊费用”科目的期末余额为375 000元,将于一年内摊销的数额为204 000元。

该企业20×5年12月31日资产负债表中的“长期待摊费用”项目金额为:

375 000－204 000＝171 000(元)

本例中,企业应当根据“长期待摊费用”总账科目余额375 000元,减去将于一年内摊销的金额204 000元,作为资产负债表中“长期待摊费用”项目的金额,即171 000元。将于一年内摊销完毕的204 000元,应当填列在流动资产下“一年内到期的非流动资产”项目中。

4.根据有关科目余额减去其备抵科目余额后的净额填列

如“应收票据”、“应收账款”、“长期股权投资”、“在建工程”等项目,应当根据“应收票据”、“应收账款”、“长期股权投资”、“在建工程”等科目的期末余额减去“坏账准备”、“长期股权投资减值准备”、“在建工程减值准备”等科目余额后的净额填列;“投资性房地产”、“固定资产”项目,应当根据“投资性房地产”、“固定资产”科目的期末余额减去“投资性房地产累计折旧”、“累计折旧”、“投资性房地产减值准备”、“固定资产减值准备”备抵科目余额后的净额填列;“无形资产”项目,应当根据“无形资产”科目的期末余额,减去“累计摊销”、“无形资产减值准备”备抵科目余额后的净额填列。

5. 综合运用上述填列方法分析填列

如“存货”项目，需要根据“原材料”、“库存商品”、“委托加工物资”、“周转材料”、“材料采购”、“在途物资”、“发出商品”、“材料成本差异”等总账科目期末余额的分析汇总数，再减去“存货跌价准备”科目余额后的净额填列。

【例 8-5】某企业采用计划成本核算材料，20×5 年 12 月 31 日结账后有关科目余额为：“材料采购”科目余额为 140 000 元(借方)，“原材料”科目余额为 2 400 000(借方)，“周转材料”科科目余额为 1 800 000 元(借方)，“库存商品”科目余额为 1 600 000 元(借方)，“生产成本”科目余额为 600 000 元(借方)，“材料成本差异”科目余额为 120 000 元(贷方)，“存货跌价准备”科目余额为 210 000 元。

该企业 20×5 年 12 月 31 日资产负债表中的“存货”项目金额为：

140 000＋2 400 000＋1 800 000＋1 600 000＋600 000－120 000－210 000＝6 210 000(元)

本例中，企业应当以“材料采购”(表示在途材料采购成本)、“原材料”、“周转材料”(比如包装物和低值易耗品等)、“库存商品”、“生产成本”(表示期末在产品金额)各总账科目余额加总后，加上或减去“材料成本差异”总账科目的余额(若为贷方余额，应减去；若为借方余额，应加上)，再减去“存货跌价准备”总账科目余额后的净额，作为资产负债表中“存货”项目的金额。

五、资产负债表编制示例

(一)资料

1. 甲股份有限公司为一般纳税人，通常适用增值税税率为 17%，所得税税率为 25%；原材料采用计划成本进行核算。该公司 20×4 年 12 月 31 目的资产负债表如表 8-4 所示。其中，“应收账款”科目的期末余额为 4 000 000 元，“坏账准备”科目的期末余额为 9 000 元。其他诸如存货、长期股权投资、固定资产、无形资产等资产都没有计提资产减值准备。

表 8-4　资产负债表

编制单位：甲股份有限公司　　20×4 年 12 月 31 日　　单位：元

资　产	金　额	负债和所有者权益(或股东权益)	金　额
流动资产：		流动负债：	
货币资金	14 063 000	短期借款	3 000 000
交易性金融资产	150 000	交易性金融负债	0
应收票据	2 460 000	应付票据	2 000 000
应收账款	3 991 000	应付账款	9 548 000
预付款项	1 000 000	预收款项	0
应收利息	0	应付职工薪酬	1 100 000

续表

资　产	金　额	负债和所有者权益(或股东权益)	金　额
应收股利	0	应交税费	366 000
其他应收款	3 050 000	应付利息	0
存货	25 800 000	应付股利	0
一年内到期的非流动资产	0	其他应付款	500 000
其他流动资产	0	一年内到期的非流动负债	0
流动资产合计	50 514 000	其他流动负债	10 000 000
非流动资产：		流动负债合计	26 514 000
可供出售金融资产	0	非流动负债：	
持有至到期投资	0	长期借款	6 000 000
长期应收款	0	应付债券	0
长期股权投资	2 500 000	长期应付款	0
投资性房地产	0	专项应付款	0
固定资产	8 000 000	预计负债	0
在建工程	15000 000	递延所得税负债	0
工程物资	0	其他非流动负债	0
固定资产清理	0	非流动负债合计	6 000 000
生产性生物资产	0	负债合计	32 514 000
油气资产	0	所有者权益(或股东权益)：	
无形资产	6 000 000	实收资本(或股本)	50 000 000
开发支出	0	资本公积	0
商誉	0	减:库存股	0
长期待摊费用	0	盈余公积	1 000 000
递延所得税资产	0	未分配利润	500 000
其他非流动资产	2 000 000	所有者权益(或股东权益)合计	51 500 000
非流动资产合计	33 500 000		
资产总计	84 014 000	负债和所有者权益(或股东权益)总计	84 014 000

2. 20×5 年,甲股份有限公司共发生如下经济业务：

(1)收到银行通知,用银行存款支付到期的商业承兑汇票 1 000 000 元。

(2)购入原材料一批,收到的增值税专用发票上注明的原材料价款为 1 500 000 元,增值税进项税额为 255 000 元,款项已通过银行转账支付,材料尚未验收入库。

(3)收到原材料一批,实际成本 1 000 000 元,计划成本 950 000 元,材料已验收入库,货款已于上月支付。

(4)用银行汇票支付材料采购价款,公司收到开户银行转来银行汇票多余款收账通知,通知上填写的多余款为 2 340 元,购入材料及运费 998 000 元,支付的增值税进项税额 169 660元,材料已验收入库,该批原材料计划价格 1 000 000 元。

(5)销售产品一批,开出的增值税专用发票上注明价款为 3 000 000 元,增值税销项税额为 510 000 元,货款尚未收到。该批产品实际成本 1 800 000 元,产品已发出。

(6)公司将交易性金融资产(股票投资)兑现 165 000 元,该投资的成本为 130 000 元,公允价值变动为增值 20 000 元,处置收益为 15 000 元,均存入银行。

(7)购入不需安装的设备一台,收到增值税专用发票上注明的设备价款为 854 700 元,增值税进项税额为 145 300 元,支付包装费、运费 10 000 元。价款及包装费、运费均以银行存款支付,设备已交付使用。

(8)购入工程物资一批,收到增值税专用发票上注明的物资价款和增值税进项税额合计为 1 500 000 元,款项已通过银行转账支付。

(9)工程应付薪酬 2 280 000 元。

(10)一项工程完工,交付生产使用,已办理竣工手续,固定资产价值 14 000 000 元。

(11)基本生产车间一台机床报废,原价 2 000 000 元,已提折旧 1 800 000 元,清理费用 5 000元,残值收入 8 000 元,均通过银行存款收支。该项固定资产已清理完毕。

(12)从银行借入 3 年期借款 10 000 000 元,借款已存入银行账户。

(13)销售产品一批,开出的增值税专用发票上注明的销售价款为 7 000 000 元,增值税销项税额为 1 190 000 元,款项已存入银行。销售产品的实际成本为 4 200 000 元。

(14)公司将要到期的一张面值为 2 000 000 元的无息银行承兑汇票(不含增值税),连同解讫通知和进账单交银行办理转账。收到银行盖章退回的进账单一联。款项银行已收妥。

(15)公司出售一台不需用设备,收到价款 3 000 000 元,该设备原价 4 000 000 元,已提折旧 1 500 000 元。该项设备已由购入单位运走。

(16)取得交易性金融资产(股票投资)价款 1 030 000 元,交易费用 20 000 元,已用银行存款支付。

(17)支付工资 5 000 000 元,其中包括支付在建工程人员的工资 2 000 000 元。

(18)分配应支付的职工工资 3 000 000 元(不包括在建工程应负担的工资),其中生产人员薪酬 2 750 000 元,车间管理人员薪酬 100 000 元,行政管理部门人员薪酬 150 000 元。

(19)提取职工福利费 420 000 元(不包括在建工程应负担的福利费 280 000 元),其中生产工人福利费 385 000 元,车间管理人员福利费 14 000 元,行政管理部门福利费 21 000 元。

(20)基本生产领用原材料,计划成本为 7 000 000 元,领用低值易耗品,采用一次摊销法摊销,计划成本 500 000 元。

(21)结转领用原材料应分摊的材料成本差异,材料成本差异率为 5%。

(22)计提无形资产摊销 600 000 元;以银行存款支付基本生产车间水电费 900 000 元。

(23)计提固定资产折旧 1 000 000 元,其中计入制造费用 800 000 元、管理费用 200 000 元。计提固定资产减值准备 300 000 元。

(24)收到应收账款 510 000 元,存入银行。计提应收账款坏账准备 9 000 元。

(25)用银行存款支付产品展览费 100 000 元。

(26)计算并结转本期完工产品成本 12 824 000 元。期末没有在产品，本期生产的产品全部完工入库。

(27)广告费 100 000 元，已用银行存款支付。

(28)公司采用商业承兑汇票结算方式销售产品一批，开出的增值税专用发票上注明的销售价款为 2 500 000 元，增值税销项税额为 425 000 元，收到 2 925 000 元的商业承兑汇票一张，产品实际成本为 1 500 000 元。

(29)公司将上述承兑汇票到银行办理贴现，贴现息为 200 000 元。

(30)公司本期产品销售应交纳的教育费附加为 20 000 元。

(31)用银行存款交纳增值税 1 000 000 元；教育费附加 20 000 元。

(32)本期在建工程应负担的长期借款利息费用 2 000 000 元，长期借款为分期付息。

(33)提取应计入本期损益的长期借款利息费用 100 000 元，长期借款为分期付息。

(34)归还短期借款本金 2 500 000 元。

(35)支付长期借款利息 2 100 000 元。

(36)偿还长期借款 60 000 000 元。

(37)上年度销售产品一批，开出的增值税专用发票上注明的销售价款为 100 000 元，增值税销项税额为 17 000 元，购货方开出商业承兑汇票。本期由于购货方发生财务困难，无法按合同规定偿还债务，经双方协议，甲股份公司同意购货方用产品抵偿该应收票据。用于抵债的产品市价为 80 000 元，增值税税率为 17%。

(38)持有的交易性金融资产的公允价值为 1 050 000 元。

(39)结转本期产品销售成本 7 500 000 元。

(40)假设本例中，除计提固定资产减值准备 300 000 元造成固定资产账面价值与其计税基础存在差异外，不考虑其他项目的所得税影响。企业按照税法规定计算确定的应交所得税为 948 650 元，递延所得税资产为 75 000 元。

(41)将各损益科目结转本年净利润。

(42)按照净利润的 10%提取法定盈余公积金。

(43)将利润分配各明细科目的余额转入“未分配利润”明细科目，结转本年利润。

(44)用银行存款交纳当年应交所得税。

要求：编制甲股份有限公司 20×5 年度经济业务的会计分录，并在此基础上编制资产负债表、利润表和现金流量表。

(二)根据上述资料编制会计分录

	借方	贷方
(1)借：应付票据	1 000 000	
贷：银行存款		1 000 000
(2)借：材料采购	1 500 000	
应交税费——应交增值税(进项税额)	255 000	
贷：银行存款		1 755 000
(3)借：原材料	950 000	
材料成本差异	50 000	

贷:材料采购　　1 000 000

(4)借:材料采购　　998 000

银行存款　　2 340

应交税费——应交增值税(进项税额)　　169 660

贷:其他货币资金　　1 170 000

借:原材料　　1 000 000

贷:材料采购　　998 000

材料成本差异　　2 000

(5)借:应收账款　　3 510 000

贷:主营业务收入　　3 000 000

应交税费——应交增值税(销项税额)　　510 000

(6)借:银行存款　　165 000

贷:交易性金融资产——成本　　130 000

——公允价值变动　　20 000

投资收益　　15 000

借:公允价值变动损益　　20 000

贷:投资收益　　20 000

(7)借:固定资产　　864 700

应交税费——应交增值税(进项税额)　　145 300

贷:银行存款　　1 010 000

(8)借:工程物资　　1 500 000

贷:银行存款　　1 500 000

(9)借:在建工程　　2 280 000

贷:应付职工薪酬　　2 280 000

(10)借:固定资产　　14 000 000

贷:在建工程　　14 000 000

(11)借:固定资产清理　　2 00 000

累计折旧　　1 800 000

贷:固定资产　　2 000 000

借:固定资产清理　　5 000

贷:银行存款　　5 000

借:银行存款　　8 000

贷:固定资产清理　　8 000

借:营业外支出——处置固定资产净损失　　197 000

贷:固定资产清理　　197 000

(12)借:银行存款　　10 000 000

贷:长期借款　　10 000 000

(13)借:银行存款　　8 190 000

分录	借方	贷方
贷:主营业务收入		7 000 000
应交税费——应交增值税(销项税额)		1 190 000
(14)借:银行存款	2 000 000	
贷:应收票据		2 000 000
(15)借:固定资产清理	2 500 000	
累计折旧	1 500 000	
贷:固定资产		4 000 000
借:银行存款	3 000 000	
贷:固定资产清理		3 000 000
借:固定资产清理	500 000	
贷:营业外收入——处置固定资产净收益		500 000
(16)借:交易性金融资产	1 030 000	
投资收益	20 000	
贷:银行存款		1 050 000
(17)借:应付职工薪酬	5 000 000	
贷:银行存款		5 000 000
(18)借:生产成本	2 750 000	
制造费用	100 000	
管理费用	150 000	
贷:应付职工薪酬——工资		3 000 000
(19)借:生产成本	385 000	
制造费用	14 000	
管理费用	21 000	
贷:应付职工薪酬——职工福利		420 000
(20)借:生产成本	7 000 000	
贷:原材料		7 000 000
借:制造费用	500 000	
贷:周转材料		500 000
(21)借:生产成本	350 000	
制造费用	25 000	
贷:材料成本差异		375 000
(22)借:管理费用——无形资产摊销	600 000	
贷:累计摊销		600 000
借:制造费用——水电费	900 000	
贷:银行存款		900 000
(23)借:制造费用——折旧费	800 000	
管理费用——折旧费	200 000	
贷:累计折旧		1 000 000

分录	借方	贷方
借：资产减值损失——计提的固定资产减值	300 000	
贷：固定资产减值准备		300 000
(24)借：银行存款	510 000	
贷：应收账款		510 000
借：资产减值损失——坏账准备	9 000	
贷：坏账准备		9 000
(25)借：销售费用——展览费	100 000	
贷：银行存款		100 000
(26)借：生产成本	2 339 000	
贷：制造费用		2 339 000
借：库存商品	12 824 000	
贷：生产成本		12 824 000
(27)借：销售费用——广告费	100 000	
贷：银行存款		100 000
(28)借：应收票据	2 925 000	
贷：主营业务收入		2 500 000
应交税费——应交增值税(销项税额)		425 000
(29)借：财务费用	200 000	
银行存款	2 725 000	
贷：应收票据		2 925 000
(30)借：营业税金及附加	20 000	
贷：应交税费——应交教育附加		20 000
(31)借：应交税费——应交增值税(已交税金)	1 000 000	
——应交教育附加	20 000	
贷：银行存款		1 020 000
(32)借：在建工程	2 000 000	
贷：应付利息		2 000 000
(33)借：财务费用	100 000	
贷：应付利息		100 000
(34)借：短期借款	2 500 000	
贷：银行存款		2 500 000
(35)借：应付利息	2 100 000	
贷：银行存款		2 100 000
(36)借：长期借款	60 000 000	
贷：银行存款		60 000 000
(37)借：库存商品	80 000	
应交税费——应交增值税(进项税额)	13 600	
营业外支出——债务重组损失	23 400	

	借方	贷方
贷:应收票据		117 000
(38)借:交易性金融资产——公允价值变动	20 000	
贷:公允价值变动损益		20 000
(39)借:主营业务成本	7 500 000	
贷:库存商品		7 500 000
(40)借:所得税费用——当期所得税费用	948 650	
贷:应交税费——应交所得税		948 650
借:递延所得税资产	75 000	
贷:所得税费用——递延所得税费用		75 000
(41)借:主营业务收入	12 500 000	
营业外收入	500 000	
投资收益	15 000	
贷:本年利润		13 015 000
借:本年利润	9 520 400	
贷:主营业务成本		7 500 000
营业税金及附加		20 000
销售费用		200 000
管理费用		971 000
财务费用		300 000
资产减值损失		309 000
营业外支出		220 400
借:本年利润	873 650	
贷:所得税费用		873 650
(42)借:利润分配——提取法定盈余公积	262 095	
贷:盈余公积——法定盈余公积		262 095

提取法定盈余公积数额为:

(13 015 000－9 520 400－873 650)×10％＝262 095(元)

	借方	贷方
(43)借:利润分配——未分配利润	262 095	
贷:利润分配——提取法定盈余公积		262 095
借:本年利润	2 620 950	
贷:利润分配——未分配利润		2 620 950
(44)借:应交税费——应交所得税	948 650	
贷:银行存款		948 650

(三)编制资产负债表

根据年初资产负债表和上述会计分录编制年末资产负债表如表 8-5 所示。

表 8-5　资产负债表

编制单位:甲股份有限公司　　　　20×5 年 12 月 31 日　　　　单位:元

资产	年末余额	年初余额	负债及所有者权益（或股东权益）	年末余额	年初余额
流动资产:			流动负债:		
货币资金	14 504 690	14 063 000	短期借款	500 000	3 000 000
交易性金融资产	1 050 000	150 000	交易性金融负债	0	0
应收票据	343 000	2 460 000	应付票据	1 000 000	2 000 000
应收账款	6 982 000	3 991 000	应付账款	9 548 000	9 548 000
预付账款	1 000 000	1 000 000	预收账款	0	0
应收利息	0	0	应付职工薪酬	1 800 000	1 100 000
应收股利	0	0	应交税费	907 440	366 000
其他应收款	3 050 000	3 050 000	应付利息	0	0
存货	25 827 000	25 800 000	应付股利	0	0
一年内到期的非流动资产	0	0	其他应付款	500 000	500 000
其他流动资产	0	0	一年内到期的非流动负债	0	0
流动资产合计	52 756 690	50 514 000	其他流动负债	10 000 000	10 000 000
非流动资产:			流动负债合计	24 255 440	26 514 000
可供出售金融资产	0	0	非流动负债:		
持有至到期投资	0	0	长期借款	10 000 000	6 000 000
长期应收款	0	0	应付债券	0	0
长期股权投资	2 500 000	2 500 000	长期应付款	0	0
投资性房地产	0	0	专项应付款	0	0
固定资产	18 864 700	8 000 000	预计负债	0	0
在建工程	5 280 000	15 000 000	递延所得税负债	0	0
工程物资	1 500 000	0	其他非流动负债	0	0
固定资产清理	0	0	非流动负债合计	10 000 000	6 000 000
生产性生物资产	0	0	负债合计	34 255 440	32 514 000
油气资产	0	0	所有者权益(或股东权益):		
无形资产	5 400 000	6 000 000	实收资本(或股本)	50 000 000	50 000 000
开发支出	0	0	资本公积	0	0
商誉	0	0	减:库存股	0	0

续表

资产	年末余额	年初余额	负债及所有者权益（或股东权益）	年末余额	年初余额
长期待摊费用	0	0	盈余公积	1 262 095	1 000 000
递延所得税资产	75 000	0	未分配利润	2 858 855	500 000
其他非流动资产	2 000 000	2 000 000	所有者权益（或股东权益）合计	54 120 950	51 500 000
非流动资产合计	35 619 700	33 500 000			
资产合计	88 376 390	84 014 000	负债和所有者权益（或股东权益）总计	88 376 390	84 014 000

注："应收账款"科目年末余额为 7 000 000 元，"坏账准备"年末余额为 18 000 元。

第三节　利润表

一、利润表的内容和结构

（一）利润表的内容

利润表（income statement）是指反映企业在一定会计期间内的经营成果的报表。

利润表的列报必须充分反映企业经营业绩的主要来源和构成，有助于使用者判断净利润的质量及其风险，有助于使用者预测净利润的持续性，从而做出正确的决策。利润表，可以反映企业一定会计期间的收入实现情况，如实现的营业收入有多少，投资收益有多少，营业外收入有多少等；可以反映一定会计期间的费用耗费情况，如耗费的营业成本有多少，营业税费有多少，销售费用、管理费用、财务费用各有多少，营业外支出有多少等；可以反映企业生产经营活动的成果，即净利润的实现情况，据以判断资本保值、增值情况。将利润表中的信息与资产负债表中的信息相结合，还可以提供进行财务分析的基本资料，如将赊销收入净额与应收账款平均余额进行比较，计算出应收账款周转率；将销货成本与存货平均余额进行比较，计算出存货周转率；将净利润与资产总额进行比较，计算出资产收益率等，可以表现企业资金周转情况以及企业的盈利能力和水平，便于报表使用者判断企业未来的发展趋势，做出经济决策。

（二）利润表的结构

常见的利润表结构主要有单步式和多步式两种。

在我国，企业利润表采用的基本上是多步式结构，即通过对当期的收入、费用、支出项目按性质加以归类，按利润形成的主要环节列示一些中间性利润指标，分步计算当期净损益。

利润表主要反映以下几方面的内容：

(1)营业收入,由主营业务收入和其他业务收入组成。

(2)营业利润(operating profit),营业收入减去营业成本(主营业务成本、其他业务成本)、营业税金及附加、销售费用、管理费用、财务费用、资产减值损失,加上公允价值变动收益、投资收益,即为营业利润。

(3)利润总额,营业利润加上营业外收入,减去营业外支出,即为利润总额(total profit)。

(4)净利润,利润总额减去所得税费用(income tax),即为净利润(net profit)。

(5)每股收益,普通股或潜在普通股已公开交易的企业,以及正处于公开发行普通股或潜在普通股过程中的企业,还应当在利润表中列示每股收益信息,包括基本每股收益和稀释每股收益两项指标。

此外,为了使报表使用者通过比较不同期间利润的实现情况,判断企业经营成果的未来发展趋势,企业需要提供比较利润表,即还要就各项目再分为"本期金额"和"上期金额"两栏分别填列。具体格式如表 8-6 所示。

表 8-6　利润表

编制单位:　　　　年　　月　　　　单位:元

项　　目	本期金额	上期金额
一、营业收入		
减:营业成本		
营业税金及附加		
销售费用		
管理费用		
财务费用		
资产减值损失		
加:公允价值变动收益(损失以"－"号填列)		
投资收益(损失以"－"号填列)		
其中:对联营企业和合营企业的投资收益		
二、营业利润(亏损以"－"号填列)		
加:营业外收入		
减:营业外支出		
其中:非流动资产处置损失		
三、利润总额(亏损总额以"－"号填列)		
减:所得税费用		
四、净利润(净亏损以"－"号填列)		
五、每股收益:		
(一)基本每股收益		
(二)稀释每股收益		

二、利润表的填列方法

(一)上期金额栏的填列方法

利润表“上期金额”栏内各项数字，应根据上年该期利润表“本期金额”栏内所列数字填列。如果上年该期利润表规定的各个项目的名称和内容同本期不相一致，应对上年该期利润表各项目的名称和数字按本期的规定进行调整，填入利润表“上期金额”栏内。

(二)本期金额栏的填列方法

利润表“本期金额”栏内各项数字一般应根据损益类科目的发生额分析填列。

三、利润表编制示例

(1)根据对前述业务的上述会计处理，甲股份有限公司损益类科目 20×5 年度累计发生净额如表 8-7 所示。

表 8-7　甲股份有限公司损益类科目 20×5 年度累计发生净额

编制单位：甲股份有限公司　　　　20×5 年度　　　　单位：元

科目名称	借方发生额	贷方发生额
营业收入		12 500 000
营业成本	7 500 000	
营业税金及附加	20 000	
销售费用	200 000	
管理费用	971 000	
财务费用	300 000	
资产减值损失	309 000	
投资收益		15 000
营业外收入		500 000
营业外支出	220 400	
所得税费用	873 650	

(2)根据上述资料，编制甲股份有限公司 20×5 年度利润表，如表 8-8 所示。

表 8-8 利 润 表

编制单位:甲股份有限公司　　20×5 年度　　单位:元

项　目	本期金额
一、营业收入	12 500 000
减：营业成本	7 500 000
营业税金及附加	20 000
销售费用	200 000
管理费用	971 000
财务费用	300 000
资产减值损失	309 000
加：公允价值变动收益(损失以"－"号填列)	0
投资收益(损失以"－"号填列)	15 000
其中:对联营企业和合营企业的投资收益	0
二、营业利润(亏损以"－"号填列)	3 215 000
加：营业外收入	500 000
减：营业外支出	220 400
其中:非流动资产处置损失	(略)
三、利润总额(亏损总额以"－"号填列)	3 494 600
减：所得税费用	873 650
四、净利润(净亏损以"－"号填列)	2 620 950
五、每股收益：	(略)
(一)基本每股收益	
(二)稀释每股收益	

第四节　现金流量表

一、现金流量表的内容及结构

(一)现金流量表的内容

现金流量表(cash flow statement),是指反映企业在一定会计期间现金和现金等价物流入和流出的报表。

现金流量(cash flows)是指一定会计期间内企业现金和现金等价物的流入和流出。

现金是指企业库存现金以及可以随时用于支付的存款，包括库存现金、银行存款和其他货币资金（如外埠存款、银行汇票存款、银行本票存款）等。不能随时用于支付的存款不属于现金。

现金等价物（cash equivalents），是指企业持有的期限短、流动性强、易于转换为已知金额现金、价值变动风险很小的投资。期限短，一般是指从购买日起三个月内到期。现金等价物通常包括三个月内到期的债券投资等。权益性投资变现的金额通常不确定，因而不属于现金等价物。企业应当根据具体情况，确定现金等价物的范围，一经确定不得随意变更。

从编制原则上看，现金流量表按照收付实现制原则编制，将权责发生制下的盈利信息调整为收付实现制下的现金流量信息，便于信息使用者了解企业净利润的质量。

从内容上看，现金流量表被划分为经营活动、投资活动和筹资活动三个部分，每类活动又分为各具体项目。这些项目从不同角度反映企业业务活动的现金流入与流出，弥补了资产负债表和利润表提供信息的不足。

通过现金流量表，报表使用者能够了解现金流量的影响因素，评价企业的支付能力、偿债能力和周转能力，预测企业未来的现金流量，为其决策提供有力依据。

（二）现金流量表的结构

在现金流量表中，现金及现金等价物被视为一个整体，企业现金形式的转换不会产生现金的流入和流出。例如，企业从银行提取现金，是企业现金存放形式的转换，并未流出企业，不构成现金流量。同样，现金与现金等价物之间的转换也不属于现金流量，例如，企业用现金购买三个月到期的国库券。根据企业业务活动的性质和现金流量的来源，现金流量表在结构上将企业一定期间产生的现金流量分为三类：经营活动产生的现金流量、投资活动产生的现金流量和筹资活动产生的现金流量。

完整的现金流量表的结构包括主表及其补充资料，具体格式见表 8-9。

表 8-9　现金流量表

编制单位：　　　　20×5 年度　　　　单位：元

项　　目	本期金额	上期金额
一、经营活动产生的现金流量：		
销售商品、提供劳务收到的现金		
收到的税费返还		
收到的其他与经营活动有关的现金		
经营活动现金流入小计		
购买商品、接受劳务支付的现金		
支付给职工以及为职工支付的现金		
支付的各项税费		
支付的其他与经营活动有关的现金		

续表

项　　目	本期金额	上期金额
经营活动现金流出小计		
经营活动产生的现金流量净额		
二、投资活动产生的现金流量：		
收回投资所收到的现金		
取得投资收益所收到的现金		
处置固定资产、无形资产和其他长期资产所收回的现金净额		
处置子公司及其他营业单位收到的现金净额		
收到的其他与投资活动有关的现金		
投资活动现金流入小计		
购建固定资产、无形资产和其他长期资产所支付的现金		
投资所支付的现金		
取得子公司及其他营业单位支付的现金净额		
支付的其他与投资活动有关的现金		
投资活动现金流出小计		
投资活动产生的现金流量净额		
三、筹资活动产生的现金流量：		
吸收投资所收到的现金		
借款所收到的现金		
收到的其他与筹资活动有关的现金		
筹资活动现金流入小计		
偿还债务所支付的现金		
分配股利、利润或偿付利息所支付的现金		
支付的其他与筹资活动有关的现金		
筹资活动现金流出小计		
筹资活动产生的现金流量净额		
四、汇率变动对现金的影响		
五、现金及现金等价物净增加额		
加：期初现金及现金等价物余额		
六、期末现金及现金等价物余额		

现金流量表补充资料：

补充资料	本期金额	上期金额
1. 将净利润调节为经营活动现金流量：		
净利润		
加：资产减值准备		
固定资产折旧		
无形资产摊销		
长期待摊费用摊销		
处置固定资产、无形资产和其他长期资产的损失(减：收益)		
固定资产报废损失(减：收益)		
公允价值变动损失(减：收益)		
财务费用(减：收益)		
投资损失(减：收益)		
递延所得税资产减少(减：增加)		
递延所得税负债增加(减：减少)		
存货的减少(减：增加)		
经营性应收项目的减少(减：增加)		
经营性应付项目的增加(减：减少)		
其他		
经营活动产生的现金流量净额		
2. 不涉及现金收支的投资和筹资活动：		
债务转为资本		
一年内到期的可转换公司债券		
融资租入固定资产		
3. 现金及现金等价物净变动情况：		
现金的期末金额		
减：现金的期初余额		
加：现金等价物的期末余额		
减：现金等价物的期初余额		
现金及现金等价物净增加额		

二、现金流量表的填列方法

(一)经营活动产生的现金流量

经营活动(operating activities)是指企业投资活动和筹资活动以外的所有交易和事项。各类企业由于行业特点不同，对经营活动的认定存在一定差异。对于工商企业而言，经营活动主要包括销售商品、提供劳务、购买商品、接受劳务、支付税费等。对于商业银行而言，经营活动主要包括吸收存款、发放贷款、同业存放、同业拆借等。对于保险公司而言，经营活动主要包括原保险业务和再保险业务等。对于证券公司而言，经营活动主要包括自营证券、代理承销证券、代理兑付证券、代理买卖证券等。

在我国，企业经营活动产生的现金流量应当采用直接法填列。直接法，是指通过现金收入和现金支出的主要类别列示经营活动的现金流量。

（二）投资活动产生的现金流量

投资活动(investing activities)是指企业长期资产的购建和不包括在现金等价物范围内的投资及其处置活动。长期资产是指固定资产、无形资产、在建工程、其他资产等持有期限在一年或一个营业周期以上的资产。这里所讲的投资活动，既包括实物资产投资，也包括金融资产投资。这里之所以将"包括在现金等价物范围内的投资"排除在外，是因为已经将包括在现金等价物范围内的投资视同现金。不同企业由于行业特点不同，对投资活动的认定也存在差异。例如，交易性金融资产所产生的现金流量，对于工商业企业而言，属于投资活动现金流量，而对于证券公司而言，属于经营活动现金流量。

（三）筹资活动产生的现金流量

筹资活动(financing activities)是指导致企业资本及债务规模和构成发生变化的活动。这里所说的资本，既包括实收资本(股本)，也包括资本溢价(股本溢价)；这里所说的债务，指对外举债，包括向银行借款、发行债券以及偿还债务等。通常情况下，应付账款、应付票据等商业应付款属于经营活动，不属于筹资活动。

此外，对于企业日常活动之外特殊的、不经常发生的特殊项目，如自然灾害损失、保险赔款、捐赠等，应当归并到相关类别中，并单独反映。比如，对于自然灾害损失和保险赔款，如果能够确指属于流动资产损失，应当列入经营活动产生的现金流量；属于固定资产损失，应当列入投资活动产生的现金流量。

（四）汇率变动对现金及现金等价物的影响

编制现金流量表时，应当将企业外币现金流量以及境外子公司的现金流量折算成记账本位币。外币现金流量以及境外子公司的现金流量，应当采用现金流量发生日的即期汇率或按照系统合理的方法确定的、与现金流量发生日即期汇率近似的汇率折算。汇率变动对现金的影响额应当作为调节项目，在现金流量表中单独列报。

汇率变动对现金的影响，指企业外币现金流量及境外子公司的现金流量折算成记账本位币时，所采用的是现金流量发生日的汇率或按照系统合理的方法确定的、与现金流量发生日即期汇率近似的汇率，而现金流量表"现金及现金等价物净增加额"项目中外币现金净增加额是按资产负债表日的即期汇率折算的。这两者的差额即为汇率变动对现金的影响。

在编制现金流量表时，对当期发生的外币业务，也可不必逐笔计算汇率变动对现金的影响，可以通过现金流量表补充资料中"现金及现金等价物净增加额"数额与现金流量表中"经营活动产生的现金流量净额"、"投资活动产生的现金流量净额"、"筹资活动产生的现金流量净额”三项之和比较，其差额即为“汇率变动对现金的影响额”。

（五）现金流量表补充资料

除现金流量表反映的信息外，企业还应在附注中披露将净利润调节为经营活动现金流量、不涉及现金收支的重大投资和筹资活动、现金及现金等价物净变动等信息。

1. 将净利润调节为经营活动现金流量

现金流量表采用直接法反映经营活动产生的现金流量，同时，企业还应采用间接法反映经营活动产生的现金流量。间接法，是指以本期净利润为起点，通过调整不涉及现金的收入、费用、营业外收支以及经营性应收应付等项目的增减变动，调整不属于经营活动的现金收支项目，据此计算并列报经营活动产生的现金流量的方法。在我国，现金流量表补充资料应采用间接法反映经营活动产生的现金流量情况，以对现金流量表中采用直接法反映的经营活动现金流量进行核对和补充说明。

采用间接法列报经营活动产生的现金流量时，需要对四大类项目进行调整：

(1)实际没有支付现金的费用；

(2)实际没有收到现金的收益；

(3)不属于经营活动的损益；

(4)经营性应收应付项目的增减变动。

2. 不涉及现金收支的重大投资和筹资活动

不涉及现金收支的重大投资和筹资活动，反映企业一定期间内影响资产或负债但不形成该期现金收支的所有投资和筹资活动的信息。这些投资和筹资活动虽然不涉及现金收支，但对以后各期的现金流量有重大影响，例如，企业融资租入设备，将形成的负债记入“长期应付款”账户，当期并不支付设备款及租金，但以后各期必须为此支付现金，从而在一定期间内形成了一项固定的现金支出。

企业应当在附注中披露不涉及当期现金收支，但影响企业财务状况或在未来可能影响企业现金流量的重大投资和筹资活动，主要包括：

(1)债务转为资本，反映企业本期转为资本的债务金额；

(2)一年内到期的可转换公司债券，反映企业一年内到期的可转换公司债券的本息；

(3)融资租入固定资产，反映企业本期融资租入的固定资产。

3. 现金和现金等价物的构成

企业应当在附注中披露与现金和现金等价物有关的下列信息：

(1)现金和现金等价物的构成及其在资产负债表中的相应金额。

(2)企业持有但不能由母公司或集团内其他子公司使用的大额现金和现金等价物金额。企业持有现金和现金等价物余额但不能被集团使用的情形多种多样，例如，国外经营的子公司，由于受当地外汇管制或其他立法的限制，其持有的现金和现金等价物，不能由母公司或其他子公司正常使用。

三、现金流量表的编制方法及程序

(一)直接法和间接法

编制现金流量表时,列报经营活动现金流量的方法有两种:一是直接法,二是间接法。在直接法下,一般是以利润表中的营业收入为起算点,调节与经营活动有关的项目的增减变动,然后计算出经营活动产生的现金流量。在间接法下,将净利润调节为经营活动现金流量,实际上就是将按权责发生制原则确定的净利润调整为现金净流入,并剔除投资活动和筹资活动对现金流量的影响。

采用直接法编报的现金流量表,便于分析企业经营活动产生的现金流量的来源和用途,预测企业现金流量的未来前景;采用间接法编报现金流量表,便于将净利润与经营活动产生的现金流量净额进行比较,了解净利润与经营活动产生的现金流量差异的原因,从现金流量的角度分析净利润的质量。所以,我国企业会计准则规定企业应当采用直接法编报现金流量表,同时要求在附注中提供以净利润为基础调节到经营活动现金流量的信息。

(二)工作底稿法、T 型账户法和分析填列法

在具体编制现金流量表时,可以采用工作底稿法或 T 型账户法,也可以根据有关科目记录分析填列。

1. 工作底稿法

采用工作底稿法编制现金流量表,是以工作底稿为手段,以资产负债表和利润表数据为基础,对每一项目进行分析并编制调整分录,从而编制现金流量表。

2. T 型账户法

采用 T 型账户法编制现金流量表,是以 T 型账户为手段,以资产负债表和利润表数据为基础,对每一项目进行分析并编制调整分录,从而编制现金流量表。

3. 分析填列法

分析填列法是直接根据资产负债表、利润表和有关会计科目明细账的记录,分析计算出现金流量表各项目的金额,并据以编制现金流量表的一种方法。

四、现金流量表编制示例

根据前述资料,编制甲股份有限公司 20×5 年度现金流量表,如表 8-10 所示。

表 8-10 现金流量表

编制单位:甲股份有限公司　　20×5 年度　　单位:元

项　　目	本期金额
一、经营活动产生的现金流量:	
销售商品提供劳务收到的现金	13 425 000

续表

项　　目	本期金额
收到的税费返还	0
收到的其他与经营活动有关的现金	0
经营活动现金流入小计	13 425 000
购买商品、接受劳务支付的现金	4 967 960
支付给职工以及为职工支付的现金	3 000 000
支付的各项税费	1 968 650
支付的其他与经营活动有关的现金	200 000
经营活动现金流出小计	10 136 610
经营活动产生的现金流量净额	3 288 390
二、投资活动产生的现金流量：	
收回投资所收到的现金	165 000
取得投资收益所收到的现金	0
处置固定资产、无形资产和其他长期资产收到的现金净额	3 003 000
处置子公司及其他营业单位收到的现金净额	0
收到的其他与投资活动有关的现金	0
投资活动现金流入小计	3 168 000
购建固定资产、无形资产和其他长期资产支付的现金	4 364 700
投资所支付的现金	1 050 000
取得子公司及其他营业单位支付的现金净额	0
支付的其他与投资活动有关的现金	0
投资活动现金流出小计	5 414 700
投资活动产生的现金流量净额	−2 246 700
三、筹资活动产生的现金流量：	
吸收投资收到的现金	0
取得借款收到的现金	10 000 000
收到的其他与筹资活动有关的现金	0
筹资活动现金流入小计	10 000 000
偿还债务所支付的现金	8 500 000
分配股利、利润或偿付利息支付的现金	2 100 000
支付的其他与筹资活动有关的现金	0
筹资活动现金流出小计	10 600 000
筹资活动产生的现金流量净额	−600 000
四、汇率变动对现金及现金等价物的影响	0

续表

项　　目	本期金额
五、现金及现金等价物净增加额	441 690
加:期初现金及现金等价物余额	14 063 000
六、期末现金及现金等价物余额	14 504 690

第五节　所有者权益变动表

一、所有者权益变动表的内容及结构

(一)所有者权益变动表的内容

所有者权益变动表(owner of changes in equity)是指反映构成所有者权益各组成部分当期增减变动情况的报表。

所有者权益变动表应当全面反映一定时期所有者权益变动的情况,不仅包括所有者权益总量的增减变动,还包括所有者权益增减变动的重要结构性信息,特别是要反映直接计入所有者权益的利得和损失,让报表使用者准确理解所有者权益增减变动的根源。

在所有者权益变动表中,企业至少应当单独列示反映下列信息的项目:

(1)净利润;

(2)直接计入所有者权益的利得和损失项目及其总额;

(3)会计政策变更和差错更正的累积影响金额;

(4)所有者投入资本和向所有者分配利润等;

(5)提取的盈余公积;

(6)实收资本或股本、资本公积、盈余公积、未分配利润的期初和期末余额及其调节情况。

(二)所有者权益变动表的结构

为了清楚地表明构成所有者权益的各组成部分当期的增减变动情况,所有者权益变动表应当以矩阵的形式列示:

一方面,列示导致所有者权益变动的交易或事项,改变了以往仅仅按照所有者权益的各组成部分反映所有者权益变动情况,而是从所有者权益变动的来源对一定时期所有者权益变动情况进行全面反映。

另一方面,按照所有者权益各组成部分(包括实收资本、资本公积、盈余公积、未分配利润和库存股)及其总额列示交易或事项对所有者权益的影响。

此外,企业还需要提供比较所有者权益变动表,因此,所有者权益变动表还就各项目再分为“本年金额”和“上年金额”两栏分别填列。具体格式如表 8-11 所示。

二、所有者权益变动表的填列方法

(一)上年金额栏的填列方法

所有者权益变动表“上年金额”栏内的各项数字,应根据上年度所有者权益变动表“本年金额”栏内所列数字填列。如果上年度所有者权益变动表规定的各个项目的名称和内容同本年度不相一致,应对上年度所有者权益变动表各项目的名称和数字按本年度的规定进行调整,填入所有者权益变动表“上年金额”栏内。

(二)本年金额栏的填列方法

所有者权益变动表“本年金额”栏内各项数字一般应根据“实收资本(或股本)”、“资本公积”、“盈余公积”、“利润分配”、“库存股”、“以前年度损益调整”科目的发生额分析填列。

企业的净利润及其分配情况作为所有者权益变动的组成部分,不需要单独编制利润分配表列示。

三、所有者权益变动表编制示例

沿用前述资料,甲股份有限公司编制 20×5 年度的所有者权益变动表,如表 8-11 所示。

表 8-11 所有者权益变动表

编制单位:甲股份有限公司　　20×5 年度　　单位:元

项目	本年金额						上年金额					
	实收资本(或股本)	资本公积	减:库存股	盈余公积	未分配利润	所有者权益合计	实收资本(或股本)	资本公积	减:库存股	盈余公积	未分配利润	所有者权益合计
一、上年年末余额	50 000 000	0	0	1 000 000	500 000	51 500 000						
加:会计政策变更												
前期差错更正												
二、本年年初余额	50 000 000	0	0	1 000 000	500 000	51 500 000						
三、本年增减变动金额(减少以“一”号填列)												
(一)净利润					2 620 950	2 620 950						
(二)直接计入所有者权益的利得和损失												
1. 可供出售金融资产公允价值变动净额												
2. 权益法下,被投资单位其他所有者权益变动的影响												

续表

项目	本年金额						上年金额					
	实收资本（或股本）	资本公积	减：库存股	盈余公积	未分配利润	所有者权益合计	实收资本（或股本）	资本公积	减：库存股	盈余公积	未分配利润	所有者权益合计
3.与计入所有者权益项目相关的所得税影响												
4.其他												
上述(一)和(二)小计					2 620 950	2 620 950						
(三)所有者投入和减少资本												
1.所有者投入资本												
2.股份支付计入所有者权益的金额												
3.其他												
(四)利润分配												
1.提取盈余公积				262 095	−262 095	0						
2.对所有者(或股东)的分配												
3.其他												
(五)所有者权益内部结转												
1.资本公积转增资本(或股本)												
2.盈余公积转增资本(或股本)												
3.盈余公积弥补亏损												
4.其他												
四、本年年末余额	50 000 000			1 262 095	2 858 855	54 120 950						

第六节 财务报表的初步分析

财务报表集中反映了企业一定时期的财务状况、经营成果和现金流量，向财务报表的使用者提供了了解企业经营情况、进行相关决策的财务信息。然而，财务报表所提供的有关企业财务状况和经营成果的信息，都是历史性的审视，不能说明现在和将来。而且财务报表信息高度浓缩，内在关系复杂，且本身存在一定的局限性，使大多数信息使用者难以有效地加以利用。要解决这些问题，必须进行财务报表分析。例如，每年3、4月份，各上市公司会陆续公布其财务报表。对会计信息使用者来说，如此多的信息几乎在前后一个月时间内同时发布，他们很难判断一家上市公司财务状况的好坏，即便他掌握相应的会计知识，也难以做出判断。因此，为了进行正确的决策，还必须对财务报表数据做出进一步的加工整理，对它们进行比较、分析、评价和解释，即要进行财务报表分析。适当的财务分析在一定程度上能有效地解决这些问题。

财务报表的分析方法一般有趋势分析法和比率分析法两种基本方法。

一、趋势分析法

趋势分析法是指通过对照企业连续不同几个会计期间的报表，比较各报表项目前后期的变动方向及幅度，以揭示企业财务状况和经营成果的变化性质及发展趋势的一种分析方法。趋势分析法属于一种动态的序列分析法，它通过选择相邻两个会计期间，或选择连续若干个会计期间的报表资料进行对照比较，从动态上来观察、分析和解释企业的财务状况、经营成果和现金流量。这种分析方法主要用于不同期间的财务报表分析。

财务报表的趋势分析一般可采用两种形式：一是绘制统计图表；二是编制比较会计报表。本节仅着重介绍第二种形式。

编制比较会计报表，应将连续几个会计期间的会计报表并列在一起进行比较，并进行趋势分析说明。编制比较会计报表进行趋势分析时，首先应选择某个时期（或时日）作为比较基期，并将基期的有关报表项目数据作为基数；然后，用其他各期的报表项目数据与基数比较。在比较方法上，可以采用定比法，也可采用环比法；在比较形式上，可用绝对金额比较，也可用百分比进行比较。

【例 8-6】根据 A 公司 20×5 年末、20×4 年末的资产负债表，编制比较资产负债表如表 8-12 所示。

表 8-12　A 公司比较资产负债表

资　产	20×4 年末	20×5 年末	增(减)	负债及所有者权益	20×4 年末	20×5 年末	增(减)
流动资产	158 000 (100%)	165 900 (105%)	7 900 (5%)	流动负债	120 000 (100%)	138 000 (115%)	18 000 (15%)
长期投资	350 000 (100%)	420 000 (120%)	70 000 (20%)	长期负债	980 000 (100%)	1 068 200 (109%)	88 200 (9%)
固定资产	2 400 000 (100%)	2 640 000 (110%)	240 000 (10%)	所有者权益	1 860 000 (100%)	2 066 500 (111.1%)	206 500 (11.1%)
无形资产	52 000 (100%)	46 800 (90%)	−5 200 (−10%)				
资产合计	2 960 000 (100%)	3 272 700 (110.6%)	312 700 (10.6%)	负债及所有者权益合理	2 960 000 (100%)	3 272 700 (110.6%)	312 700 (10.6%)

从比较资产负债表可作如下分析：A 公司 20×5 年比 20×4 年，固定资产的增长幅度（10%）超过流动资产的增长幅度（5%），表明 A 公司正致力于通过增加固定资产来提高企业的生产能力及自动化程度；长期投资的增长幅度大大超过了固定资产和流动资产的增长幅

度，表明 A 公司的理财政策有所改变，正致力于通过向外投资获取投资收益；长期负债的增长幅度（9%）与固定资产的增长幅度很接近，表明 A 公司主要依靠举债来扩大固定资产规模；流动负债的增长幅度（15%）超过流动资产的增长幅度（5%），表明 A 公司的偿债能力有所下降，短期财务状况有所恶化，等等。

【例 8-9】根据 A 公司 20×4 年末、20×5 年末的利润表，编制比较利润表如表 8-13 所示。

表 8-13　A 公司比较利润表

项　目	20×4 年	20×5 年	增（减）		占营业收入的比重	
			金额（元）	百分比	20×4 年	20×5 年
主营业务收入	450 000	540 000	90 000	20	100	100
减：主营业务成本	265 000	331250	66250	25	58.9	61.3
主营业务税金及附加	18 000	21 600	3 600	20	4	4
主营业务利润	167 000	187 150	20 150	12.1	37.1	34.7
减：销售费用	58 500	65 520	7 020	12	13	12.1
管理费用	63 000	72 450	9 450	15	14	13.4
财务费用	6 000	3 600	−2 400	−40	1.3	0.7
营业利润	39 500	45 580	6 080	15.4	8.8	8.4
加：投资净收益	2 500	3 000	500	20	0.6	0.6
营业外收入	12 000	10 800	−1 200	−10	2.7	2
减：营业外支出	14 000	9 380	−4 620	−33	3.1	1.7
利润总额	40 000	50 000	10 000	25	8.9	9.3
减：所得税	13 200	16 500	3 300	25	2.9	3.1
净利润	26 800	33 500	6 700	25	6	6.2

从上述比较利润表可作如下分析：A 公司主营业务收入 20×5 年比 20×4 年增加了 90 000元，增长 20%，而主营业务利润 20×5 年比 20×4 年只增长率 12.1%，原因是主营业务成本的增长幅度（25%）大于主营业务收入的增长幅度（20%），从而导致主营业务利润的增长幅度小于主营业务收入的增长幅度。另外，根据表中资料，还可分析营业利润、利润总额等项目增减变动情况及其原因。

二、比率分析法

比率分析法是指通过计算会计报表中相关项目之间的比率，据以分析和评价企业财务状况、经营成果和现金流量的一种方法。判断财务比率的好坏可以有三个角度：一是时间序列比较，即与企业历史比较；二是与公认的标准比较；三是交叉比较，即与其他企业相比较或与同行业平均水平比较。

比率分析法是通过计算一系列财务比率，用财务比率来进行分析。该方法所采用的财务比率很多，归纳起来可分为以下三类。

(一)反映偿债能力的比率

反映企业偿债能力的比率主要有流动比率、速动比率和资产负债率。

1.流动比率

流动比率是指流动资产与流动负债之间的比率。它是衡量企业流动资产在短期债务到期以前可以变为现金用于偿付流动负债的能力的重要指标。其计算公式为：

$$流动比率=\frac{流动资产}{流动负债}\times 100\%$$

流动比率越高，说明企业的资产变现能力越大，短期偿债能力也就越大；反之情况相反。一般来说，企业的流动比率应保持在200%左右为宜。如果该比率大大低于200%，表明企业可能没有足够的流动资产变现来偿付到期的流动负债；如果该比率大大高于200%，则表明企业占用流动资产过多，或者是持有过多现金，或者是存货大量积压。当然，在实际工作中，企业应根据本身的实际情况来保持一个合理的流动比率。

2.速动比率

速动比率是指企业速动资产与流动负债之间的比率。它是衡量企业流动资产可以立即偿付流动负债的能力的重要指标。其计算公式为：

$$速动比率=\frac{速动资产}{流动负债}\times 100\%$$

速动资产为企业能在较短时间能变现的流动资产，一般用全部流动资产减去存货后的余额代替。由于速动资产不包括短期变现能力较差的存货项目，因此速动比率更能表明企业的变现能力以及短期偿债能力，所以往往更受到债权人的重视。一般来说，企业的速动比率应保持在100%左右为宜，表明企业有足够的能力来偿付短期债务。当然，在实际工作中，企业应根据本身的实际情况来保持一个合理的流动比率。

3.资产负债率

资产负债率又称负债比率，是指负债总额占资产总额的比率。它是衡量企业利用债权人提供的资金进行经营活动的能力，以及债权人发放贷款的安全程度的重要指标。其计算公式为：

$$资产负债比率=\frac{全部负债总额}{全部资产总额}\times 100\%$$

该比率说明企业的负债状况和债券的保障程度。该比率越低，表明资产对负债的保障程度越高，债权人提供借款的安全程度就越高，企业举债经营的潜力也就越大；反之，如果该比率越高，表明资产对负债的保障程度就越低，债权人提供借款的安全程度就越小，企业继续举债就会遇到困难。一般来说，该指标以不高于70%为宜，如果资产负债率大于100%，表明企业已资不抵债，临近破产的警戒线。

(二)反映盈利能力的比率

盈利能力是企业效率的终极表现，也是企业在市场竞争中立于不败之地的根本保证。反映企业盈利能力的指标一般越高越好。通常使用的比率主要有销售净利率、净资产收益率和每股收益。

1. 销售净利率

销售净利率是净利润与销售收入的百分比。该指标反映每1元销售收入带来的利润是多少，表示销售收入的收益水平。其计算公式为：

$$销售净利率=\frac{净利润}{销售收入}\times 100\%$$

从销售净利率的指标关系看，净利润与销售净利率成正比关系，而销售收入与销售净利率成反比关系。企业在增加销售收入的同时，必须相应地获得更多的净利润，才能使销售净利率保持不变或有所提高。通过分析销售净利率的升降变动，可以促进企业在扩大销售的同时注意改进经营管理，提高盈利水平。

2. 净资产收益率

净资产收益率是净利润与净资产平均余额的百分比。该指标反映每1元净资产所取得的收益，是衡量所有者投资的获利能力的一项重要指标。其计算公式为：

$$净资产收益率=\frac{净利润}{净资产平均余额}\times 100\%$$

该比率越大，表明企业所有者所享有的净利润就越多，投资盈利水平就越高，企业获利能力也越强；反之则相反。我国证监会对上市公司的业绩考核，主要依据净资产收益率，特别是有关配股的规定，如净资产收益率达到10%或某一水平，方可允许配股。企业为达到配股目的，可能进行各种能增加净资产收益率的“操作”。因此，在进行该比率分析时，应进一步确定企业“达标”的净资产收益率的质量如何。

3. 每股收益

每股收益指标一般是指普通股每股收益，即每股普通股可享有的净利润额，它直观反映了企业经营活动成果中投资者所可能取得的份额。其计算公式为：

$$每股收益=\frac{净收益-优先股股利}{平均外发普通股数}\times 100\%$$

该比率不仅反映了企业的获利能力，也直接反映了股东的获利能力。在西方特别是美国等发达资本市场上，每股盈余已成为资本市场上非常重要的一项指标。它是影响股票价格的一个重要因素。在其他条件不变的前提下，该比率越大，表明企业的获利能力就越强，股票的市价相应就越高。这一指标成为股票市场比较企业业绩、股东比较各企业股票潜在价值的重要依据。

(三)反映资产利用效率的比率

反映资产使用效率的比率主要是指用来反映企业资产存量是否合理和资产使用效率高低的比率，主要有应收账款周转率、存货周转率和总资产周转率。

1. 应收账款周转率

应收账款周转率是指企业一定期间的赊销收入净额与应收账款平均余额之间的比率。该比率用来衡量企业应收账款的流动速度，评价企业应收账款的管理效率。其计算公式为：

$$应收账款周转率=\frac{赊销净额}{应收账款平均余额}\times 100\%$$

赊销净额＝销售收入－现销收入－销售退回、折让和折扣

平均应收账款余额＝(期初应收账款＋期末应收账款)÷2

应收账款周转率高，表明企业应收账款的变现速度快，坏账损失小，应收账款的催收工作做得好，管理效率高；反之情况相反。但过高的应收账款周转率也可能说明企业在赊销方面存在问题，或为及早收回款项而给予顾客过高的现金折扣，从而降低企业的盈利水平；或奉行严格的信用政策，付款条件过于苛刻，从而虽然降低了应收账款数额，但同时抑制了企业销售量的增加，影响了企业的销售收入，最终影响企业的盈利水平。通常所说的“三角债”或企业之间的相互拖欠，体现在财务报表上，就是大量应收账款长期挂账，无法收回，这种企业的应收账款周转率一般偏低。

2. 存货周转率

存货周转率是指企业一定期间的销货成本与平均存货余额之间的比率。该比率用来衡量企业的存货占用量是否合理以及销售能力的强弱。其计算公式为：

$$存货周转率=\frac{销售成本}{平均存货余额}\times 100\%$$

存货周转率高，说明企业的销售能力强，存货占用量少；反之，则表明企业销售能力弱，存货占用量大，企业应尽可能提高存货周转率。

3. 总资产周转率

总资产周转率是指销售收入与平均资产总额的比值。该指标反映全部资产的使用效率。其计算公式为：

$$总资产周转率=\frac{销售收入}{平均资产总额}\times 100\%$$

平均资产总额＝(年初资产总额＋年末资产总额)÷2

总资产周转率高，表明企业的全部资产的经营效率高，取得的收入多；反之，则表明企业全部资产的经营效率低，取得的收入少，最终会影响企业的盈利能力。当然，这项比率还需与销售利润率等指标结合进行综合考察，因为较高的收入只是盈利的基础，企业能否获利、获利多少，最终还与销售利润率的高低等密切相关。

上面我们仅仅介绍了财务报表分析中趋势分析和比率分析的主要内容。实际上，财务分析要联系企业的发展趋势、同行业数据、社会平均水平等多种因素综合考虑。如能结合一些非财务分析如技术分析、宏观政策分析等进行分析，财务分析就更有意义。

本章小结

财务报表是对企业财务状况、经营成果和现金流量的结构性表述，具体包括资产负债表、利润表、现金流量表和所有者权益(或股东权益)变动表。资产负债表是企业的最主要报表。它是以特定的会计等式、专门的排列结构，总括地反映会计主体在某一特定日期的各项资产、负债和所有者权益情况的会计报告。我国企业编制的资产负债表按国务院、财政部的规定，统一采用比较式的账户结构形式，并按项目的流动性及其流动程度进行分类和排列。

利润表总括反映企业在一定会计期间的经营成果及其分配情况。按规定，利润表应按企业的各项收入、费用以及构成利润的各个项目分类分项列示。我国企业会计制度统一规范利润表采用多步式、报告式的报表结构。现金流量表是综合反映企业一定会计期间内经营活动、投资活动和筹资活动等引起现金及现金等价物的流入与流出量信息的会计报告。我国现金流量表的基本结构形式由主表和补充资料两大部分组成，现金流量表的实际编制，主要有直接法和间接法两种。由于我国现金流量表的主表是按"直接法"设计的，而补充资料是按"间接法"构思的，所以上述两种编表方法在当前均具有重要的意义。

财务报表分析是指以会计核算的报表资料和其他相关资料为依据，采用专门的方法，系统分析和评价企业的过去和现在的经营成果、财务状况及其变动的一项管理活动。财务报表分析对不同的服务对象有着不同的意义。其分析方法一般有趋势分析法和比率分析法两种基本方法。按财务报表分析的目的不同可分为偿债能力分析、盈利能力分析、发展能力分析、现金流量分析和综合分析等。

应知考核

会计报表的使用者、会计报表的分类、会计报表的作用、会计报表的格式、会计报表的数据来源、会计报表的数据计算填列。

一、单项选择题

1. 会计报表中各项目的数字，其直接来源是（　　）。
   A. 原始凭证　　B. 记账凭证　　C. 日记账　　D. 账簿记录
2. 如果"预收账款"科目有借方余额，则在资产负债表中，应（　　）。
   A. 以负号列在"预收账款"项目　　B. 列在"预付账款"项目下
   C. 列在"应收账款"项目下　　D. 列在"应付账款"项目下
3. 最关心企业的偿债能力和支付利息能力的会计报表使用者是（　　）。
   A. 政府机构　　B. 债权人　　C. 投资人　　D. 企业职工
4. 下列会计报表中，反映企业在某一特定日期财务状况的是（　　）。
   A. 现金流量表　　B. 利润表　　C. 资产负债表　　D. 利润分配表
5. 会计报表中没有规定统一格式的报表是（　　）。
   A. 对外报表　　B. 对内报表
   C. 资产减值准备明细账　　D. 所有者权益增减变动表
6. 累计折旧在资产负债表中应作为（　　）列示。
   A. 费用　　B. 负债　　C. 资产减项　　D. 所有者权益
7. 资产负债表下列项目中，应根据有关账户期末余额计算填列的是（　　）。
   A. 货币资金　　B. 应收票据　　C. 存货　　D. 应付账款
8. 根据我国统一会计制度的规定，企业资产负债表的格式是（　　）。
   A. 报告式　　B. 账户式　　C. 多步式　　D. 单步式

9. 资产负债表中资产的排列顺序是（ ）。

A. 项目的收益性　　B. 项目的重要性

C. 项目的流动性　　D. 项目的时间性

10. 资产负债表项目中，（ ）应根据相应总账账户期末借方余额直接填列。

A. 待摊费用　　B. 长期股权投资　　C. 应收票据　　D. 预付账款

二、多项选择题

1. 会计报表的使用者有（ ）。

A. 投资者　　B. 债权人

C. 国家有关宏观管理部门　　D. 企业内部管理者

2. 会计报表的编制要求包括（ ）等。

A. 数字真实　　B. 计算准确　　C. 内容完整　　D. 说明清楚

3.（ ）统称为中期报表。

A. 月度报表　　B. 季度报表　　C. 半年度报表　　D. 年度报表

4. 企业对外会计报表主要包括（ ）。

A. 资产负债表　　B. 利润表　　C. 现金流量表　　D. 利润分配表

5. 会计报表编制前的准备工作包括（ ）。

A. 本期及时入账　　B. 进行账证核算　　C. 进行财产清查　　D. 保证账账相符

6. 利用资产负债表资料，可以了解（ ）。

A. 偿债能力情况　　B. 权益结构能力情况

C. 资源分布情况　　D. 利润形成情况

7. 在编制资产负债表时，需要根据明细账户期末余额计算填列的项目有（ ）。

A. 货币资金　　B. 存款　　C. 应收账款　　D. 待摊费用

8. 下列账户中，（ ）应作为填列资产负债表“存货”项目的依据。

A. 物资采购　　B. 生产成本　　C. 包装物　　D. 工程物资

9. 资产负债表中“货币资金”项目的期末数，应根据（ ）账户期末余额的合计数填列。

A. 其他应收款　　B. 现金　　C. 其他货币资金　　D. 银行存款

10. 利润表可以提供的信息包括（ ）。

A. 收入情况　　B. 成本和费用情况

C. 净利润（或亏损）情况　　D. 获利能力

三、判断题

1. 企业会计报表，必须经过中国注册会计师审核，并出具审计报告方可对外报送。（ ）

2. 资产负债表是反映企业在一定时期内财务状况的报表。（ ）

3. 编制企业会计报表的主要目的就是为满足国家税务机关纳税的需要。（ ）

4. 在我国，对外会计报表的种类、格式、指标内容和编报时间等，都是由国家统一的会计制度予以规定的。（ ）

5. 资产负债表中的“存货”项目，不包括“生产成本”账户期末借方余额。（ ）

6. 成本类报表属于单位内部报表，其种类、格式、内容等，均可由单位自行规定。（　）

7. 利润表中的“投资收益”项目，反映企业一定期间对外投资所取得的投资净收益。（　）

8. 实际工作中，为使会计报表及时报送，企业可以提前结账。（　）

9. 资产负债表分左右两方，其各项目都可以根据总账账户和有关明细账户的期末余额直接填列。（　）

10. 现金流量表对于不涉及现金收支的投资和筹资活动均不予反映。（　）

应会考核

利润表编制练习。

资料：ABC 公司 20×5 年度发生下列经济业务：

(1)销售产品一批，售价 500 000 元，增值税销项税额 85 000 元，货款尚未收到。

(2)预收购买单位购货款 200 000 元，存入银行。

(3)以银行存款支付广告费 10 000 元。

(4)以银行存款支付短期借款利息 5 000 元(直接计入财务费用)。

(5)以银行存款支付厂部管理部门费用 40 000 元。

(6)经批准将确实无法支付的应付账款 2 000 元转为营业外收入。

(7)经批准将盘亏的固定资产净损失 1 000 元转为营业外支出。

(8)月末计算出已售产品成本为 250 000 元，转账。

(9)月末计算出产品销售税金为 6 000 元，转账。

(10)月末，结转收入(转入“本年利润”账户贷方)。

(11)月末，结转费用(转入“本年利润”账户借方)。

(12)计算出的利润总额是(　　)。

(13)按所实现利润总额的 25%计算并结转应交所得税。

要求：根据所给资料编制会计分录，并根据所给资料填制利润表。

利润表

编制单位：ABC 公司　　20×5 年度　　单位：元

项　目	行　次	本月数	本年累计数
一、主营业务收入		略	
减：主营业务成本			
主营业务税金及附加			
二、主营业务利润			
加：其他业务利润			
减：销售费用			
管理费用			
财务费用			

续表

项　目	行　次	本月数	本年累计数
三、营业利润			
加：投资收益			
营业外收入			
减：营业外支出			
四、利润总额			
减：所得税			
五、净利润			

第九章

财务处理程序

本章学习目标和教学重点、难点

学习目标：

通过本章的学习，应使学生了解账务处理程序的意义和种类，熟悉会计账务处理程序的基本要求以及科目汇总表账务处理程序的特点和程序，掌握记账凭证账务处理程序和汇总记账凭证账务处理程序的特点和程序。

教学重点：

记账凭证账务处理程序和汇总记账凭证账务处理程序的特点和程序，以及科目汇总表的编制。

教学难点：

账务处理程序及其种类，记账凭证账务处理程序，科目汇总表账务处理程序以及科目汇总表的编制，汇总记账凭证账务处理程序以及汇总记账凭证的编制。

第一节　账务处理程序概述

为了合理地组织会计工作，使记账工作有条不紊地进行，确保会计账簿记录正确无误，为企业经营管理等相关信息使用者及时提供有用的会计信息，有必要将会计凭证的填制、会计账簿的设置和登记方法及会计报表的编制，按照一定的要求和形式有机地组织起来，形成一个完整的体系。在实际工作中，会计凭证、会计账簿、会计报表是组织会计核算的工具，它们不是彼此孤立存在的，而是以一定形式相互联系、相互结合，构成一个完整的会计核算体系。账务处理的先后次序关系就是账务处理程序。

一、账务处理程序的意义

账务处理程序(accounting procedure)也称为会计核算组织程序或账务处理程序，是指在会计核算中，以账簿体系为核心，把会计凭证、会计账簿、记账程序与方法结合起来的技术组织方式。账簿体系是指账簿的种类、格式和各种账簿之间的相互联系，它是账务处理程序的核心部分。记账程序与方法是指从整理并审核原始凭证到记账凭证的填制、登记明细分类账和总分类账、编制会计报表等一系列工作的顺序和方法。由于各单位的规模大小、业务性质、业务繁简各不相同，需要设置的会计凭证的种类和格式、会计账簿的种类和格式以及编制的会计报表也不尽相同，也就构成了不同的会计账务处理程序，不同的账务处理程序又有不同的方法、特点和适用范围。不同的单位科学、合理地选择适用于本单位的账务处理程序，对于保证会计核算工作质量，提高会计核算工作效率，为经济管理提供全面、准确、及时、有用的会计信息，有效地组织会计核算具有重要意义。

二、账务处理程序的种类

(一)账务处理程序的基本模式

各个单位会计账务处理程序的具体做法虽然不同，但是会计账务处理的基本程序是相同的。一般都是在经济业务发生以后，运用如图 9-1 所示的步骤。

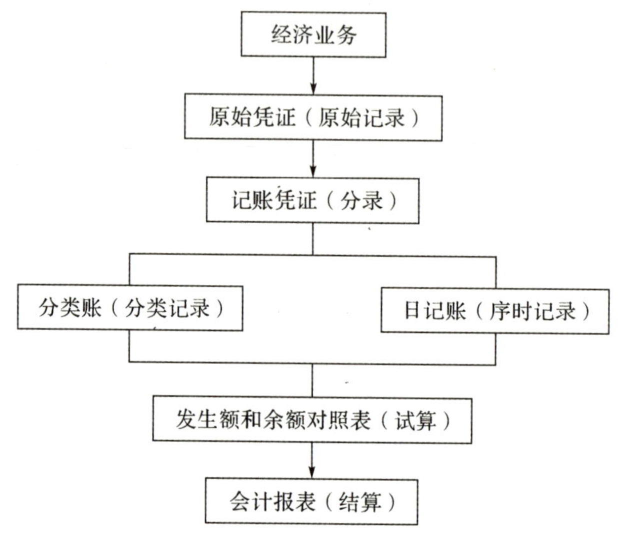

图 9-1　账务处理程序的基本模式

这种典型的会计账务处理程序的基本模式是在会计循环理论和实践的基础上建立起来的。

(二)账务处理程序的种类

在我国会计核算工作中，账务处理程序主要有以下五种：

(1)记账凭证账务处理程序；

(2)科目汇总表账务处理程序；

(3)汇总记账凭证账务处理程序；

(4)日记总账账务处理程序；

(5)多栏式日记账账务处理程序。

以上五种账务处理程序中，最基本的是记账凭证账务处理程序，其余四种都是在记账凭证账务处理程序基础上发展演变起来的，它们之间的基本账务处理程序是相同的，不同之处主要表现在登记总账的数据来源和方法不同。本书主要介绍前三种常用的账务处理程序。

第二节　记账凭证账务处理程序

一、记账凭证账务处理程序的特点

所谓记账凭证账务处理程序，就是指对发生的经济业务事项，首先根据原始凭证或汇总原始凭证编制记账凭证，然后直接根据收付转记账凭证逐笔登记总分类账的一种账务处理程序。这种账务处理程序的显著特点是记账凭证无须汇总，直接据以逐笔登记总分类账。

二、记账凭证核算的凭证、账簿设置

在记账凭证核算形式下，应分别设置"收款凭证"、"付款凭证"和"转账凭证"等三种记账凭证，用以分别反映单位日常发生的各种收款、付款和转账经济业务。设置现金日记账和银行存款日记账，分别作为现金和存款收付业务的序时记录。设置一定种类的明细分类账，进行必要的明细分类核算。设置总分类账，进行总分类核算。

在这种核算形式下，日记账、总分类账一般采用"三栏式"，明细分类账根据不同情况，分别采用"三栏式"、"数量金额式"和"多栏式"。

三、记账凭证账务处理的程序

采用记账凭证账务处理程序，进行会计核算，其一般程序是：

(1)根据原始凭证或汇总原始凭证，按经济业务的不同性质，分别编制收付转记账凭证。

(2)根据收款凭证、付款凭证逐笔登记现金日记账和银行存款日记账。

(3)根据原始凭证、汇总原始凭证和记账凭证，登记各种明细分类账。

(4)根据记账凭证逐笔登记总分类账。

(5)期末，将现金日记账、银行存款日记账和明细分类账的余额与有关总分类账的余额核对相符。

(6)期末，根据总分类账和明细分类账的记录，编制会计报表。

记账凭证账务处理程序，如图 9-2 所示。

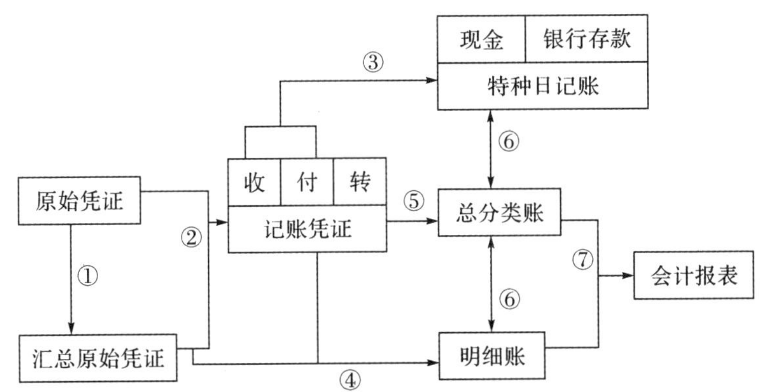

图 9-2　记账凭证账务处理程序

四、记账凭证账务处理程序优缺点及适用范围

记账凭证账务处理程序的特点是直接根据记账凭证逐笔登记总分类账，因而核算程序简单明了，层次清楚，易于理解，便于对账和查账。但是，当单位的业务量较大时，逐笔登记总分类账会增加登记账簿的工作量，而且不便于总分类账与明细分类账的分工协作。该账务处理程序适用于规模较小、经济业务量较少、凭证不多的小型企业单位。

第三节　科目汇总表账务处理程序

一、科目汇总表账务处理程序的特点

科目汇总表(categorized accounts summary)账务处理程序又称记账凭证汇总表账务处理程序，是根据一定会计期间的全部记账凭证，定期将相同的会计科目归类汇总编制科目汇总表，并据以登记总分类账的一种会计账务处理程序。其主要特点是:定期根据所有的记账凭证编制科目汇总表，然后根据科目汇总表登记总分类账。

二、科目汇总表核算的凭证、账簿设置

采用科目汇总表会计核算组织程序时，除仍须设置“收款凭证”、“付款凭证”和“转账凭证”外，为了定期对全部记账凭证进行汇总，还应设置科目汇总表。库存现金日记账、银行存款日记账一般采用借(收入)、贷(支出)、余(结余)三栏式的日记账簿;明细账的格式可根据单位实际情况和管理的要求设置分别采用“三栏式”、“数量金额式”、“多栏式”的账页格式。

三、科目汇总表核算形式的账务处理程序

科目汇总表核算形式的一般账务处理程序是:

(1)根据原始凭证或原始凭证汇总表编制收款凭证、付款凭证和转账凭证。

(2)根据收款凭证和付款凭证登记现金日记账和银行存款日记账。

(3)根据收款凭证、付款凭证和转账凭证并参考原始凭证、原始凭证汇总表登记各种明细分类账。

(4)根据收款凭证、付款凭证和转账凭证，每日或定期编制科目汇总表。

(5)根据科目汇总表，每日或定期登记总分类账。

(6)现金日记账、银行存款日记账和明细分类账分别与总分类账定期核对。

(7)根据总分类账和各种明细分类账编制会计报表。

科目汇总表账务处理程序，如图 9-3 所示。

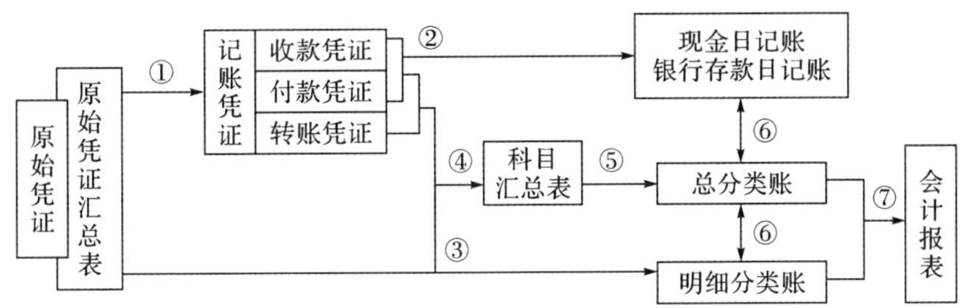

图 9-3　科目汇总表账务处理程序

四、科目汇总表的编制方法

首先将汇总期内各项经济业务涉及的会计科目填在科目汇总表的“会计科目”栏内，为了便于登记总分类账，会计科目的顺序可与总分类账上会计科目的前后顺序一致。然后再根据汇总期内所有记账凭证，按相同会计科目分别加总借方发生额和贷方发生额，将其汇总数填入科目汇总表中各对应会计账户“本期发生额”的“借方”、“贷方”栏内。按会计科目汇总后，应计算出所有的借方发生额合计数和贷方发生额合计数，由此进行本期发生额的试算平衡。待试算平衡后，则可根据科目汇总表登记总分类账。

科目汇总表编制的时间，应根据业务量的多少而定，业务较多的单位可以每日汇总编制科目汇总表，业务较少的单位可以定期汇总，但一般不得超过 10 天，以便及时了解和检查总分类账各科目在月份内经济业务的发生情况。

其格式一般有两种，如表 9-1 和表 9-2 所示。

表 9-1　科目汇总表(格式一)

年　月　日　至　日　　　　第　　号

会计科目	本期发生额		记账凭证起讫号数
	借　方	贷　方	
合　计			

表 9-2　科目汇总表(格式二)

年　月　日

会计科目	1 日—10 日		11 日—20 日		21 日—30 日		本月合计	
	借方	贷方	借方	贷方	借方	贷方	借方	贷方
合　计								

五、科目汇总表账务处理程序的优缺点及适用范围

科目汇总表账务处理程序由于采用了汇总登记总分类账的方式，所以大大简化了登记总账的工作量，并能进行登记账簿前的试算平衡，会计凭证汇总工作也较为简便，便于操作。但是，这种核算形式的主要缺点是在科目汇总表中归类总分类账的金额，不能明确反映账户的对应关系，因而不便于对经济活动情况进行分析和检查。这种账务处理程序一般适用于业务量较大、记账凭证较多的单位。

六、科目汇总表账务处理程序运用举例

资料：升华公司 20×5 年 3 月各总分类账户的期初余额如表 9-3 所示。

表 9-3　升华公司 20×5 年 3 月各总分类账户的期初余额表

单位：元

账户名称	借方余额	贷方余额
库存现金	1 000	
银行存款	450 000	
应收账款	65 000	
其他应收款	1 800	
原材料	800 000	
库存商品	600 000	
预付账款	1 200	
周转材料	50 000	
固定资产	3 500 000	
累计折旧		980 000
应付账款		86 000
短期借款		20 000
预收账款		4 600
应付职工薪酬		217 400
应交税费		81 000
实收资本		3 400 000
盈余公积		680000
合　　计	5 469 000	5 469 000

升华公司 20×5 年 3 月有关明细分类账户的期初余额如表 9-4 所示。

表 9-4　升华公司 20×5 年 3 月有关明细分类账户的期初余额表

单位:元

账户名称	数　　量	单　　价	金　　额
应收账款			65 000
红星公司			30 000
西南公司			35 000
应付账款			86 000
信达公司			50 000
四方公司			36000
原材料			800 000
A 材料	3000 千克	200 元/千克	600 000
B 材料	2000 千克	100 元/千克	200 000
库存商品			600 000
甲产品	700 件	250 元/件	280 000
乙产品	400 件	600 元/件	320 000

20×5 年 3 月份发生下列经济业务：

(1)1 日,向信达公司购入 A 材料 500 千克,每千克 200 元,增值税率为 17%,款项尚未支付。

(2)1 日,根据购货合同,以银行存款 24 000 元预付购料款。

(3)2 日,以银行存款 1 800 元偿还短期借款。

(4)2 日,接银行收款通知,收到红星公司前欠货款 20 000 元已存入银行。

(5)4 日,向四方公司购入 B 材料 1 500 千克,每千克 100 元,增值税率为 17%,款项已通过银行支付。

(6)4 日,以银行存款 3 000 元支付购买 A、B 材料的运杂费。(按材料重量比例分配运杂费)

(7)5 日,上述购入的 A、B 材料已办理入库手续,结转入库材料的实际成本。

(8)7 日,归还前欠四方公司的货款 32 000 元。

(9)8 日,收到某公司的投资款 100 000 元存入银行。

(10)9 日,向红星公司销售甲产品 200 件,每件 400 元,增值税率为 17%,款项尚未收到。

(11)11 日,接银行收款通知,收到西南公司前欠货款 15 000 元已存入银行。

(12)12 日,从银行提取现金 120 000 元备发工资。

(13)12 日,以现金 120 000 元发放工人工资。

(14)15 日,向银行借入为期 6 个月的借款 28 000 元,存入银行户头。

(15)16 日,销售乙产品 600 件,每件 800 元,增值税率为 17%,款项已存入银行。

(16)19 日,以银行存款 43 500 元支付应交税费。

(17)22 日,向西南公司销售甲产品 1 000 件,每件 400 元,增值税率为 17%,款项尚未收到。

(18)24 日,以银行存款 18 000 元支付销售产品的展览费。

(19)25 日,收到红星公司前欠货款 32 000 元存入银行。

(20)27 日,以库存现金 500 元购买行政管理部门的办公用品。

(21)28 日,以银行存款归还前欠信达公司的货款 27 000 元。

(22)30 日,收到一笔罚款收入 1 000 元存入银行。

(23)31 日,根据本月发料单汇总公司材料使用情况,如表 9-5 所示。

表 9-5　发料凭证汇总表

单位:元

项　　目	A 材料	B 材料	合　　计
甲产品生产投料	200 000	150 000	350 000
乙产品生产投料	210 000	100 000	310 000
车间一般耗用	9 200		9 200
行政管理部门一般耗用		20 000	20 000
合　　计	419 200	270 000	689 200

(24)31 日,计提本月生产用固定资产折旧 2 000 元,行政管理部门用固定资产折旧 1 000元。

(25)31 日,分配本月工资费用,应付工资总额为 120 000 元。

其中:甲产品生产工人工资　　40 000

乙产品生产工人工资　　45 000

车间技术管理人员工资　　20 000

厂部行政管理人员工资　　15 000

(26)31 日,按本月职工工资总额的 14%提取应付福利费。

(27)31 日,按生产工人工资比例分配并结转本月制造费用 34 000 元。

(28)31 日,结转本月甲产品全部完工的实际生产成本 411 600 元,乙产品全部完工的实际生产成本 379 300 元。

(29)31 日,结转本月已销甲产品的实际成本 300 000 元,已销乙产品的实际成本 360 000元。

(30)31 日,结转收入类账户和费用类账户至“本年利润”账户。

(一)根据上述经济业务,编制记账凭证,见表 9-6 至表 9-36。

表 9-6　转账凭证

20×5 年 3 月 1 日　　　　转字第 1 号

摘　　要	一级科目	二级或明细科目	借方金额	贷方金额	记　账
采购 A 材料,货款未付	材料采购 应交税费 应付账款	A 材料 应交增值税(进项税额) 信达公司	100 000 17 000	 117 000	
合　　计			117 000	117 000	

表 9-7　付款凭证

贷方科目:银行存款　　　　20×5 年 3 月 1 日　　　　付字第 1 号

摘　　要	借方科目		金　　额	记　账
	一级科目	二级或明细科目		
预付购料款	预付账款		24 000	
合　　计			24 000	

表 9-8　付款凭证

贷方科目:银行存款　　　　20×5 年 3 月 2 日　　　　付字第 2 号

摘　　要	借方科目		金　　额	记　账
	一级科目	二级或明细科目		
偿还短期借款	短期借款		1 800	
合　　计			1 800	

表 9-9　收款凭证

借方科目:银行存款　　　　20×5 年 3 月 4 日　　　　收字第 1 号

摘　　要	贷方科目		金　　额	记　账
	一级科目	二级或明细科目		
收到前欠货款	应收账款	红星公司	20 000	
合　　计			20 000	

表 9-10　付款凭证

贷方科目:银行存款　　　　20×5 年 3 月 4 日　　　　付字第 3 号

摘　　要	借方科目		金　　额	记　账
	一级科目	二级或明细科目		
采购 B 材料	材料采购 应交税费	B 材料 应交增值税(进项税额)	150 000 25 500	
合　　计			175 500	

表 9-11　付款凭证

贷方科目:银行存款　　20×5 年 3 月 4 日　　付字第 4 号

摘　　要	借方科目		金　　额	记　账
	一级科目	二级或明细科目		
支付购买 A、B 材料的运杂费	材料采购	A 材料 B 材料	750 2 250	
合　　计			3 000	

表 9-12　转账凭证

20×5 年 3 月 5 日　　转字第 2 号

摘　　要	一级科目	二级或明细科目	借方金额	贷方金额	记　账
结转 A、B 材料入库成本	原材料 材料采购	A 材料 B 材料 A 材料 B 材料	100 750 152 250	 100 750 152 250	
合　　计			253 000	253 000	

表 9-13　付款凭证

贷方科目:银行存款　　20×5 年 3 月 7 日　　付字第 5 号

摘　　要	借方科目		金　　额	记　账
	一级科目	二级或明细科目		
支付前欠货款	应付账款	四方公司	32 000	
合　　计			32 000	

表 9-14　收款凭证

借方科目:银行存款　　20×5 年 3 月 8 日　　收字第 2 号

摘　　要	贷方科目		金　　额	记　账
	一级科目	二级或明细科目		
收到投资款	实收资本	某公司	100 000	
合　　计			100 000	

表 9-15　转账凭证

20×5 年 3 月 9 日　　转字第 3 号

摘　　要	一级科目	二级或明细科目	借方金额	贷方金额	记账
销售产品,款项未收	应收账款 主营业务收入 应交税费	红星公司 甲产品 应交增值税(销项税额)	93 600	 80 000 13 600	
合　　计			93 600	93 600	

表 9-16　收款凭证

借方科目:银行存款　　20×5 年 3 月 11 日　　收字第 3 号

摘　　要	贷方科目		金　　额	记　账
	一级科目	二级或明细科目		
收到前欠货款	应收账款	西南公司	15 000	
合　　计			15 000	

表 9-17　付款凭证

贷方科目:银行存款　　20×5 年 3 月 12 日　　付字第 6 号

摘　　要	借方科目		金　　额	记　账
	一级科目	二级或明细科目		
提现备发工资	库存现金		120 000	
合　　计			120 000	

表 9-18　付款凭证

贷方科目:库存现金　　20×5 年 3 月 12 日　　付字第 7 号

摘　　要	借方科目		金　　额	记　账
	一级科目	二级或明细科目		
以库存现金发放工资	应付工资		120 000	
合　　计			120 000	

表 9-19　收款凭证

借方科目:银行存款　　20×5 年 3 月 15 日　　收字第 4 号

摘　　要	借方科目		金　　额	记　账
	一级科目	二级或明细科目		
借入短期借款	短期借款		28 000	
合　　计			28 000	

表 9-20　收款凭证

借方科目:银行存款　　20×5 年 3 月 16 日　　收字第 5 号

摘　　要	贷方科目		金　　额	记　账
	一级科目	二级或明细科目		
销售产品	主营业务收入 应交税费	乙产品 应交增值税(销项税额)	480 000 81 600	
合　　计			561 600	

表 9-21　付款凭证

贷方科目:银行存款　　20×5 年 3 月 16 日　　付字第 8 号

摘　　要	借方科目		金　　额	记　账
	一级科目	二级或明细科目		
上交税金	应交税费		43 500	
合　　计			43 500	

表 9-22　转账凭证

20×5 年 3 月 22 日　　转字第 4 号

摘　　要	一级科目	二级或明细科目	借方金额	贷方金额	记账
销售产品,款项未收	应收账款	西南公司	468 000		
	主营业务收入	甲产品		400 000	
	应交税费	应交增值税(销项税额)		68 000	
合　　计			468 000	468 000	

表 9-23　付款凭证

贷方科目:银行存款　　20×5 年 3 月 22 日　　付字第 9 号

摘　　要	借方科目		金　　额	记　账
	一级科目	二级或明细科目		
支付展览费	销售费用		18 000	
合　　计			18 000	

表 9-24　收款凭证

借方科目:银行存款　　20×5 年 3 月 25 日　　收字第 6 号

摘　　要	贷方科目		金　　额	记　账
	一级科目	二级或明细科目		
收到前欠货款	应收账款	红星公司	32 000	
合　　计			32 000	

表 9-25　付款凭证

贷方科目:库存现金　　20×5 年 3 月 27 日　　付字第 10 号

摘　　要	借方科目		金　　额	记　账
	一级科目	二级或明细科目		
购买办公用品	管理费用		500	
合　　计			500	

表 9-26 付款凭证

贷方科目：银行存款 20×5 年 3 月 28 日 付字第 11 号

摘 要	借方科目		金 额	记 账
	一级科目	二级或明细科目		
支付前欠货款	应付账款	信达公司	27 000	
合 计			27 000	

表 9-27 收款凭证

借方科目：银行存款 20×5 年 3 月 30 日 收字第 7 号

摘 要	贷方科目		金 额	记 账
	一级科目	二级或明细科目		
收到罚款收入	营业外收入		1 000	
合 计			1 000	

表 9-28 转账凭证

20×5 年 3 月 31 日 转字第 5 号

摘 要	一级科目	二级或明细科目	借方金额	贷方金额	记账
分配材料费用	生产成本	甲产品	350 000		
		乙产品	310 000		
	制造费用		9 200		
	管理费用		20 000		
	原材料	A 材料		419 200	
		B 材料		270 000	
合 计			689 200	689 200	

表 9-29 转账凭证

20×5 年 3 月 31 日 转字第 6 号

摘 要	一级科目	二级或明细科目	借方金额	贷方金额	记账
计提折旧费用	制造费用		2 000		
	管理费用		1 000		
	累计折旧			3 000	
合 计			3 000	3 000	

表 9-30 转账凭证

20×5 年 3 月 31 日 转字第 7 号

摘 要	一级科目	二级或明细科目	借方金额	贷方金额	记账
分配工资费用	生产成本	甲产品	40 000		
		乙产品	45 000		
	制造费用		20 000		
	管理费用		15 000		
	应付职工薪酬	工资		120 000	
合 计			120 000	120 000	

表 9-31 转账凭证

20×5 年 3 月 31 日 转字第 8 号

摘　　要	一级科目	二级或明细科目	借方金额	贷方金额	记账
计提福利费	生产成本	甲产品	5 600		
		乙产品	6 300		
	制造费用		2 800		
	管理费用		2 100		
	应付职工薪酬	职工福利		16 800	
合　　计			16 800	16 800	

表 9-32 转账凭证

20×5 年 3 月 31 日 转字第 9 号

摘　　要	一级科目	二级或明细科目	借方金额	贷方金额	记账
分配制造费用	生产成本	甲产品	16 000		
		乙产品	18 000		
	制造费用			34 000	
合　　计			34 000	34 000	

表 9-33 转账凭证

20×5 年 3 月 31 日 转字第 10 号

摘　　要	一级科目	二级或明细科目	借方金额	贷方金额	记账
结转完工入库产品生产成本	库存商品	甲产品	411 600		
		乙产品	379 300		
	生产成本	甲产品		411 600	
		乙产品		379 300	
合　　计			790 900	790 900	

表 9-34 转账凭证

20×5 年 3 月 31 日 转字第 11 号

摘　　要	一级科目	二级或明细科目	借方金额	贷方金额	记账
结转已销产品生产成本	主营业务成本	甲产品	300 000		
		乙产品	360 000		
	库存商品	甲产品		300 000	
		乙产品		360 000	
合　　计			660 000	660 000	

表 9-35 转账凭证

20×5 年 3 月 31 日 转字第 12 号

摘 要	一级科目	二级或明细科目	借方金额	贷方金额	记账
结转收入	主营业务收入		960 000		
	营业外收入		1 000		
	本年利润			961 000	
合 计			961 000	961 000	

表 9-36 转账凭证

20×5 年 3 月 31 日 转字第 13 号

摘 要	一级科目	二级或明细科目	借方金额	贷方金额	记账
结转费用	本年利润		716 600		
	主营业务成本			660 000	
	销售费用			18 000	
	管理费用			38 600	
合 计			716 600	716 600	

(二)根据收、付款凭证逐日逐笔登记库存现金日记账和银行存款日记账，见表 9-37、表 9-38。

表 9-37 库存现金日记账

20×5 年		凭证字号		摘 要	对方科目	借 方	贷 方	余额
月	日	字	号					
3	1			期初余额				1 000
3	12	付	6	提现备发工资	银行存款	120 000		121 000
3	12	付	7	发放工资	应付工资		120 000	1 000
3	27	付	10	购买办公用品	管理费用		500	500
3	31			本月合计		120 000	120 500	500

表 9-38 银行存款日记账

20×5 年		凭证字号		摘 要	对方科目	借 方	贷 方	余额
月	日	字	号					
3	1			期初余额				450 000
3	1	付	1	预付购料款	预付账款		24 000	426 000
3	2	付	2	偿还短期借款	短期借款		1 800	424 200
3	4	收	1	收回前欠货款	应收账款	50 000		474 200
3	4	付	3	支付材料款	材料采购		175 500	298 700
3	4	付	4	支付购料运杂费	材料采购		3 000	295 700
3	7	付	5	支付前欠货款	应付账款		42 000	253 700
3	8	收	2	收到投资款	实收资本	100 000		353 700
3	11	收	3	收回前欠货款	应收账款	15 000		368 700

续表

20×5年		凭证字号		摘要	对方科目	借方	贷方	余额
月	日	字	号					
3	12	付	6	提现备发工资	库存现金		120 000	248 700
3	15	收	4	向银行借款	短期借款	28 000		276 700
3	16	收	5	销售乙产品	主营业务收入	561 600		838 300
3	19	付	8	上交税金	应交税费		43 500	794 800
3	24	付	9	支付展览费	销售费用		18 000	776 800
3	25	收	6	收回前欠货款	应收账款	32 000		808 800
3	28	付	11	支付前欠货款	应付账款		27 000	781 800
3	30	收	7	收到罚款	营业外收入	1 000		782 800
3	31			本月合计		787 600	454 800	782 800

（三）根据记账凭证、原始凭证或原始凭证汇总表登记部分明细分类账，见表9-39至表9-42。

表9-39　应收账款明细账

二级或明细科目：红星公司

20×5年		凭证字号		摘要	借方	贷方	借或贷	余额
月	日	字	号					
3	1			期初余额			借	30 000
3	4	收	1	收回前欠货款		20 000	借	10 000
3	9	转	3	销售产品，货款未收	93 600		借	103 600
3	25	收	6	收回前欠货款		32 000	借	71 600
3	31			本月合计	93 600	52 000	借	71 600

表9-40　应收账款明细账

二级或明细科目：西南公司

20×5年		凭证字号		摘要	借方	贷方	借或贷	余额
月	日	字	号					
3	1			期初余额			借	35 000
3	11	收	3	收回前欠货款		15 000	借	20 000
3	22	转	4	销售产品，货款未收	468 000		借	488 000
3	31			本月合计	468 000	15 000	借	488 000

表 9-41　应付账款明细账

二级或明细科目:信达公司

20×5 年		凭证字号		摘　　要	借　方	贷　方	借或贷	余额
月	日	字	号					
3	1			期初余额			贷	50 000
3	1	转	1	采购材料,货款未付		117 000	贷	167 000
3	28	付	11	偿还前欠货款	27 000		贷	140 000
3	31			本月合计	27 000	117 000	贷	140 000

表 9-42　应付账款明细账

二级或明细科目:四方公司

20×5 年		凭证字号		摘　　要	借　方	贷　方	借或贷	余额
月	日	字	号					
3	1			期初余额			贷	36 000
3	7	付	5	偿还前欠货款	32 000		贷	4 000
3	31			本月合计	32 000		贷	4 000

其余明细分类账的登记略。

(四)根据记账凭证编制科目汇总表,见表 9-43。

表 9-43　科目汇总表

20×5 年 3 月 31 日　　　　单位:元

会计科目	1 日—10 日		11 日—20 日		21 日—31 日		本月合计	
	借方	贷方	借方	贷方	借方	贷方	借方	贷方
库存现金			120 000	120 000		500	120 000	120 500
银行存款	120 000	236 300	604 600	163 500	33 000	45 000	757 600	444 800
应收账款	93 600	20 000		15 000	468 000	32 000	561 600	67 000
材料采购	253 000	253 000					253 000	253 000
原材料	253 000					689 200	253 000	689 200
预付账款	24 000						24 000	
库存商品					790 900	660 000	790 900	660 000
累计折旧						3 000		3 000
应付账款	32 000	117 000			27 000		59 000	117 000
短期借款	1 800			28 000			1 800	28 000
应付职工薪酬			120 000			136 800	120 000	136 800
应交税费	42 500	13 600	43 500	81 600		68 000	86 000	163 200
实收资本		100 000						100 000
本年利润					716 600	961 000	716 600	961 000
生产成本					790 900	790 900	790 900	790 900
制造费用					34 000	34 000	34 000	34 000
主营业务收入		80 000		480 000	960 000	400 000	960 000	960 000
主营业务成本					660 000	660 000	660 000	660 000

续表

会计科目	1日—10日		11日—20日		21日—31日		本月合计	
	借方	贷方	借方	贷方	借方	贷方	借方	贷方
销售费用					18 000	18 000	18 000	18 000
管理费用					38 600	38 600	38 600	38 600
营业外收入					1 000	1 000	1 000	1 000
合　计	819 900	819 900	888 100	888 100	4 538 000	4 538 000	6 246 000	6 246 000

（五）根据科目汇总表登记总分类账，见表 9-44 至表 9-69。

表 9-44　总分类账

账户名称：库存现金

20×5年		凭证字号		摘　要	借　方	贷　方	借或贷	余额
月	日	字	号					
3	1			期初余额			借	1 000
3	20	科汇	1	11—20日发生额	120 000	120 000	借	1 000
3	31	科汇	1	21—31日发生额		500	借	500
3	31			本月合计	120 000	120 500	借	500

表 9-45　总分类账

账户名称：银行存款

20×5年		凭证字号		摘　要	借　方	贷　方	借或贷	余额
月	日	字	号					
3	1			期初余额			借	450 000
3	10	科汇	1	1—10日发生额	120 000	236 300	借	333700
3	20	科汇	1	11—20日发生额	604 600	163 500	借	774 800
3	31	科汇	1	21—31日发生额	33 000	45 000	借	762 800
3	31			本月合计	757 600	444 800	借	762 800

表 9-46　总分类账

账户名称：应收账款

20×5年		凭证字号		摘　要	借　方	贷　方	借或贷	余额
月	日	字	号					
3	1			期初余额			借	65 000
3	10	科汇	1	1—10日发生额	93 600	20 000	借	138 600
3	20	科汇	1	11—20日发生额		15 000	借	123 600
3	31	科汇	1	21—31日发生额	468 000	32 000	借	559 600
3	31			本月合计	561 600	67 000	借	559 600

表 9-47 总分类账

账户名称:其他应收款

20×5年		凭证字号		摘要	借方	贷方	借或贷	余额
月	日	字	号					
3	1			期初余额			借	1 800
3	31			本月合计			借	1 800

表 9-48 总分类账

账户名称:材料采购

20×5年		凭证字号		摘要	借方	贷方	借或贷	余额
月	日	字	号					
3	10	科汇	1	1—10日发生额	253 000	253 000	平	0
3	31			本月合计	253 000	253 000	平	0

表 9-49 总分类账

账户名称:原材料

20×5年		凭证字号		摘要	借方	贷方	借或贷	余额
月	日	字	号					
3	1			期初余额			借	800 000
3	10	科汇	1	1—10日发生额	253 000		借	1 053 000
3	31	科汇	1	21—31日发生额		689 200	借	363 800
3	31			本月合计	253 000	689 200	借	363 800

表 9-50 总分类账

账户名称:预付账款

20×5年		凭证字号		摘要	借方	贷方	借或贷	余额
月	日	字	号					
3	1			期初余额			借	1 200
3	10	科汇	1	1—10日发生额	24 000		借	25 200
3	31			本月合计	24 000		借	25 200

表 9-51 总分类账

账户名称:库存商品

20×5年		凭证字号		摘要	借方	贷方	借或贷	余额
月	日	字	号					
3	1			期初余额			借	600 000
3	31	科汇	1	21—31日发生额	790 900	660 000	借	730 900
3	31			本月合计	790 900	660 000	借	730 900

表 9-52 总分类账

账户名称:周转材料

20×5年		凭证字号		摘要	借方	贷方	借或贷	余额
月	日	字	号					
3	1			期初余额			借	50 000
3	31			本月合计			借	50 000

表 9-53 总分类账

账户名称:固定资产

20×5年		凭证字号		摘要	借方	贷方	借或贷	余额
月	日	字	号					
3	1			期初余额			借	3 500 000
3	31			本月合计			借	3 500 000

表 9-54 总分类账

账户名称:累计折旧

20×5年		凭证字号		摘要	借方	贷方	借或贷	余额
月	日	字	号					
3	1			期初余额			贷	980 000
3	10	科汇	1	21—31 日发生额		3 000	贷	983 000
3	31			本月合计		3 000	贷	983 000

表 9-55 总分类账

账户名称:应付账款

20×5年		凭证字号		摘要	借方	贷方	借或贷	余额
月	日	字	号					
3	1			期初余额			贷	86 000
3	10	科汇	1	1—10 日发生额	32 000	117 000	贷	171 000
3	31	科汇	1	21—31 日发生额	27 000		贷	144 000
3	31			本月合计	59 000	117 000	贷	144 000

表 9-56 总分类账

账户名称:短期借款

20×5年		凭证字号		摘要	借方	贷方	借或贷	余额
月	日	字	号					
3	1			期初余额			贷	20 000
3	10	科汇	1	1—10 日发生额	1 800		贷	18 200
3	20	科汇	1	11—20 日发生额		28 000	贷	46 200
3	31			本月合计	1 800	28 000	贷	46 200

表 9-57　总分类账

账户名称:应付职工薪酬

20×5 年		凭证字号		摘　　要	借　方	贷　方	借或贷	余额
月	日	字	号					
3	1			期初余额			贷	217 400
3	10	科汇	1	1—10 日发生额	120 000		贷	97 400
3	31	科汇	1	21—31 日发生额		136 800	贷	234 200
3	31			本月合计	120 000	136 800	贷	234 200

表 9-58　总分类账

账户名称:应交税费

20×5 年		凭证字号		摘　　要	借　方	贷　方	借或贷	余额
月	日	字	号					
3	1			期初余额			贷	81 000
3	10	科汇	1	1—10 日发生额	42 500	13 600	贷	52 100
3	20	科汇	1	11—20 日发生额	43 500	81 600	贷	90 200
3	31	科汇	1	21—31 日发生额		68 000	贷	158 200
3	31			本月合计	86 000	163 200	贷	158 200

表 9-59　总分类账

账户名称:预收账款

20×5 年		凭证字号		摘　　要	借　方	贷　方	借或贷	余额
月	日	字	号					
3	1			期初余额			贷	4 600
3	31			本月合计			贷	4 600

表 9-60　总分类账

账户名称:实收资本

20×5 年		凭证字号		摘　　要	借　方	贷　方	借或贷	余额
月	日	字	号					
3	1			期初余额			贷	3 400 000
3	10	科汇	1	1—10 日发生额		100 000	贷	3 500 000
3	31			本月合计		100 000	贷	3 500 000

表 9-61 总分类账

账户名称:盈余公积

20×5 年		凭证字号		摘要	借方	贷方	借或贷	余额
月	日	字	号					
3	1			期初余额			贷	680 000
3	31			本月合计			贷	680 000

表 9-62 总分类账

账户名称:本年利润

20×5 年		凭证字号		摘要	借方	贷方	借或贷	余额
月	日	字	号					
3	31	科汇	1	21—31 日发生额	716 600	961 000	贷	244 400
3	31			本月合计	716 600	961 000	贷	244 400

表 9-63 总分类账

账户名称:生产成本

20×5 年		凭证字号		摘要	借方	贷方	借或贷	余额
月	日	字	号					
3	31	科汇	1	21—31 日发生额	790 900	790 900	平	0
3	31			本月合计	790 900	790 900	平	0

表 9-64 总分类账

账户名称:制造费用

20×5 年		凭证字号		摘要	借方	贷方	借或贷	余额
月	日	字	号					
3	31	科汇	1	21—31 日发生额	34 000	34 000	平	0
3	31			本月合计	34 000	34 000	平	0

表 9-65 总分类账

账户名称:主营业务收入

20×5 年		凭证字号		摘要	借方	贷方	借或贷	余额
月	日	字	号					
3	10	科汇	1	1—10 日发生额		80 000	贷	80 000
3	20	科汇	1	11—20 日发生额		480 000	贷	560 000
3	31	科汇	1	21—31 日发生额	960 000	400 000	平	0
3	31			本月合计	960 000	960 000	平	0

表 9-66　总分类账

账户名称：主营业务成本

20×5 年		凭证字号		摘　　要	借　方	贷　方	借或贷	余额
月	日	字	号					
3	31	科汇	1	21—31 日发生额	660 000	660 000	平	0
3	31			本月合计	660 000	660 000	平	0

表 9-67　总分类账

账户名称：销售费用

20×5 年		凭证字号		摘　　要	借　方	贷　方	借或贷	余额
月	日	字	号					
3	31	科汇	1	21—31 日发生额	18 000	18 000	平	0
3	31			本月合计	18 000	18 000	平	0

表 9-68　总分类账

账户名称：管理费用

20×5 年		凭证字号		摘　　要	借　方	贷　方	借或贷	余额
月	日	字	号					
3	31	科汇	1	21—31 日发生额	38 600	38 600	平	0
3	31			本月合计	38 600	38 600	平	0

表 9-69　总分类账

账户名称：营业外收入

20×5 年		凭证字号		摘　　要	借　方	贷　方	借或贷	余额
月	日	字	号					
3	31	科汇	1	21—31 日发生额	1 000	1 000	平	0
3	31			本月合计	1 000	1 000	平	0

（六）将总分类账与日记账及所属明细账进行核对。

（七）根据核对无误的总分类账和明细分类账资料编制会计报表（略）。

第四节　汇总记账凭证账务处理程序

一、汇总记账凭证账务处理程序的概念

汇总记账凭证（summary accounting vouchers）账务处理程序是定期将所有记账凭证汇

总编制成汇总收款记账凭证、汇总付款记账凭证和汇总转账记账凭证，然后再根据汇总记账凭证登记总分类账的处理程序。其主要特点是：定期（如5天或10天）根据收款凭证、付款凭证和转账凭证，按照会计账户的对应关系进行汇总，分别编制“汇总收款凭证”、“汇总付款凭证”和“汇总转账凭证”；再根据各种汇总记账凭证登记总分类账。

二、汇总记账凭证账务处理程序的凭证、账簿设置

采用汇总记账凭证账务处理程序，除了要设置收款凭证、付款凭证、转账凭证外，还要设置汇总收款凭证、汇总付款凭证和汇总转账凭证，在各种汇总的记账凭证中都应该反映账户的对应关系，以此登记总分类账。库存现金日记账、银行存款日记账一般采用借（收入）、贷（支出）、余（结余）三栏式的日记账簿；明细账的格式可根据单位实际情况和管理的要求设置，分别采用三栏式、数量金额式、多栏式的账页格式。

三、汇总记账凭证账务处理的程序

汇总记账凭证账务处理的程序是：

（1）根据原始凭证或原始凭证汇总表编制收款凭证、付款凭证和转账凭证。

（2）根据收款凭证和付款凭证登记现金日记账和银行存款日记账。

（3）根据收款凭证、付款凭证和转账凭证，并参考原始凭证、原始凭证汇总表登记各种明细分类账。

（4）根据收款凭证、付款凭证和转账凭证，定期编制汇总收款凭证、汇总付款凭证和汇总转账凭证。

（5）月终根据汇总收款凭证、汇总付款凭证和汇总转账凭证登记总分类账。

（6）将现金日记账、银行存款日记账和明细分类账分别与总分类账定期核对。

（7）根据总分类账和各明细分类账编制会计报表。

汇总记账凭证账务处理的程序，如图9-4所示。

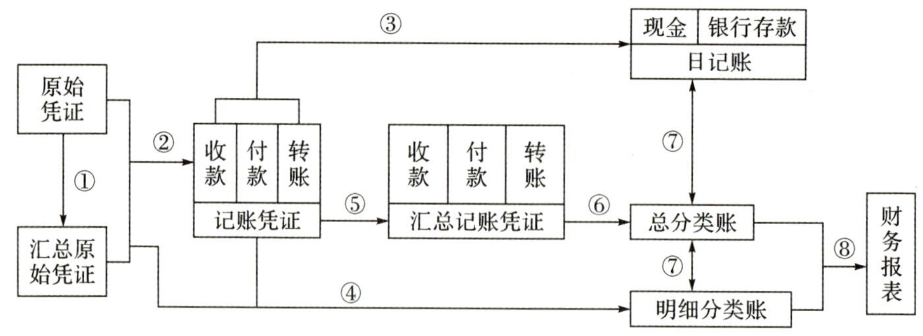

图9-4 汇总记账凭证账务处理程序

四、汇总记账凭证的编制方法

汇总收款凭证是根据收款凭证（库存现金收款凭证和银行存款收款凭证），按库存现金

或银行存款科目的借方分别设置，按其对应的贷方科目分设专行加以归类汇总，定期(5 天或 10 天)填列一次，每月汇总编制一张。月终计算出合计数，以登记总分类账的各有关科目。汇总收款凭证如表 9-70 所示。

表 9-70　汇总收款凭证

借方科目:库存现金(银行存款)　　　　年　　月　　　　汇收第　号

贷方科目	金额				总账页数	
	1—10 日收款凭证 第　号至第　号	11—20 日收款凭证 第　号至第　号	21—30 日收款凭证 第　号至第　号	合计	借方	贷方
合　计						

汇总付款凭证是根据付款凭证(库存现金付款凭证和银行存款付款凭证)，按库存现金或银行存款科目的贷方设置，按其对应的借方科目分设专行加以归类汇总，定期(5 天或 10 天)填列一次，每月汇总编制一张。月终计算出合计数，以登记总分类账的各有关科目。汇总付款凭证如表 9-71 所示。

表 9-71　汇总付款凭证

贷方科目:库存现金(银行存款)　　　　年　　月　　　　汇付第　号

借方科目	金额				总账页数	
	1—10 日收款凭证 第　号至第　号	11—20 日收款凭证 第　号至第　号	21—30 日收款凭证 第　号至第　号	合计	借方	贷方
合　计						

汇总转账凭证一般按照每一个贷方科目分别设置，并根据转账凭证按借方科目归类，定期(5 天或 10 天)汇总填列一次，每月编制一张。月终计算出合计数，据以登记各有关总分类账。如果在月份内某一贷方科目的转账凭证为数不多时，也可不编制汇总转账凭证，直接根据转账凭证记入总分类账。汇总转账凭证如表 9-72 所示。

表 9-72　汇总转账凭证

贷方科目:　　　　年　　月　　　　汇转第　号

借方科目	金额				总账页数	
	1—10 日收款凭证 第　号至第　号	11—20 日收款凭证 第　号至第　号	21—30 日收款凭证 第　号至第　号	合计	借方	贷方
合　计						

根据汇总记账凭证登记总分类账的方法是：月终时，将汇总收款凭证的合计数，记入总分类账中“现金”或“银行存款”账户借方，以及有关账户的贷方；将汇总付款凭证的合计数，记入总分类账中“现金”或“银行存款”账户的贷方，以及有关账户的借方；将汇总转账凭证的合计数，记入总分类账户中有关账户的贷方和相应账户的借方。

五、汇总记账凭证账务处理程序的优缺点及适用范围

汇总记账凭证账务处理程序，通过汇总记账凭证的汇总和归类，大量减轻了总分类账的登记工作。由于汇总记账凭证是根据记账凭证按照科目对应关系进行归类、汇总编制的，因而便于了解有关科目之间的相互关系，克服了科目汇总表账务处理程序所存在的缺点。同时，由于总分类账是根据汇总记账凭证于月终时一次登记入账，因此也克服了在记账凭证账务处理程序下，记账凭证逐笔登记总账的缺点，大大简化了总账登记工作。但是，编制汇总记账凭证的工作量大，且由于记账凭证是按有关账户的借方或贷方汇总，而不是按经济业务性质归类汇总的，不利于日常会计核算工作的合理分工。这种核算组织程序一般适用于规模较大、业务量较多的单位。

第五节　多栏式日记账账务处理程序

一、多栏式日记账记账核算程序的特点

所谓多栏式日记账(columnar journal)处理程序，是要求现金日记账、银行存款日记账和总分类账都采用多栏式；期末分别根据库存现金日记账、银行存款日记账各专栏的合计数，登记总分类账；转账业务，则根据转账凭证或转账凭证科目汇总表登记总分类账。

采用多栏式日记账，既解决了分类汇总，保持反应账户之间的对应关系；又解决了节省汇总的程序和时间，方便财务机构内部分工操作。但是多栏式日记账核算形式也不是至善至美的，因为，登记总账是根据多栏式日记账而不是会计凭证，没有按平行登记的要求记账，破坏了总账与明细账之间的相互稽核作用关系，因此，账簿记录错误的查找要回到依据凭证登记日记账的环节。

二、多栏式日记账核算程序的凭证、账簿设置

在多栏式日记账账务处理程序下，应设置收款凭证、付款凭证和转账凭证。多栏式日记账账务处理程序应设置多栏式的现金日记账、多栏式银行存款日记账和三栏式的总分类账，并根据需要设置明细分类账。在这种核算形式下，由于现金日记账和银行存款日记账都按其对应账户设置专栏，起到了汇总收款、付款凭证的作用，因此，对收款、付款业务，月末时就可以根据这些日记账的本月收、付发生额和各对应账户的发生额登记总分类账。登记方法是：

(1)根据多栏式日记账收入合计数的本月发生额，记入总分类账的现金、银行存款账户

的借方，并根据收入栏下各专栏的对应账户的本月发生额，记入总分类账户各有关账户的贷方。

（2）根据多栏式日记账付出合计栏的本月发生额，记入总分类账现金、银行存款账户的贷方，并根据付出栏下各专栏的对应账户的本月发生额，记入总分类账户有关账户的借方。

在这里应注意的是：对现金和银行存款之间相互划转的数额，因已分别包含在两本日记账的收入和付出合计栏的本月发生额之内，所以无须再根据有关对应账户专栏的合计数登记总分类账，以免重复。

对于转账业务，可以根据转账凭证逐笔登记汇总总分类账。如果转账业务较多，也可以根据转账凭证编制转账凭证科目汇总表，然后根据转账凭证科目汇总表登记总分类账。

三、多栏式日记账处理程序

多栏式日记账账务处理程序（见图 9-5）如下：

（1）根据原始凭证或原始凭证汇总表编制记账凭证；

（2）根据收款凭证、付款凭证登记多栏式现金日记账和多栏式银行存款日记账；

（3）根据原始凭证、原始凭证汇总表和记账凭证登记明细分类账；

（4）月末，根据多栏式现金日记账和多栏式银行存款日记账登记总分类账，同时，根据转账凭证或转账凭证科目汇总表登记总分类账；

（5）月末，将各种明细分类账的余额，分别由总分类账中有关账户的余额进行核对；

（6）月末，根据总分类账和明细分类账的资料编制财务报表。

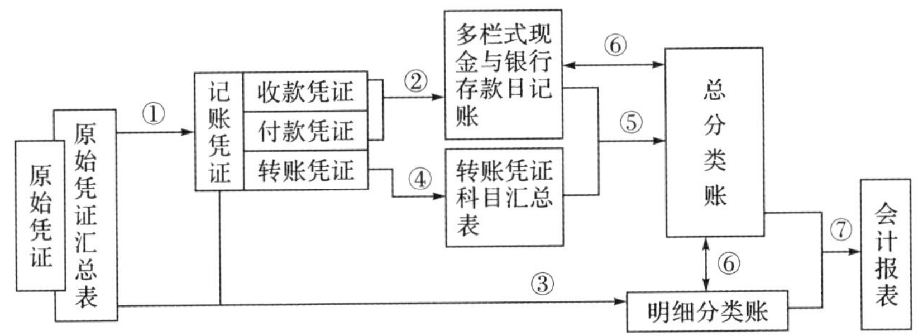

图 9-5 多栏式日记账账务处理程序

四、多栏式日记账处理程序优缺点及适用范围

多栏式日记账处理程序对于收款、付款业务通过多栏式日记账汇总后登记总分类账，可以简化登记总分类账的工作，而且可以清晰地反映现金和银行存款收款、付款业务的来龙去脉。但是多栏式日记账比三栏式日记账的登记工作量大，而且若业务复杂，日记账的专栏过多，账页势必过长，不便于记账。此外，根据日记账登记总分类账，降低了账簿之间的相互牵制的作用。因此，这种账务处理程序适用于收付款业务较多、需要对货币资金加强监督的企业。

本章小结

企业在持续经营的情况下，运用设置账户、复式记账、编制和审核会计凭证、设置会计账簿、成本计算和财产清查、编制会计报表等方法，完成了从分析经济业务到提供财务报表的信息处理的全过程，在会计实践中形成了一个规范的程序。从一定意义上讲，会计循环与会计核算形式就是这些会计核算形式的有机结合。

所谓账务处理程序，就是以账簿组织为核心建立的核算组织程序，即将会计凭证、账簿组织、记账方法、记账程序和编制报表有机结合起来的体系。根据总分类账的登记依据与方法的不同，会计核算形式分为记账凭证处理程序、科目汇总表处理程序、汇总记账凭证处理程序、多栏式日记账处理程序等。记账凭证处理程序是直接根据各种记账凭证逐笔登记总分类账的一种账务处理程序，是基本的会计处理程序，适用于规模小、业务量少、凭证不多的单位。科目汇总表处理程序是定期将所有记账凭证汇总编制成科目汇总表，再根据科目汇总表登记总分类账的账务处理程序，适用于业务量较大、记账凭证较多的单位。汇总记账凭证处理程序是定期将所有记账凭证汇总编制成汇总记账凭证，再根据汇总记账凭证登记总分类账的账务处理程序，适用于规模较大、业务量较多的企业。多栏式日记账处理程序，要求库存现金日记账、银行存款日记账和总分类账都采用多栏式；期末分别根据库存现金、银行存款日记账各专栏的合计数，登记总分类账；转账业务，根据转账凭证或转账凭证科目汇总表登记总分类账，适用于收付款业务较多、需要对货币资金加强监督的企业。

应知考核

账务处理程序的分类及其含义，记账凭证账务处理程序的概念、适用范围及其理解应用，科目汇总表账务处理程序的概念、适用范围及其理解应用，汇总记账凭证账务处理程序的概念、适用范围及其理解应用。

一、单项选择题

1. 各种账务处理程序最主要的区别是(　　)。

A. 账簿组织不同　　B. 记账程序不同

C. 登记总账的依据不同　　D. 记账方法不同

2. 直接根据记账凭证逐笔登记总分类账，这种账务处理程序是(　　)。

A. 记账凭证账务处理程序　　B. 科目汇总表账务处理程序

C. 汇总记账凭证账务处理程序　　D. 日记总账账务处理程序

3. 采用科目汇总表账务处理程序要求编制的记账凭证是(　　)。

A. 收款凭证一借多贷　　B. 付款凭证一贷多借

C. 转账凭证一贷多借　　D. 记账凭证一借一贷

4. 在下列会计核算处理程序中，(　　)是最基本的核算形式。

A. 日记总账核算程序　　B. 汇总记账凭证核算程序

C. 科目汇总表核算程序　　D. 记账凭证核算程序

5. 记账凭证账务处理程序的主要特点是(　　)。

A. 根据各种记账凭证编制汇总记账凭证

B. 根据各种记账凭证逐笔登记总分类账

C. 根据各种记账凭证编制科目汇总表

D. 根据各种汇总记账凭证登记总分类账

6. 汇总收款凭证是根据(　　)汇总编制而成的。

A. 原始凭证　　B. 汇总原始凭证　　C. 付款凭证　　D. 收款凭证

7. 汇总记账凭证账务处理程序适用于(　　)的企业。

A. 规模较大、经济业务较多　　B. 规模较小、经济业务不多

C. 规模较大、经济业务不多　　D. 规模较小、经济业务较多

8. 记账凭证账务处理程序适用于(　　)。

A. 规模较大、经济业务量较多的单位　　B. 规模较小、经济业务量较多的单位

C. 规模较小、经济业务量较少的单位　　D. 会计基础工作比较规范的单位

9. 科目汇总表账务处理程序的主要缺点是(　　)。

A. 登记总账的工作量太大　　B. 编制科目的汇总表的工作量太大

C. 不便于对会计工作分工　　D. 看不出科目之间的对应关系

10. (　　)的特点是直接根据记账凭证逐笔登记总分类账。

A. 记账凭证账务处理程序　　B. 科目汇总表账务处理程序

C. 汇总记账凭证账务处理程序　　D. 多栏式日记账账务处理程序

二、多项选择题

1. 记账凭证账务处理程序需要设置(　　)账簿。

A. 总分类账　　B. 明细分类账　　C. 现金日记账　　D. 银行存款日记账

2. 目前,我国常用的账务处理程序有(　　)账务处理程序。

A. 记账凭证　　B. 汇总记账凭证　　C. 科目汇总表　　D. 日记总账

3. 科目汇总表账务处理程序需要设置的记账凭证有(　　)。

A. 收款凭证　　B. 付款凭证　　C. 转账凭证　　D. 科目汇总表

4. 总账的登记依据可以是(　　)。

A. 记账凭证　　B. 汇总记账凭证　　C. 科目汇总表　　D. 原始凭证

5. 记账凭证账务处理程序的优点有(　　)。

A. 登记总分类账的工作量较小　　B. 账务处理程序简单明了,易于理解

C. 总分类账登记详细,便于查账、对账　　D. 适用于规模大、业务量多的大中型企业

6. 在不同账务处理程序下,下列可以作为登记总分类账依据的有(　　)。

A. 记账凭证　　B. 科目汇总表　　C. 汇总记账凭证　　D. 多栏式日记账

7. 科目汇总表账务处理程序的优点有(　　)。

A. 简化登记总账的工作

B. 总账中能反映账户的对应关系

C. 总账中能逐笔反映经济业务的发生情况

D. 可以进行试算平衡

8. 在不同账务处理程序下，各种明细账登记的依据是(　　)。

A. 收款凭证　　B. 付款凭证　　C. 原始凭证　　D. 原始凭证汇总表

9. 各种账务处理程序的相同之处表现为(　　)。

A. 根据原始凭证编制汇总原始凭证

B. 根据原始凭证或原始凭证汇总表编制记账凭证

C. 根据记账凭证逐笔登记总账

D. 根据总账及明细账编制会计报表

10. 关于科目汇总表账务处理程序，下列说法正确的有(　　)。

A. 科目汇总表账务处理程序可以大大减轻总账的登记工作

B. 科目汇总表账务处理程序可以对发生额进行试算平衡

C. 科目汇总表账务处理程序下，总分类账能明确反映账户的对应关系

D. 科目汇总表账务处理程序适用于规模较大、业务量较多的单位

三、判断题

1. 无论采用哪种账务处理程序，记账凭证都可以采用收款凭证、付款凭证和转账凭证。(　　)

2. 科目汇总表和汇总记账凭证都是在记账凭证的基础上汇总形成的，因此它都可以反映账户间的对应关系。(　　)

3. 记账凭证账务处理程序的特点是直接根据汇总记账凭证逐笔登记总分类账和明细分类账，它是最基本的账务处理程序。(　　)

4. 各种账务处理程序的主要区别是其所采用的账簿的格式结构不同。(　　)

5. 编制财务会计报告是企业账务处理程序的组成部分。(　　)

6. 根据记账凭证汇总表逐笔登记总分类账的账务处理程序是记账凭证账务处理程序。(　　)

7. 汇总记账凭证账务处理程序可以简化总账的登记工作，所以适用于规模大、经济业务较多的大中型企业单位。(　　)

8. 总分类账只能根据记账凭证逐笔登记。(　　)

9. 各种账务处理程序之间的主要区别在于登记总账的依据和方法不同。(　　)

10. 任何账务处理程序的第一步是必须将所有的原始凭证都汇总编制为汇总原始凭证。(　　)

应会考核

科目汇总表账务处理程序的核算练习、汇总记账凭证账务出息程序的核算练习。

1. 资料：美华公司 20×5 年 4 月 30 日各项资料及 5 月份发生经济业务如下：

各账户 4 月 30 日余额见下表：

各账户期初余额表　　单位:元

资　产		负债及所有者权益	
库存现金	2 688	短期借款	80 000
银行存款	58 800	应付账款	17 600
应收票据	19 600	应付利息	2 500
应收账款	15 800	应付职工薪酬	4 500
预付账款	20 000	应交税费	1 700
库存商品	47 900	实收资本	199 000
原材料	36 000	资本公积	13 744
固定资产	197 920	盈余公积	5 277
减:累计折旧	−65 000	未分配利润	26 387
无形资产	17 000		
合　计	350 708	合　计	350 708

其中：

(1)“库存商品”包括：

A 产品　240 件　单价 136 元/件　计 32 640 元

B 产品　200 件　单价 76.30 元/件　计 15 260 元

(2)“原材料”包括：

甲材料　192 吨　单价 125 元/吨　计 24 000 元

乙材料　240 千克　单价 50 元/千克　计 12 000 元

(3)“应收票据”为易通公司　19 600 元

(4)“应收账款”包括：

金龙公司账款　10 000 元

华新公司账款　5 800 元

(5)“预付账款”为预付给东方公司　20 000 元

(6)“应付账款”为应付宏达公司　17 600 元

(7)其他各账户不分明细科目。

2.5 月份发生如下经济业务：

(1)1 日,向宏达公司购入甲材料 300 吨,单价 120 元,计 36 000 元,增值税进项税额为 6 120元,款项未付。

(2)2 日,职工张某出差借款 800 元,以现金支付。

(3)2 日,以银行存款 1 500 元支付甲材料运费。

(4)3 日,甲材料按实际成本验收入库。

(5)3 日,开出转账支票,支付上月应交税费 1 700 元。

(6)3 日,易通公司的应收票据 19 600 元到期,已通过银行收款。

(7)4 日,向万远材料厂购入乙材料 300 千克,单价 50 元/千克,计 15 000 元,增值税进项税额为 2 550 元，价款以银行存款支付，材料按实际成本入账。

(8)4 日，销售给华新公司 A 产品 150 件，单价 300 元，计 45 000 元，销项税额 7 650 元，款项未收。

(9)5 日，收到华新公司前欠货款 5 800 元，已存银行。

(10)6 日，生产领用甲材料 200 吨，共计 25 000 元，其中：生产 A 产品领用 150 吨，金额为 18 750 元；生产 B 产品领用 50 吨，金额为 6 250 元。

(11)7 日，生产领用乙材料 216 千克，共计 10 800 元，其中：100 千克用于生产 A 产品，金额为 5 000 元；80 千克用于生产 B 产品，金额为 4 000 元；车间领用乙材料 36 千克，金额为 1 800 元。

(12)8 日，以银行存款偿付宏达公司账款 17 600 元。

(13)9 日，张某出差回来，报销差旅费 750 元，交回余款 50 元。

(14)10 日，职工李某报销住院医药费 1 900 元，以现金支付。

(15)10 日，从银行提取现金 2 000 元备用。

(16)13 日，销售给金龙公司 B 产品 100 件，价款 20 000 元，销项税额 3 400 元，收到对方 3 个月银行承兑汇票一张。

(17)14 日，接银行收款通知，收到金龙公司偿还前欠货款 6 000 元。

(18)15 日，以银行存款支付前欠宏达公司购货款 42 120 元。

(19)17 日，以现金支付行政办公用品费 800 元。

(20)19 日，以银行存款支付销售 B 产品运费 1 000 元。

(21)20 日，收到华新公司货款 30 000 元，已存银行。

(22)24 日，东方公司发来甲材料 100 吨，单价 125 元，价款 12 500 元，增值税进项税为 2 125元，材料已验收入库，材料款已预付。

(23)24 日，销售给金龙公司 A 产品 150 件，单价 300 元，计 45 000 元，增值税销项税 7 650元，款项已存银行。

(24)25 日，出售乙材料 100 千克，价值 7 000 元，应交增值税税率 17%，计 1 190 元。款已收到，存入银行。

(25)25 日，结转出售乙材料的实际成本 5 000 元。

(26)27 日，以银行存款支付本月水电费 1 000 元，其中生产耗用 800 元，行政管理部门耗用 200 元。

(27)27 日，以现金支付罚款 1 100 元。

(28)29 日，计算本月应付职工薪酬 22 500 元，其中：A 产品工人工资 9 800 元，B 产品工人工资 6 200 元。车间管理人员工资 3 000 元，行政管理人员工资 3 500 元。

(29)29 日，提取本月固定资产折旧费 4 800 元，其中：生产用固定资产折旧费 4 000 元，管理用固定资产 800 元。

(30)29 日，从银行提取现金 22 500 元，以备发工资。

(31)30 日，发放本月职工工资 22 500 元。

(32)30 日，以银行存款支付某笔借款利息 900 元，其中已预提 600 元。

(33)31 日，按生产人员工资比例结转本月制造费用 9 600 元。

(34)31 日,结转完工产品成本,其中:A 产品 200 件,制造成本 27 200 元;B 产品 150 件,制造成本 11 445 元。

(35)31 日,计提营业税金及附加 5 500 元。

(36)31 日,结转已销产品销售成本 48 430 元,其中:A 产品销售成本 40 800 元,B 产品销售成本 7 630 元。

(37)31 日,结转本月损益类科目。

(38)31 日,按本月利润总额的 25%计算本月应交所得税,并结转。

(39)31 日,按本月税后利润的 10%计提盈余公积。

(40)31 日,结转 5 月份本年利润。

要求:

1.采用记账凭证账务处理程序计算各账户本月发生额和期末余额;

2.采用汇总记账凭证处理程序结转并计算各总分类账户的本期发生额与期末余额,并与要求 1 核对结果是否相符;

3.编制科目汇总表并登记有关总分类账,结转计算各总分类账户的本期发生额与期末余额,并与要求 1 核对结果是否相符。

第十章

会计工作的组织

本章学习目标和教学重点、难点

学习目标：

通过本章的学习，应使学生了解会计工作管理体制的主要内容，明确会计工作的组织形式，掌握会计机构设置和会计人员从业资格的有关要求，理解会计职业道德、会计法规体系的构成内容，掌握会计档案的保管与移交以及会计电算化的相关知识。

教学重点：

会计机构设置、会计人员从业资格，会计职业道德、会计法规体系的构成内容。

教学难点：

单位内部会计管理、会计档案的保管与销毁、会计电算化。

第一节　会计工作组织概述

会计工作组织(organization of accounting work)包括会计人员的配备、会计机构的设置、会计法规的制定与执行，以及会计档案的保管。会计工作是一项严密细致的、综合性的经济管理工作。

一、组织会计工作的意义

(1)正确地组织会计工作，使会计工作事先规定的处理程序有条不紊地进行，可以防止错漏或及时纠正发生的错漏，提高会计工作的质量和效率。

(2)正确地组织会计工作，可以使会计工作同其他经济管理工作更好地分工，相互配合，协调一致，共同完成管理经济的任务。

(3)正确地组织会计工作，才能从组织上保证正确地贯彻国家经济工作的方针政策以及财经制度、纪律，保护所有者的权益，为社会主义经济建设服务。

(4)正确地组织会计工作，可以促使单位内部各部门更好地履行自己的经济责任，管好和用好资金，厉行节约，增产增收，提高经济管理水平，追求最佳经济效益。

二、组织会计工作的内容

(1)设置会计机构。企业、事业、机关等一般都需要设置从事会计工作的职能部门。有了健全的会计机构，才能保证会计工作正常进行，充分发挥会计管理的重要作用。

(2)配备会计人员。会计工作是一项技术性很强的工作，必须配备专业会计人员。会计人员是从事会计工作、处理会计业务、完成会计任务的人员。任何单位都应根据实际需要配备具有一定专业技术水平的会计人员，这是做好会计工作的关键。

(3)制定企业内部会计规章制度,贯彻执行会计法规、准则。企业的会计核算要遵守国家颁布的会计法、会计准则以及有关的会计法规、制度,同时,企业还要根据自己的特点制定内部的会计制度来规范会计行为。

(4)会计档案的保管。会计档案是机关、团体和企事业单位在会计活动中自然形成的,任何单位均应按照一定的要求保存备查的会计信息载体(包括会计凭证、会计账簿和会计报表等)。由于会计档案具有史料作用和查证作用,所以妥善保管会计档案是组织会计工作必不可少的主要内容之一。

三、组织会计工作的基本要求

(1)必须符合国家对会计工作的要求。

(2)必须根据各单位生产经营管理的特点来组织会计工作。

(3)必须保证工作质量,讲求工作效率,节约工作时间和费用。

(4)必须做到专业核算与群众核算相结合。所谓专业核算是指由专职会计人员进行的核算;所谓群众核算是指由职工群众直接参加的单位内部各部门的经济核算。

(5)必须执行内部牵制制度。内部牵制制度是内部控制制度的一种,是指凡涉及财物和货币资金的收付、结算及其登记的任何一项工作,均须由两人或两人以上分工掌管,以起相互制约作用的一种工作制度。

四、会计工作的管理体制

1.会计工作的管理体制的概念

所谓体制是国家、企业、事业单位等的组织制度。会计工作的管理体制就是会计工作管理的组织制度。

2.实行统一领导、分级管理的管理体制

新中国成立以来,我国的会计工作一直由各级财政部门管理。会计工作最基本、最重要的任务是提供财政、财务收支信息,反映财政预算和财务收支计划的执行结果,增收节支,厉行节约,严格执行国家财政、财务制度和财经纪律。因此,由财政部门负责管理会计工作是合理的,也是必要的。我国1999年修订的《会计法》规定:国务院财政部门管理全国的会计工作。县级以上地方各级人民政府的财政部门管理本地区的会计工作。

财政部设置了会计事务管理司作为财政部管理全国会计工作的办事机构。该司的具体职责有:

(1)了解、检查会计工作情况,总结、交流会计工作经验,研究、拟订改进会计工作的措施。

(2)拟订全国性的会计法令、规章、制度并组织贯彻实施,审查各地区、各部门拟订的会计制度、办法。

(3)制订全国会计干部培训规划,推动和协助各地区、各部门做好会计干部的业务培训工作。

(4)会同有关部门制定有关会计干部专业技术职务制度的办法,并贯彻实施。

(5)逐步授权于注册会计师协会来管理、监督会计师事务所的业务、组织注册会计师资格的考试、批准注册会计师、颁发注册会计师证书。

(6)管理报批外国会计公司在华设立常驻代表机构,并依法对其业务进行管理、监督。

五、会计模式

会计是社会经济发展的产物。经济、政治、法律、科技和社会等因素无不影响会计,并导致会计的变革与发展。不同的社会经济环境衍生出特定模式的会计。可以说,不同国家的会计都有一种特定的会计模式,并适应其本国经济发展的需要。

正因如此,从比较会计的角度出发,我们可以将世界各国的会计大体划分为五种模式,即:英国模式("真实与公允")、美国模式("公认会计原则")、法国—西班牙—意大利模式(保证国家税收)、北欧模式(维护企业利益)和社会主义国家模式(服从于计划经济体制)模式。这里所讲的会计模式不同于本书上一章所讲的会计基本模式。所谓会计基本模式是针对账务处理程序而言的。

长期以来,我国奉行高度集权的计划经济管理体制,其会计活动也充分体现着计划经济会计模式的特征。改革开放以来,这种模式逐步被有计划的商品经济会计模式所取代。随着社会主义市场经济体制的建立与完善,客观上又要求确立与之相适应的会计模式。这种社会主义市场经济体制下的会计模式既不等于完全自由市场经济的会计模式,也不同于西方发达国家的会计模式。我们应在借鉴西方国家会计的先进经验与方法的基础上,建立起具有中国特色的会计模式,使我国会计实现以下转变:

(1)会计信息由满足国家宏观经济计划管理需要,转变为符合国家宏观管理需要,又满足有关各方了解企业财务状况、经营成果和现金流量的需要,同时还满足企业加强内部经营管理的需要。

(2)以分行业、分所有制的统一会计制度为主的会计法规体系,转变为由"会计法→会计准则→会计制度(全国统一会计制度→企业本身会计制度)"构成,具有统一完整、高效、灵活等特征的会计法规体系。

(3)以政府直接管理全国会计事务为特征的会计体制,转变为以间接管理为主,以直接管理为辅,能充分发挥地方各级会计机构能动性和积极性的、机制合理的会计事务管理体制。

(4)注册会计师事业得以蓬勃发展,注册会计师制度得以健全和进一步完善。

【思考与解惑】西方国家政府会计的主要模式及差异:

(1)德国模式。德国模式下的政府会计目标侧重于反映预算收支。

(2)美国模式。美国模式下的政府会计目标为反映预算收支与受托责任的兼顾。

(3)英国模式。英国模式下的政府会计目标侧重于反映受托责任。

第二节 会计机构与会计人员

会计机构是贯彻执行党和国家方针政策,制订和执行会计制度,组织领导和处理会计工作的职能机构。合理设置会计机构，明确工作任务，是保证会计工作顺利进行的重要条件。

一、会计机构

（一）会计机构的设置

我国会计管理机构的设置一般分为三个层次：中央和省、市地方财政设立会计事务管理机构，负责领导全国会计工作；中央和地方各级企业管理机关设置会计事务管理机构，负责组织、领导和监督所属单位的会计工作；基层企业设置会计事务管理机构（如会计处、科、组），在厂长、经理或总会计师领导下，负责办理本单位的会计工作，接受上级会计事务管理机构的指导和监督。

由于会计工作（主要是会计核算）与财务工作（主要是财务管理）都是综合性的经济管理工作，它们之间的关系又非常密切，因此，通常把两者结合起来，设置一个财务会计机构（如财会处、科、组）来统一办理财务工作和会计工作。企业和机关、事业单位都应当单独设置财务会计机构。财务机构是各单位内部组织领导和直接从事财务工作的职能部门。会计机构是各单位内部组织领导和直接从事会计工作的职能部门。目前，我国应逐步推行财务与会计分设机构，以利相互监督、互相促进，防止职责不清、相互扯皮和“重会计核算轻财务管理”的现象。对规模小、人员少、业务简单的单位，可以在有关机构中设置会计人员，并指定会计主管人员。不具备条件的，可以委托经批准设立的会计咨询、服务机构进行代理记账。

国有和国有资产占控股地位或者主导地位的大中型企业必须设置总会计师。事业单位和业务主管部门经批准可以设置总会计师。总会计师由取得会计师任职资格后，主管一个单位内一个重要方面的财务会计工作时间不少于 3 年的人员担任。会计机构内部应当建立稽核制度。同时，应当根据业务的繁简进行合理分工。规模较大的企业，在财务会计科内还分设若干职能组。例如有些工业企业的财务会计科分设：材料组、工资组、成本组、财务组、费用组，分别负责有关业务的核算、分析和检查工作，不属于各职能组的财务会计工作以及全科的各项综合性工作，则另设综合组负责办理。

（二）会计机构的组织形式

会计机构的组织形式是由企业的规模和它所担负的任务决定的。由于企业会计工作的组织形式不同，企业财务会计机构的具体工作范围也有所不同。企业会计工作的组织形式有独立核算和非独立核算、集中核算和非集中核算、专业核算和群众核算几种组织形式。

1. 独立核算和非独立核算

独立核算是指对本单位的业务经营过程及其结果进行全面的、系统的会计核算。实行独立核算的单位称为独立核算单位，它的特点是具有一定的资金，在银行单独开户，独立经营，计算盈亏，具有完整的账簿系统，定期编制报表。独立核算单位应单独设置会计机构，配备必要的会计人员。如果会计业务不多，也可只设专职会计人员。企业实行独立核算必须具备一定的条件，通常要有一定的自有资金，有独立经营的自主权，能单独编制计划，单独计算盈亏，单独在银行开户并经工商行政部门注册登记。独立核算单位必须全面地进行记账、独立对外结算和定期编制财务会计报告。

非独立核算又称报账制。实行非独立核算的单位称为报账单位。它是由上级拨给一定的备用金和物资，平时进行原始凭证的填制和整理，以及备用金账和实物账的登记，定期将收入、支出向上级报销，由上级汇总，它本身不独立计算盈亏，也不编制报表。如商业企业所属的分销店就属于非独立核算单位。非独立核算单位一般不设置专门的会计机构，但需配备专职会计人员，负责处理日常的会计事务。

2. 集中核算与非集中核算

实行独立核算的单位，其记账工作的组织形式可以分为集中核算和非集中核算两种。

集中核算就是将企业的主要会计工作都集中在企业会计机构内进行。企业内部的各部门、各单位一般不进行单独核算，只是对所发生的经济业务进行原始记录，办理原始凭证的取得、填制、审核和汇总工作，并定期将这些资料报送企业会计部门进行总分类核算和明细分类核算。实行集中核算，可以减少核算层次，精简会计人员，但是企业各部门和各单位不便于及时利用核算资料进行日常的考核和分析。

非集中核算又称为分散核算。就是企业的内部单位要对本身所发生的经济业务进行比较全面的会计核算。如在工业企业里，车间设置成本明细账，登记本车间发生的生产成本并计算出所完成产品的车间成本，厂部会计部门只根据车间报送的资料进行产品成本的总分类核算。又如在商业企业里，把库存商品的明细核算和某些费用的核算等，分散在各业务部门进行，至于会计报表的编制以及不宜分散核算的工作，如物资供销、现金收支、银行存款收支、对外往来结算等，仍由企业会计部门集中办理。实行非集中核算，使企业内部各部门、各单位能够及时了解本部门、本单位的经济活动情况，有利于及时分析、解决问题，但这种组织形式会增加核算手续和核算层次。

一个企业实行集中核算还是分散核算，应视企业规模大小和经营管理的要求而决定，而且往往一个企业对某些会计业务采用集中核算，而对另一些业务又采用非集中核算。但无论采用哪种组织形式，企业对外的现金往来、物资购销、债权债务和结算都应由财务会计部门集中办理。

3. 专业核算和群众核算

我国有些企业除实行专业核算外，还开展群众性核算。专业核算是由专职会计人员进行核算。群众核算是由职工群众参加进行的经济核算，如工业企业的班组核算和商业企业的柜组核算等。其具体做法是，确定核算单位，制订核算指标，推选群众核算员，定期计算各项经济指标的实绩和得失以及开展劳动竞赛等。群众核算可以使群众及时了解班组或柜组完成的业绩，激发广大职工群众的生产积极性和主动性。

二、会计人员

会计人员是决定会计工作质量的关键。明确会计人员的职责和权限，是充分发挥会计人员积极性的有效措施。会计部门必须配备适当的会计人员，提高会计人员的政治素质和业务水平，深入贯彻《会计法》，保障会计人员行使职权，为会计人员更好地发挥会计职能作用创造条件。

(一)会计人员的职责

会计人员的主要职责，一般有下列四个方面：

(1)认真执行《会计法》和《企业会计准则》等会计规范。

(2)认真进行会计核算，保证一切会计凭证、账簿、财务会计报告及其他会计资料的合法、真实、准确和完整。

(3)贯彻执行党和国家的方针、政策和财务制度，遵守各项财政、税收、信贷、结算和计划制度，严格监督生产经营活动和财务收支，维护国家财经纪律。

(4)认真编制、执行和考核、分析财务计划、预算，参与企业预测、决策和参与拟订经济计划、业务计划，参与改善企业经营管理的各项活动，推动增产节约、增收节支，提高企业经济效益。

【答疑与解惑】 会计人员的工作权限主要体现在三个方面：一是会计人员有权要求本单位有关部门、人员认真执行国家批准的计划、预算。二是会计人员有权参与本单位计划及预算的编制，对外经济合同的签订，参与有关的生产、经营管理会议和业务会议，并提出自己的意见。三是会计人员有权对本单位各部门的财务收支、资金使用和财产保管、收发、计量、检验等情况进行会计监督，有关部门要提供资料，如实反映情况，大力协助会计人员的工作。

(二)单位负责人和会计人员的法律责任

修正后的《会计法》进一步明确了会计人员的职责和法律责任，尤其突出了单位负责人对会计工作的法律责任。主要有以下几个方面：

(1)单位负责人对本单位的会计工作和会计资料的真实性、完整性负责。会计机构、会计人员依照《会计法》进行会计核算，实行会计监督。任何单位或者个人不得以任何方式授意、指使、强令会计机构、会计人员伪造、变造会计凭证、会计账簿和其他会计资料，提供虚假财务会计报告。任何单位或者个人不得对依法履行职责、抵制违反《会计法》规定行为的会计人员实行打击报复。单位负责人和其他人员对依法履行职责的会计人员进行打击报复的，给予行政处分；构成犯罪的，依法追究刑事责任。

(2)财政、审计、税务、人民银行、证券监管、保险监管等部门应当依照有关法律、行政法规规定的职责，对有关单位的会计资料实施监督检查。有关监督检查部门已经做出的检查结论能够满足其他监督检查部门履行本部门职责需要的，其他监督检查部门应当加以利用，避免重复查账。单位负责人、会计人员和其他人员伪造、变造、故意毁灭会计凭证、会计账簿、财务会计报告和其他会计资料的，或者利用虚假的会计凭证、会计账簿、财务会计报告和其他会计资料偷税或损害国家利益、社会公众利益的，由县级以上财政、审计、税务机关或者其他有关主管部门依据法律、行政法规规定的职责负责处理并追究责任，具体包括：责令限期改正、通报、罚款；属于国家工作人员的，还可以由其所在单位或者有关单位依法给予行政处分；情节严重的，由县级以上人民政府财政部门吊销会计从业资格证书；构成犯罪的，依法追究刑事责任。

(3)国家实行统一的会计制度。会计凭证、会计账簿、财务会计报告和其他会计资料，必须符合国家统一的会计制度的规定。使用电子计算机进行会计核算的，其软件及其生成的会计凭证、会计账簿、财务会计报告和其他会计资料，也必须符合国家统一的会计制度的规定。任何单位和个人不得伪造、变造会计凭证、会计账簿及其他会计资料，不得提供虚假的财务会计报告。会计机构、会计人员必须按照国家统一的会计制度的规定对原始凭证进行审核，对不真实、不合法的原始凭证有权不予接受，并向单位负责人报告；对记载不准确、不完整的原始凭证予以退回，并要求按照国家统一的会计制度的规定更正、补充。各单位应当建立、健全本单位内部会计监督制度。会计机构、会计人员对违反《会计法》和国家统一的会计制度规定的会计事项，有权拒绝办理或者按照职权予以纠正。任何单位和个人对违反《会计法》和国家统一的会计制度规定的行为，有权检举。收到检举的部门有权处理的，应当依法按照职责分工及时处理；无权处理的，应当及时移送有权处理的部门处理。收到检举的部门、负责处理的部门应当为检举人保密，不得将检举人姓名和检举材料转给被检举单位和被检举人个人。

(4)有关法律、行政法规规定，须经注册会计师进行审计的单位，应当向受委托的会计师事务所如实提供会计凭证、会计账簿、财务会计报告和其他会计资料及有关情况。任何单位或者个人不得以任何方式要求或者示意注册会计师及其所在的会计师事务所出具不实或者不当的审计报告。财政部门有权对会计师事务所出具的审计报告的程序和内容进行监督。

(5)从事会计工作的人员，必须取得会计从业资格证书。因有提供虚假财务会计报告，做假账，隐匿或者故意销毁会计凭证、会计账簿、财务会计报告，贪污，挪用公款，职务侵占等与会计职务有关的违法行为被依法追究刑事责任的人员，不得取得或者重新取得会计从业资格证书。因违法违纪行为被吊销会计从业资格证书的人员，自被吊销会计从业资格证书之日起五年内，不得重新取得会计从业资格证书。

国有企业、事业单位的会计机构负责人、会计主管人员的任免应当经过主管单位同意，不得任意调动和撤换；会计人员忠于职守，坚持原则，受到错误处理的，主管单位应当责成所在单位予以纠正。

会计人员调动工作或者离职，必须与接管人员办清交接手续。一般会计人员办理交接手续，由会计机构负责人、会计主管人员监交。会计机构负责人、会计主管人员办理交接手续，由单位领导人监交，必要时可以由主管单位派人会同监交。交接双方及监交人均应签字以示负责。

(三)岗位责任制

会计工作岗位责任制是在财务会计机构内部，按照财务会计工作的内容和会计人员的配备情况，进行合理的分工，使每一项财务会计工作都有专人负责，每一个会计人员都有明确的职责。

应根据企业的规模和经营管理的要求建立财务会计处(或科、组)，并在其内部设立各个职能组负责有关的财务与会计工作。会计主管负责组织领导本企业的财务会计工作，参与企业预测、决策、经济计划和有关经营管理工作。具体工作人员一般分为会计员、出纳员、成本员、稽核员、计划员、综合员等，负责执行各职能组的财会工作，配有计算机的单位还要配备程序设计员和操作员。各单位应该根据业务繁简和人员多少，实行一人一岗、一人多岗或一岗多人，明确职责，各司其职。但管钱的不能管账，管账的不能管钱，出纳人员不得兼管稽核、会计档案保管和收入、费用、债权债务账目的登记工作。

第三节　会计职业道德

会计行业作为市场经济活动的一个重要领域，主要为社会提供会计信息或鉴证服务，其服务质量的好坏直接影响着经营者、投资者和社会公众的利益，进而影响着整个社会的经济秩序。会计工作者在提供信息或鉴证服务过程中，除了必须将本职工作置于法律、法规的约束和规范之下外，还必须具备与其职能相适应的职业道德水准。正确认识和分析我国会计职业道德现状，建立健全会计职业道德规范体系，广泛开展会计职业道德宣传教育，全面提高会计职业素养和执业质量，是新时期以德治国、建立和谐社会和会计工作发展的需要。

一、会计职业道德的含义

道德是一定社会调节人际关系的行为规范的总和。职业道德是指人们在职业生活中应遵循的基本道德，即一般社会道德在职业生活中的具体体现，是职业品德、职业纪律、专业胜任弄能力以及职业责任等的总称，属于自律范畴，它通过公约、守则等对职业生活中的某些方面加以规范。职业道德既是本行业人员在职业活动中的行为规范，又是行业对社会所负的道德责任和义务。

社会的经济发展水平决定着人们的行为方式、生产方式和消费方式，也影响着人们的职业道德观念。社会生产力的不断发展丰富了会计职业活动的内容，使会计职业关系日趋复杂。人们对会计职业行为的要求也不断更新，从而推动会计职业道德不断发展和完善。

一些经济发达国家和国际组织先后对会计职业道德(accounting professional ethics)提出了明确的要求，如1980年7月国际会计师联合会职业道德委员会拟定并经国际会计师联合会理事会批准，公布了《国际会计职业道德准则》，规定了正直、客观、独立、保密、技术标准、业务能力、道德自律等七个方面的职业道德内容。

会计职业道德规范来源不同，其约束机制也必然有所差别。职业主义特色较浓的国家，职业道德准则的制定和颁布机构就是会计职业团体，其制约能力很大程度上也来源于职业团体，属于行业自律型。这样的制约机制在问题的处理过程中灵活性、独立性强，很少受其他组织的影响，便于适应不同的情况，但在约束力、惩治力方面稍显不足。而法律控制特色较浓的国家，职业道德起源于法律规定，其制约力也会在很大程度上依靠法律，属于政府管理型。这样的制约机制惩罚力度大，约束力较强，但不利于职业团体发挥其职能和作用。我国的《会计法》、《会计基础工作规范》，中国注册会计师协会颁布的《中国注册会计师职业道德基本准则》、《中国注册会计师职业道德规范指导意见》等，都对会计职业道德提出了若干明确的要求。

二、会计职业道德的基本内容

会计职业道德规范是指在一定的社会经济条件下，对会计职业行为及职业活动的系统要求或明文规定。它是社会道德体系的一个重要组成部分，是职业道德在会计职业行为和会计职业活动中的具体体现。尽管不同的国家因经济发展程度不同，社会制度和经济体制各异，其会计职业道德各有一定差异，但也有许多共同点，只是实施和管理方式不同而已。根据我国会计工作和会计人员的实际情况，结合国际上对会计职业道德的一般要求，我国会计人员职业道德的内容可以概括为爱岗敬业、诚实守信、廉洁自律、客观公正、坚持准则、提高技能、参与管理和强化服务。

（一）爱岗敬业

爱岗敬业包含“爱岗”和“敬业”两方面的要求。爱岗就是热爱自己的工作岗位，热爱本职工作。爱岗是对人们工作态度的一种普遍要求。热爱本职工作，就是职业工作者以正确的态度对待各种职业劳动，努力培养热爱自己所从事的工作的幸福感、荣誉感。一个人一旦爱上自己的职业，他（她）就会全身心地投入职业工作中，就能在平凡的岗位上做出不平凡的事业。

所谓敬业，就是用严肃的态度对待自己的工作，勤勤恳恳，兢兢业业，忠于职守，尽职尽责。如果一个从业人员不能尽职尽责，忠于职守，就会影响整个企业或单位的工作进程，严重的还会给企业和国家带来损失，甚至还会在国际上造成不良影响。会计职业道德中的敬业，要求从事会计职业的人员充分认识到会计工作在国民经济中的地位和作用，以从事会计工作为荣，尊重会计工作，具有献身于会计工作的决心。

爱岗与敬业的精神是相通的，是相互联系在一起的。爱岗是敬业的基础，敬业是爱岗的具体表现。不爱岗就很难做到敬业，不敬业也很难说是真正地爱岗。爱岗敬业是会计人员干好本职工作的基础和条件，是其应具备的基本道德素质。爱岗敬业需要具体的行动来体现，即要有安心会计工作、献身会计事业的工作热情，严肃认真的工作态度，勤学苦练的钻研精神，忠于职守的工作作风。爱岗敬业要求会计人员热爱会计工作，安心本职岗位，忠于职守，尽心尽力，尽职尽责。

（二）诚实守信

诚实守信就是忠诚老实，信守诺言，是为人处世的一种美德。所谓诚实，就是忠诚老实，不讲假话。诚实的人能忠实于事物的本来面目，不歪曲、不篡改事实，同时也不隐瞒自己的真实思想，光明磊落，言语真切，处理实在。诚实的人反对投机取巧，趋炎附势，吹拍奉迎，见风使舵，弄虚作假，口是心非。所谓守信，就是信守诺言，说话算数，讲信誉，重信用，履行自己应承担的义务。诚实和守信两者意思是相通的，是互相联系在一起的。诚实是守信的基础，守信是诚实的具体表现。不诚实很难做到守信，不守信也很难说是真正的诚实。诚实侧重于对客观事实的反映是真实的，对自己内心的思想、情感的表达是真实的。守信侧重于对自己应承担、履行的责任和义务的忠实，毫无保留地实践自己的诺言。

诚实守信的基本要求是：首先，做老实人，说老实话，办老实事，不弄虚作假。做老实人，要求会计人员言行一致，表里如一，光明正大。说老实话，要求会计人员说话诚实，如实反映和披露单位经济业务事项。办老实事，要求会计人员工作踏踏实实，不弄虚作假，不欺上瞒下。其次，执业谨慎，信誉至上。诚实守信，要求会计人员在工作中始终保持应有的谨慎态度，维护职业信誉及客户和社会公众的合法权益。再次，保密守信，不为利益所诱惑。在市场经济中，秘密可以带来经济利益，而会计人员因职业特点经常接触到单位和客户的一些秘密，因此，会计人员应依法保守单位秘密。这也是诚实守信的具体体现。

（三）廉洁自律

廉洁自律是中华民族的一种传统美德，也是会计职业道德规范的重要内容之一。在会计职业中，廉洁要求会计从业人员公私分明，不贪不占，遵纪守法，经得起金钱、权力、美色的考验，不贪污挪用，不监守自盗。保持廉洁主要靠会计人员的觉悟、良知和道德水准，而不是受制于外在的力量。

所谓自律是指会计人员按照一定的标准作为具体言行的参照物，进行自我约束、自我控制，使具体的行为或言论达到至善至美的过程。自律包含两层含义：一是会计行业自律，是会计职业组织对整个会计职业的会计行为进行自我约束、自我控制的过程。二是会计从业人员的自我约束，是靠其科学的价值观和正确的人生观来实现的。每个会计从业人员的自律性强，则整个会计行业的自律性也强。

廉洁自律的基本要求主要有：一是公私分明，不贪不占；二是遵纪守法，抵制行业不正之风；三是重视会计职业声望。

（四）客观公正

客观是指按事物的本来面目去反映，不掺杂个人的主观意愿，也不为他人意见所左右，既不夸大，也不缩小。公正就是公平正直，没有偏失，但不是中庸。在会计职业中，客观公正是会计人员必须具备的行为品德，是会计职业道德规范的灵魂。客观要求会计人员在处理经济业务时必须以实际发生的交易或事项为依据，如实反映企业的财务状况、经营成果和现金流量情况；公正要求会计人员不偏不倚，一视同仁。会计人员在履行会计职能时，应摒弃单位、个人私利，不偏不倚地对待有关利益各方。客观公正，不只是一种工作态度，更是会计人员追求的一种境界。

客观公正的基本要求是：首先，端正态度。做好会计工作，不仅要有过硬的技术和本领，也同样需要有实事求是是的精神和客观公正的态度。其次，依法办事。当会计人员有了端正的态度和知识技能基础之后，他们在工作过程中必须遵守各种法律、法规、准则和制度，依照法律规定进行核算，并做出客观的会计职业判断。最后，实事求是，不偏不倚，保持独立。一是要求保持会计人员从业的独立性，包括实质上的独立性和形式上的独立性；二是要求会计人员保持客观公正的从业心态。

（五）坚持准则

坚持准则要求会计人员在处理业务过程中，严格按照会计制度办事，不为主观或他人意志所左右。这里的“准则”不仅指会计准则，还包括会计法律、会计行政法规、国家统一的会计制度以及与会计工作相关的法律制度。会计人员应熟悉和掌握准则的具体内容，并在会计核算中认真执行，对经济业务事项进行确认、计量、记录和报告的全过程应符合会计准则的要求，为政府、企业、单位和其他相关当事人提供真实、完整的会计信息。

坚持准则的基本要求是：一是熟悉准则。会计工作不单纯是进行记账、算账和报账，在记账、算账和报账过程中会时时、事事、处处涉及政策界限及利益关系的处理，需要遵守准则、执行准则、坚持准则。二是坚持准则。在企业的经营活动中，国家利益、集体利益与单位、部门以及个人利益有时会发生冲突，这就要求会计人员要坚持准则。《会计法》规定，单位负责人对本单位会计信息的真实性和完整性负责，也就是说，单位的会计责任主体是单位负责人。会计人员坚持准则，不仅是对法律负责，对国家、社会公众负责，也是对单位负责人负责。

（六）提高技能

会计是一门不断发展变化、专业性很强的学科，它与经济发展有密切的联系。近年来，随着市场经济体制的日益完善和经济全球化进程的加快，需要会计人员提供会计服务的领域越来越广泛，专业化、国际化服务的要求越来越高；会计专业性和技术性日趋复杂，对会计人员所应具备的职业技能要求也越来越高。会计职业技能的内容主要包括：一是会计专业基础知识；二是会计理论、专业操作的创新能力；三是组织协调能力；四是主动更新知识的能力；五是提供会计信息的能力。提高技能，就是指会计人员通过学习、培训等手段提高职业技能，以达到足够的专业胜任能力。

提高技能的基本要求是：首先，增强提高专业技能的自觉性和紧迫感。会计人员要适应时代发展的步伐，就要有危机感、紧迫感，要有不断提高专业技能的自觉性。只有具备专业胜任能力，才能适应会计工作及会计职业道德的要求。其次，勤学苦练，刻苦钻研，树立终身学习意识。随着社会经济环境的变化，会计理论不断创新，新的会计学科分支不断出现，如跨国公司会计、国际税收会计、金融工具及衍生工具会计、知识产权会计以及会计电算化和网络化的发展，都要求会计人员去不断学习与探索。

（七）参与管理

参与管理，就是为管理者当参谋，为管理活动服务。会计工作或会计人员与管理决策者在管理活动中分别扮演着参谋人员和决策者的角色，承担着不同的职责和义务。会计人员只参与管理过程，并不直接从事管理活动，只是尽职尽责地履行会计职责，间接地从事管理活动或者说参与管理活动。

会计人员要树立参与管理的意识，积极主动地做好参谋。具体来说，应积极主动做好以下几个方面的工作：首先，在做好本职工作的同时，努力钻研相关业务。做好本职工作，要求会计人员要有扎实的基本功，使自己的知识和技能适应所从事工作的要求，从而做好会计核算的各项基础工作，确保会计信息真实、完整。第二，全面熟悉本单位的经营活动和业务流程，主动提出合理化建议，协助领导进行决策，积极参与管理。会计人员要充分利用掌握的大量会计信息去分析单位的管理，从财务会计的角度渗透到单位的各项管理中，找出经营管理中的问题和薄弱环节，把管理与日常工作相结合，从而使会计的事后反映变为事前的预测分析，真正起到当家理财的作用，成为决策层的参谋和助手，为改善单位内部管理、提高经济效益服务。

（八）强化服务

强化服务是现代经济社会对劳动者所从事职业的更高层次的要求，它表现为人们在参与对外工作交往和组织内部协调运作过程中人际关系的融洽程度和与之相对应的工作态度。强化服务要求会计人员树立服务意识，提高服务质量，努力维护和提升会计职业的良好社会形象。

强化服务的基本要求是：首先要树立服务意识。会计人员要树立服务意识，不论是为经济主体服务，还是为社会公众服务，都要摆正自己的工作位置。其次，提高服务质量。提高服务质量，并非无原则地满足服务主体的需要，而是在坚持原则、坚持会计准则的基础上尽量满足用户或服务主体的需要。再次，努力维护和提升会计职业的良好社会化形象。会计人员的服务态度直接关系到会计行业的声誉和全行业运作的效率。会计人员服务态度好、质量高，做到讲文明、讲礼貌、讲诚信、讲质量，坚持准则，严格执法，服务周到，就能提高会计职业的信誉，维护和提升会计职业的良好社会形象，增强会计职业的生命力；否则就会影响会计职业的声誉，甚至影响到全行业的生存和发展。

以上八项，是每一个会计从业者在会计工作中应具备的基本职业道德，会计从业者应在实践中自觉遵守、不断充实和发扬光大。

三、会计职业道德教育与修养

(一)会计职业道德教育的含义

会计职业道德教育是会计职业道德活动的重要形式，是使外在的会计职业道德规范得以转化为会计人员内在品质和行为的有效途径。其基本内涵是根据会计工作的特点，用社会主义道德对会计人员施加影响，使会计职业道德规范和优秀会计职业道德传统深入人心，提高会计人员在会计工作中的道德水平。

(二)会计职业道德教育的内容

(1)会计职业道德观念教育。

(2)会计职业道德规范教育。

(3)会计职业道德警示教育。

(三)会计职业道德教育途径

(1)岗位前职业道德教育：通过会计学历教育进行会计职业道德教育。

(2)岗位职业道德继续教育：通过会计继续教育进行会计职业道德教育。

(四)会计职业道德修养

1. 会计职业道德修养的含义

会计职业道德修养是指会计人员在会计职业活动中，按照会计职业道德的基本要求，在自身道德品质方面进行的自我教育、自我改造、自我锻炼、自我提高，从而达到一定的职业道德境界。职业道德修养的最终目的，在于把职业道德原则和规范逐步转化为自己的职业道德品质，从而在实践中将职业道德的意识情感和信念上升为职业道德习惯，使其贯穿职业活动的始终。

2.会计职业道德修养的环节

会计职业道德修养的主要环节包括：

(1)形成正确的会计职业道德认知；

(2)培养高尚的会计职业道德情感；

(3)树立坚定的会计职业道德信念；

(4)养成良好的会计职业道德行为。

第四节　会计规范体系

会计规范(accounting regulations)是处理会计事务的法律、原则、程序和方法的总称，是进行会计工作的规则和准则。要使会计工作有组织、有秩序地进行，发挥其在核算、监督和加强经营管理，提高经济效益中的作用，必须建立科学的会计规范。

一、我国会计规范的分层

当前，我国会计规范基本上分为四个层次。一是全国性的综合性会计规范，由国家统一制定。《中华人民共和国会计法》是我国会计工作的根本大法，是会计工作的最高准则。二是《企业会计准则》，由财政部制定，作为企业会计制度的依据。三是财政部统一颁布的《企业会计制度》，这是为了保证顺利、有效地实施会计准则所采取的措施，以便做到改而不乱。四是企业自行制定的会计制度，由企业根据《企业会计准则》和《企业会计制度》等制定。新《企业会计制度》和企业自行制定的会计制度统称为会计制度。

二、会计法规

会计法律制度是组织和从事会计工作必须遵循的法律规范。它是经济法律制度的重要组成部分。制定和实行会计法律制度可以保证会计人员贯彻执行国家的财经政策和法律，保证会计工作沿着社会主义市场经济的方向前进。我国的会计核算法规和制度由三个层次组成。

(一)《中华人民共和国会计法》

《中华人民共和国会计法》(简称《会计法》)是第一个层次，它是基本法，是会计核算工作最高层次的规范。该法于 1985 年 1 月 21 日由第六届全国人民代表大会常务委员会第九次会议通过，并经 1993 年 12 月 29 日第八届全国人民代表大会常务委员会第五次会议和 1999 年 10 月 31 日第九届全国人民代表大会常务委员会第十二次会议进行了两次修订，修订后的《会计法》基本适应了社会主义市场经济的发展。1999 年 10 月《会计法》修订后，在内容和力度上发生了很大变化。主要体现在以下几个方面：

(1)提出了规范会计行为、保证会计资料质量的立法宗旨，确定了会计工作在社会主义市场经济体制中的地位和职能作用。

(2)突出强调了单位负责人对本单位会计工作和会计资料真实性、完整性的责任。

(3)进一步完善了会计记账规则。

(4)强化了会计监督制度。

(5)实行会计从业人员资格管理制度。

(6)加大了对违法会计行为的打击力度。

(7)增强了与国际会计管理的协调。

在我国,《会计法》处于会计法律体系的最高层次,是制定其他会计法规制度的基本依据,其他会计法律规范都必须遵循和符合《会计法》的要求。

《会计法》自 2000 年 7 月 1 日起施行,它对会计立法的目的、适用范围、会计核算和会计监督的基本要求,会计机构和会计人员管理,会计行为的法律责任都做了原则性的规定。作为会计方面的根本大法,《会计法》对一切组织的会计行为具有普遍的强制约束力。

(二)《会计准则》

会计准则由国家财政部制定并颁布,是会计工作的基本规范。会计界负有遵守会计准则的义务。会计准则又分为基本准则和具体准则两个层次。

基本准则是进行会计核算工作必须共同遵守的基本要求,体现了会计核算的基本规律。基本准则一般由会计核算的前提条件、一般原则、会计要素准则和会计报表准则组成,是对会计核算要求所做的原则性规定。它具有覆盖面广、概括性强等特点。

1992 年 11 月 30 日,经国务院批准,财政部以第 5 号部长令的形式,签发了《企业会计准则》,要求在 1993 年 7 月 1 日起全面实施。这里的《企业会计准则》是一个基本的会计准则,是对企业要素确认、计量、报告与提示的基本原则和一般要求。它指导具体会计准则的制定,而不是用来直接规范会计核算工作。1997 年 5 月 28 日颁布了《事业单位会计准则(试行)》,1998 年 1 月 1 日起执行。此准则适用于各级国有事业单位。

上市公司自 2007 年起执行,其他企业也可以依照上市公司执行。

(三)《会计制度》

财政部在会计准则的基础上,又进一步制定了具体的会计制度。目前一般企业(非上市公司)执行的是 2001 年会计制度,包括企业会计制度、小规模企业会计制度、银行会计制度、政府事业单位会计制度。

三、制定会计制度的基本原则及其基本内容

(一)制定会计制度的基本原则

企业会计制度(enterprise accounting system)是企业的一项重大制度,一方面受国家法令和制度的约束,另一方面要适应专业的条件。基层单位的会计制度要根据统一的《企业会计制度》的规定,并适应企业的内部条件。制定会计制度一般要遵守以下几条原则:

(1)要符合党和国家的财经政策、法令和制度,实行统一领导、分级管理、因地制宜的原则。

(2)要符合《企业会计准则》的要求。

(3)要适应本行业和本企业生产经营的特点,在保证执行国家有关制度的前提下,制定适合于本企业的具体制度和实施办法,以促进改善经营管理。

(4)要加强企业内部控制制度,发挥会计的监督作用。

(二)会计制度的基本内容

企业会计制度是各项会计业务的具体处理办法,通常包括以下几个方面:

(1)有关会计制度的原则规定。一般称为总则,包括会计工作的任务、会计制度所应遵循的原则等。

(2)有关会计业务核算的具体规定。如会计科目及其使用方法的规定,会计凭证、账簿、记账程序和记账方法的规定,会计报表的格式及其编制方法。

(3)有关财产管理、成本计算方面的规定。如有关固定资产和各项流动资金核算办法的规定、成本计算办法等。

(4)有关财产清查、会计人员交接和会计档案管理方面的规定等。

第五节　会计档案

在会计制度执行过程中,还要检查、监督制度的执行情况,要重点检查会计人员是否按照会计制度的规定进行会计核算;是否手续完备、内容真实;是否数字准确、账目清楚、日清月结、按期报账;是否按照会计制度的规定,妥善保管会计凭证、账簿、报表等会计档案,以发挥会计工作的职能作用。

会计档案(accounting files)是指会计凭证、会计账簿和财务会计报告等会计核算专业材料,它是记录和反映经济业务的重要史料和证据,是国家档案的重要组成部分,也是各单位的重要档案之一。各单位必须建立和健全会计档案的立卷、归档、保管、调阅和销毁等管理制度,切实把会计档案保管好。各单位的会计部门必须认真做好会计档案的管理工作,各单位会计人员要按照国家和上级部门关于会计档案管理办法的规定和要求,对本单位的各种会计凭证、会计账簿、会计报表、财务计划、单位预算和重要的经济合同等会计资料,定期收集,审查核对,整理立卷,编制目录,装订成册。

自 2016 年 1 月 1 日起施行的新修订的《会计档案管理办法》即新《管理办法》中所称会计档案是指单位在进行会计核算等过程中接收或形成的,记录和反映单位经济业务事项的,具有保存价值的文字、图表等各种形式的会计资料,包括通过计算机等电子设备形成、传输和存储的电子会计档案。新《管理办法》指出,财政部和国家档案局主管全国会计档案工作,共同制定全国统一的会计档案工作制度,对全国会计档案工作实行监督和指导。县级以上地方人民政府财政部门和档案行政管理部门管理本行政区域内的会计档案工作,并对本行政区域内会计档案工作实行监督和指导。单位应当加强会计档案管理工作,建立和完善会计档案的收集、整理、保管、利用和鉴定销毁等管理制度,采取可靠的安全防护技术和措施,保证会计档案的真实、完整、可用、安全。单位的档案机构或者档案工作人员所属机构(以下统称单位档案管理机构)负责管理本单位的会计档案。单位也可以委托具备档案管理条件的机构代为管理会计档案。

一、会计档案归档的具体要求

(一)定期整理归档

会计凭证是重要的经济资料和会计档案,任何单位在完成经济业务手续和记账之后,必须按规定的立案归档制度形成会计档案资料。会计部门在记账之后,应定期(每天、每旬、每月)对各种会计凭证加以分类整理,将各种记账凭证按照编号顺序,连同所附的原始凭证折叠整齐,加具封面、封底装订成册,并在装订线上加贴封签。在封面上,应写明单位名称、年度、月份,记账凭证的种类、起讫日期、起讫号数以及记账凭证和原始凭证的张数,并在封签处加盖会计主管的骑缝图章。如果采用单式记账凭证,在整理装订成册时,必须保持会计分录的完整。为此,应按凭证号顺序装订成册,不得按会计科目归类装订。对各种重要的原始凭证,以及各种需要随时查阅和退回的单据,应另编目录,单独登记保管,并在有关的记账凭证和原始凭证上分别注明日期和编号。某些记账凭证所附的原始凭证数量过多,也可以单独装订保管,但应在封面上注明所属记账凭证的日期、编号、种类,同时在有关的记账凭证上注明“附件另附后”以及原始凭证名称和编号,以便查考。

会计账簿、会计凭证以及会计报表都是重要的会计档案,各单位的会计人员在年度终了,应将已更换的各种活页账簿、卡片账簿及必要的备查账簿连同账簿使用登记表装订成册,加上封面,统一编号,由有关人员签字之后,与订本账簿一起归档保管。

会计报表与会计凭证以及会计账簿一样,都是重要的会计档案,各单位的会计人员在年度终了,应将全年编制的会计报表按时间先后顺序整理,装订成册并加封面,归档保管。

(二)造册归档

每年的会计凭证、账簿、报表都应由财会部门按归档的要求,负责整理立卷或装订成册;每年的会计档案,在会计年度终了后,可暂时由本单位财会部门保管1年。期满后,原则上应由财会部门编造清册移交本单位的档案部门保管。财会部门和经办人员,必须将应归档的会计档案移交档案部门,不得自行封包保存,档案部门必须按期点收。档案部门接收的会计档案,原则上要保持原卷册的封装,个别需要拆封重新整理的,应由财会部门和经办人员共同拆封整理,以明确责任。会计档案必须进行科学管理,做到妥善保管,存放有序,查找方便,严格执行安全和保密制度,不得随意堆放,严防毁损、丢失和泄密。

二、会计档案的归档、保管和调阅手续

(一)会计档案的归档

新《会计档案管理办法》指出以下会计资料应当进行归档:

(1)会计凭证,包括原始凭证、记账凭证;

(2)会计账簿,包括总账、明细账、日记账、固定资产卡片及其他辅助性账簿;

(3)财务会计报告,包括月度、季度、半年度、年度财务会计报告;

(4)其他会计资料,包括银行存款余额调节表、银行对账单、纳税申报表、会计档案移交清册、会计档案保管清册、会计档案销毁清册、会计档案鉴定意见书及其他具有保存价值的会计资料。

单位可以利用计算机、网络通信等信息技术手段管理会计档案。

同时满足下列条件的单位内部形成的属于归档范围的电子会计资料可仅以电子形式保存,形成电子会计档案:

(1)形成的电子会计资料来源真实有效,由计算机等电子设备形成和传输;

(2)使用的会计核算系统能够准确、完整、有效接收和读取电子会计资料,能够输出符合国家标准归档格式的会计凭证、会计账簿、财务会计报表等会计资料,设定了经办、审核、审批等必要的审签程序;

(3)使用的电子档案管理系统能够有效接收、管理、利用电子会计档案,符合电子档案的长期保管要求,并建立了电子会计档案与相关联的其他纸质会计档案的检索关系;

(4)采取有效措施,防止电子会计档案被篡改;

(5)建立电子会计档案备份制度,能够有效防范自然灾害、意外事故和人为破坏的影响;

(6)形成的电子会计资料不属于具有永久保存价值或者其他重要保存价值的会计档案。

此外,对于满足上述条件,单位从外部接收的电子会计资料附有符合《中华人民共和国电子签名法》规定的电子签名的,可仅以电子形式归档保存,形成电子会计档案。单位的会计机构或会计人员所属机构(以下统称单位会计管理机构)按照归档范围和归档要求,负责定期将应当归档的会计资料整理立卷,编制会计档案保管清册。

(二)会计档案的保管

保存会计档案的目的是为了利用。单位保存的会计档案一般不得对外借出。如有特殊需要,须经上级主管单位批准,但不得拆散原卷,并应限期归还。新《管理办法》指出,当年形成的会计档案,在会计年度终了后,可由单位会计管理机构临时保管一年,再移交单位档案管理机构保管。因工作需要确需推迟移交的,应当经单位档案管理机构同意。

各种会计档案的保管期限根据其特点,分为永久保管和定期保管两类。年度财务会计报告及某些涉外的会计凭证、会计账簿属于永久保管,其他属于定期保管。原《管理办法》将会计档案的定期保管期限分为 3 年、5 年、10 年、15 年、25 年五种,而新《管理办法》将会计档案的保管期限分为永久、定期两类,定期保管期限一般分为 10 年和 30 年。会计档案的保管期限,从会计年度终了后的第一天算起。近年来,国家档案局对机关和企业文件材料的定期保管期限进行了调整,《机关文件材料归档范围和文书档案保管期限规定》(国家档案局令第 8 号)、《企业文件材料归档范围和档案保管期限规定》(国家档案局令第 10 号)分别将机关文书档案和企业管理类档案的定期保管期限统一为 10 年、30 年。另外,会计档案在很多民事案件中都作为重要证据,民事案件的诉讼时效最长为 20 年,但大部分会计档案的最低保管期限都低于 20 年。为便于单位档案的统一管理,并结合会计档案的实际利用需求,我们将会计档案的定期保管期限由原 3 年、5 年、10 年、15 年、25 年五类调整为 10 年、30 年两类,并将原附表1、2中保管期限为3年、5年、10年的会计档案统一规定保管期限为10年，将保管期限为15年、25年的会计档案统一规定保管期限为30年。其中会计凭证、会计账簿等主要会计档案的最低保管期限已延长至30年，其他辅助会计资料的最低保管期限延长至10年。

单位分立后原单位存续的，其会计档案应当由分立后的存续方统一保管，其他方可以查阅、复制与其业务相关的会计档案。单位合并后原各单位仍存续的，其会计档案仍应当由原各单位保管。单位合并后原各单位解散或者一方存续其他方解散的，原各单位的会计档案应当由合并后的单位统一保管。

单位会计管理机构临时保管会计档案最长不超过三年。临时保管期间，会计档案的保管应当符合国家档案管理的有关规定，且出纳人员不得兼管会计档案。单位保存的会计档案一般不得对外借出。确因工作需要且根据国家有关规定必须借出的，应当严格按照规定办理相关手续。会计档案借用单位应当妥善保管和利用借入的会计档案，确保借入会计档案的安全完整，并在规定时间内归还。

企业和其他组织会计档案保管期限见表10-1。

表10-1 企业和其他组织会计档案保管期限

序号	档案名称	保管期限	备注
一	会计凭证		
1	原始凭证	30年	
2	记账凭证	30年	
二	会计账簿		
3	总账	30年	
4	明细账	30年	
5	日记账	30年	
6	固定资产卡片		固定资产报废清理后保管5年
7	其他辅助性账簿	30年	
三	财务会计报告		
8	月度、季度、半年度财务会计报告	10年	
9	年度财务会计报告	永久	
四	其他会计资料		
10	银行存款余额调节表	10年	
11	银行对账单	10年	
12	纳税申报表	10年	
13	会计档案移交清册	30年	
14	会计档案保管清册	永久	
15	会计档案销毁清册	永久	
16	会计档案鉴定意见书	永久	

(三)会计档案的调阅手续

各单位对会计档案必须进行科学管理,以便相关人员查找和调阅。但调阅会计档案应有一定的手续,应设置"会计档案调阅登记簿",详细登记调阅日期、调阅人、调阅理由、归还日期等。本单位人员调阅会计档案,需经会计主管人员同意;外单位人员调阅会计档案,要有正式介绍信,并经会计主管人员、单位领导批准。向外单位提供会计档案时,档案原件原则上不得借出,如有特殊需要,须报经上级主管部门批准,并应限期归还。调阅人员未经批准,不得擅自摘录有关文字。遇特殊情况,需要影印复制会计档案的,必须经本单位领导批准,并在"会计档案调阅登记簿"上详细记录会计档案影印复制情况。各单位应当建立健全档案查阅、复制登记制度。

三、会计档案的移交及销毁

(一)会计档案的移交

新《管理办法》规定,单位之间交接会计档案时,交接双方应当办理会计档案交接手续。移交会计档案的单位,应当编制会计档案移交清册,列明应当移交的会计档案名称、卷号、册数、起止年度、档案编号、应保管期限和已保管期限等内容。交接会计档案时,交接双方应当按照会计档案移交清册所列内容逐项交接,并由交接双方的单位有关负责人负责监督。交接完毕后,交接双方经办人和监督人应当在会计档案移交清册上签名或盖章。纸质会计档案移交时应当保持原卷的封装。电子会计档案移交时应当将电子会计档案及其元数据一并移交,且文件格式应当符合国家档案管理的有关规定。特殊格式的电子会计档案应当与其读取平台一并移交。档案接受单位应当对保存电子会计档案的载体及其技术环境进行检验,确保所接收电子会计档案的准确、完整、可用和安全。

新《管理》办法还规定,单位分立后原单位解散的,其会计档案应当经各方协商后由其中一方代管或按照国家档案管理的有关规定处置,各方可以查阅、复制与其业务相关的会计档案。单位分立中未结清的会计事项所涉及的会计凭证,应当单独抽出由业务相关方保存,并按照规定办理交接手续。单位因业务移交其他单位办理所涉及的会计档案,应当由原单位保管,承接业务单位可以查阅、复制与其业务相关的会计档案。对其中未结清的会计事项所涉及的会计凭证,应当单独抽出由承接业务单位保存,并按照规定办理交接手续。

建设单位在项目建设期间形成的会计档案,需要移交给建设项目接受单位的,应当在办理竣工财务决算后及时移交,并按照规定办理交接手续。

(二)会计档案的销毁

单位应当定期对已到保管期限的会计档案进行鉴定,并形成会计档案鉴定意见书。经鉴定,仍需继续保存的会计档案,应当重新划定保管期限;对保管期满,确无保存价值的会计档案,可以销毁。会计档案鉴定工作应当由单位档案管理机构牵头,组织单位会计、审计、纪检监察等机构或人员共同进行。会计档案保管期满,需要销毁时,由档案部门提出意见,会同财会部门共同鉴定,严格审查,编造会计档案销毁清册,上报审批。对于其中未了结的债权债务的原始凭证，应单独抽出另行立卷，保管到结清债权债务为止。销毁会计档案时，应由档案部门和财会部门共同派员监销；各级主管部门销毁会计档案时应由同级财政部门、审计部门派员参加监销；销毁后监销人员在销毁清册上签名盖章，并将情况报本单位领导。销毁清册永久保存。新《管理办法》规定，可以销毁的会计档案，应当按照以下程序销毁：

（1）单位档案管理机构编制会计档案销毁清册，列明拟销毁会计档案的名称、卷号、册数、起止年度、档案编号、应保管期限、已保管期限和销毁时间等内容。

（2）单位负责人、档案管理机构负责人、会计管理机构负责人、档案管理机构经办人、会计管理机构经办人在会计档案销毁清册上签署意见。

（3）单位档案管理机构负责组织会计档案销毁工作，并与会计管理机构共同派员监销。监销人在会计档案销毁前，应当按照会计档案销毁清册所列内容进行清点核对；在会计档案销毁后，应当在会计档案销毁清册上签名或盖章。

电子会计档案的销毁还应当符合国家有关电子档案的规定，并由单位档案管理机构、会计管理机构和信息系统管理机构共同派员监销。

保管期满但未结清的债权债务会计凭证和涉及其他未了事项的会计凭证不得销毁，纸质会计档案应当单独抽出立卷，电子会计档案单独转存，保管到未了事项完结时为止。单独抽出立卷或转存的会计档案，应当在会计档案鉴定意见书、会计档案销毁清册和会计档案保管清册中列明。

单位位因撤销、解散、破产或其他原因而终止的，在终止或办理注销登记手续之前形成的会计档案，按照国家档案管理的有关规定处置。

新《管理办法》由财政部、国家档案局负责解释，自 2016 年 1 月 1 日起施行。1998 年 8 月 21 日财政部、国家档案局发布的《会计档案管理办法》（财会字〔1998〕32 号）同时废止。新《管理办法》共 31 条，与原《管理办法》相比，主要作了以下调整：一是完善了会计档案的定义和范围。二是增加并明确了电子会计档案的管理要求。三是完善了会计档案的销毁程序。四是明确了会计档案出境的管理要求。五是调整了会计档案的定期保管期限，并延长了会计档案向单位档案管理机构移交的期限。

第六节　会计电算化

随着电子技术、信息技术的飞速发展，特别是电子计算机的诞生，并将电子计算机应用于会计领域，电算化会计（accounting computerization）便应运而生了。

一、会计操作技术的发展

（一）手工操作

从远古时候的结绳记事算起，手工操作经历了漫长的过程，直到今天，仍有不少企业运用手工操作处理会计数据。手工操作就是完全借助会计人员的眼、耳、手作为输入器，用纸和笔把观察到的经济事实做成记录，存储下来，以算盘、计算器作为计算工具，在会计法规指导下，选择某种会计核算组织程序，在大脑的指挥下，进行分类、计算、记录、分析、检查和编表等一系列会计数据处理和会计信息生成工作。

由于手工操作的速度受人们阅读速度、记录速度和运算速度的制约，一般比较缓慢，因此，手工操作所提供的会计信息的及时性、准确性、相关性较差。

(二)机械化操作

由于机械化的、大规模的生产不断发展，科学管理日趋重要，因而，要求会计工作提供更多的数据资料。机械化操作就是运用各种机械手段将会计数据转换成会计信息的过程。其初始阶段是单机操作，只运用个别的机器来替代一部分手工操作。首先在记录和计算方面使用了打字机和计算机，使会计操作技术出了半手工、半机械化操作。后来发展为以穿孔卡片制表机为核心的全盘机械操作。穿孔卡片制表机是一组机械设备的总称，它主要包括穿孔机、验孔机、分类机和制表机等。这组机械设备以穿孔卡片为其特点。穿孔机以在标准型卡片的一定栏次穿孔的办法记录会计资料。验孔机重复一遍穿孔工序，用来检验卡片上的穿孔是否正确无误。分类机把穿好孔的卡片按照需要予以分类。制表机内部装有若干计算机，它将分类后的穿孔卡片按照需要进行运算，并自动制成、打印出会计报表。

使用穿孔卡片的各种机器，用的是同一张卡片上的原始资料，即卡片上的数据一次穿孔多次使用，这就省却了原始数据在手工操作中需要辗转抄录、加工的工作，因而其操作速度比手工操作为快。但是，这些机器的加工处理过程是不连续的，工作程序仍然要由人工操作和控制。机械化操作中的穿孔卡片及“一数多用”的数据处理原则，在电算化会计系统中得到应用和发展。机械化操作使会计数据处理比手工操作更快、更准，是会计操作技术的一大进步。

(三)电算化操作

电子技术、信息技术的飞速发展，特别是电子计算机的诞生，为会计的发展注入了新的生机与活力。电子计算机是一种运用电子技术组合成一定的指令序列，按照人们的意图去分析和处理数据，并得到预期结果的计算工具。它一般由相互联系、相互配合的五部分组成，即输入、存储、算术及逻辑运算、控制和输出。电算化会计就是利用电子计算机实现传统会计的电子化、自动化，突出标志是实现由人利用电脑系统对会计数据信息进行计算、存储、管理、输入和输出。电算化会计的对象、目标任务、处理的准则、制度等基本没有改变，但是会计的处理技术、方法、形式、手段、流程等，已经发生了很大变化。正是由于电子计算机在会计上的应用，才使得会计管理工作发生了根本性的改观。将电子计算机应用于会计核算领域，逐步代替传统的手工记账方式，引起了会计手段上的重大变革，是会计发展史上的又一个重要的里程碑。

【思考与解惑】负责从存储器中获取数据，经过计算并将数据返回存储器的是运算器。运算器不断从存储器中获取数据，经运算后将计算结果再返回存储器。

二、电算化会计的概念及特点

(一)电算化会计的概念

1954年,美国通用电气公司首次利用电子计算机进行工资核算,引起了会计数据处理技术的变革,标志着会计电算化时代的到来。我国于1981年8月,在国家财政部、第一机械工业部、中国会计学会的支持下,由中国人民大学和长春第一汽车制造厂联合召开了"财务、会计、成本应用电子计算机专题讨论会",会上首次提出了"会计电算化"的概念,亦可称之为电算化会计。此后,电算化会计在我国得到了蓬勃发展。

将电子计算机应用于会计所进行的会计活动称为电算化会计,也就是在计算机系统的平台上利用会计软件对会计数据完成输入、处理、输出的过程。

目前,电算化会计已经成为一门融计算机技术、会计学、管理科学和信息科学为一体的边缘学科。它使会计核算工作走向自动化,并能准确、高效地完成核算任务,方便地提供管理和决策信息,使会计工作真正能走向事前预测,事中控制、监督和事后分析、决策的境界。

(二)电算化会计的组成内容

电算化会计是会计技术与电子计算机技术相结合的产物,通常由计算机硬件、计算机软件、会计人员及规章制度等四个部分组成。

1. 计算机硬件

计算机硬件(hardware)是指进行会计数据输入、处理、存储、传输和输出的各种电子与机械设备。其中,输入设备有键盘、光电自动扫描输入装置、条形码扫描装置等;数据处理设备是计算机;存储设备有磁盘机、磁带机等;传输设备有调制解调器、电缆、光缆等;输出设备有打印机、显示器等。

2. 计算机软件

计算机软件(software)包括系统软件和会计软件。其中,系统软件包括操作系统、数据库管理系统等,其主要作用是便于用户使用该软件开发应用软件,并在该软件的支持下运行应用软件,从而有效地利用计算机的各种资源。会计软件是利用系统软件设计的、专门用于会计数据处理的应用软件。它是实现电算化会计的重要手段和工具。

3. 会计人员

会计人员是指参与会计电算化工作的所有人员,包括从事会计数据输入的录入人员,从事会计数据审核、控制、使用的会计人员,从事财务管理工作的财会主管人员,从事系统开发、组织和维护的系统设计人员和系统管理人员等。对一般的会计人员和财会主管人员要求至少要具备熟练的计算机操作能力;对系统管理与开发人员要求必须是既精通会计业务,又精通计算机技术的复合型人才。而在以上会计人员中,直接从事实际会计工作的人员是电算化会计的主体,他们的专业素质会直接影响电算化会计的工作质量。

4. 规章制度

规章制度是指与电算化会计有关的所有法律和规范的总称。为了保证电算化会计工作的健康发展，按照《会计法》的规定，财政部制定并颁布了一系列制度、规范性文件，主要有《会计电算化管理办法》、《会计核算软件基本功能规范》、《会计电算化工作规范》、《会计基础工作规范》等，实行电算化会计必严格遵守上述有关法律和法规的规定。此外，还应遵守会计主体根据上述法律和行政法规自行制定的电算化会计的工作制度和规定，如硬件管理制度、数据管理制度、保密制度、操作人员的运行权限和岗位责任制度等。

(三)电算化会计的特点

1. 确保会计信息的质量

电算化会计系统应确保存放在系统中的会计信息真实、完整、全面、公允、安全和可靠，为此系统应对会计信息的采集、存储、处理、加工等操作提供有关的控制和保护措施。

2. 严格的内部控制

电算化会计系统中的数据不仅在处理时要层层复核，保证其正确性，还要保证在任何条件下以任何方式进行核查核对，留有审计线索，防止犯罪破坏，为审计工作的开展提供必要的条件。

3. 系统的复杂性

电算化会计系统是企业管理信息系统的一个子系统，但它也是一个可以独立的整体，由许多职能子系统组成，如账务处理子系统、固定资产核算子系统、工资核算子系统、材料核算子系统、销售核算子系统、成本核算子系统和会计报表编制子系统等，各子系统之间既是各自独立的，相互之间也有着密切的联系，各子系统在运行过程中进行信息的收集、加工、传送、使用，联络成一个有机的整体。电算化会计系统通过子系统的相互连接，进而实现全部会计信息处理过程的系统化。

4. 与其他管理子系统联系紧密

由于电算化会计系统全面地反映企业各个环节的信息，它与其他管理子系统和企业外部的联系也十分复杂。电算化会计系统从其他管理子系统和系统外界获取信息，也将处理结果供给有关系统，使得系统外部接口较复杂。

5. 系统的开放性

电算化会计系统应是能与企业其他管理子系统和企业的外部环境，例如银行、税收、审计、财政、客户以及其他有业务联系的企业等进行信息交换的开放型系统。为实现此目标，在建立电算化会计系统时应注意系统的整体设计，特别是网络技术的应用。

三、电算化会计的作用

(一)提高了会计工作的效率，减轻了会计人员的劳动强度

在手工会计操作方式下，会计数据处理全部或主要是通过人工操作的方式处理，由此导致会计数据处理效率低、错误多、工作量大。实行电算化会计后，大量的数据计算和处理工作都由计算机来完成，比手工操作的速度能够提高成百上千倍，这样就可以将会计人员从繁

重的手工记账、算账和报账中解脱出来，既减轻了工作强度，又提高了工作效率。

（二）提高了会计信息的质量，保证了会计信息的及时性

由于传统手工会计信息不准确、不规范、不统一，企业会计核算工作无论在会计信息的系统性、及时性还是准确性方面，都难以适应经济管理的需要。在电算化会计中，可以充分利用计算机运算速度快、精确度高的特点，保证会计数据处理的及时性和准确性；还可以根据管理需要按年、季、月提供丰富的核算信息和分析信息，按日、时、分提供实时核算信息和分析信息，会计信息的质量大大提高。

（三）提高了会计人员的业务素质，促进了会计职能的转变

应用电算化会计，可使会计工作效率大大提高，会计人员从记账、算账、报账等繁杂、单调的手工劳动中解脱出来，既可以有更多时间学习计算机技术，掌握会计软件的使用、维护和各种经营管理知识，提高会计人员自身素质；又可以在计算机系统中利用计算机的优势和特点进行会计预测、会计决策、会计控制及会计分析活动，从而真正实现会计的管理职能。

（四）奠定了管理工作现代化的基础

会计信息约占企业管理信息的60％～70％，它提供的指标综合性较强。随着内联网的建立，数据库中的会计信息可以为整个企业的各个部门所共享；为了能及时得到和传递会计数据和会计信息，企业各部门必然要加强相应的制度规范工作，从而促进了各部门工作的规范化；互联网的迅速普及极大地促进了会计数据的共享和传递，能够满足企业管理人员进行管理、分析、预测和决策的需要，提高了企业经营管理的决策水平；电算化会计实质上是一个信息系统，它的开发和应用是企业管理信息系统开发和应用的先导，为企业管理信息系统的建立提供了条件。因此，会计工作实现了现代化，就为企业管理手段现代化奠定了重要基础。

四、电算化会计的运用

20世纪50年代初，计算机在西方发达国家被应用于会计领域，由此引发了一场从会计信息处理手段开始的会计大变革。半个多世纪过去了，随着计算机、信息、网络技术的发展，计算机在会计领域的应用，已从单纯的电子数据处理开始，经历了单机集成会计数据处理阶段、局域网络会计系统阶段，现正向互联网会计系统阶段发展。

（一）初级电算化会计

初级电算化会计主要是利用电子计算机完成某一方面会计数据的处理。国内在将电子计算机应用于会计工作的初期，主要是对那些计算方法简单、重复次数多、数据量比较大的单项会计业务，如工资的计算、材料的收发等，应用电子计算机把有关数据集中起来成批处理。在会计上使用电子计算机的目的是代替手工操作，各项业务相互独立地进行。在这种核算形式下，只要按相应的核算内容编制一个或一组程序，就可以满足会计核算的某些方面的需要。在这个阶段，各项会计业务之间在处理上没有什么联系，开发的会计核算软件覆盖

面较窄，专用性很强，电子计算机强大的综合处理会计数据的功能并未充分发挥出来。

(二)中级电算化会计

中级电算化会计是将电子计算机在初级阶段的单项应用发展到系统应用，产生了电算化会计核算系统软件，即利用电子计算机对所有经济业务的全过程进行综合、系统的会计处理。从会计凭证的处理到登记账簿、计算成本，从账簿记录到编制各种会计报表、数据查询和输出等，实现了会计核算工作的连续化、一体化，电算化会计已经覆盖了会计核算的全部内容。但在这个阶段，电算化会计仍属于低水平的系统应用。一是开发的会计核算软件通用性较差，专用性仍然较强。一些较好的会计核算软件也只能在某一个行业通用，并不适用于所有的会计主体。二是会计数据的加工设计思路仍带有深厚的手工会计核算痕迹。它的原则性、实时性、固化性和传统性太强，而灵活性、随机性、扩充性和创造性不足，无法充分体现会计核算手段现代的巨大优越性。

(三)高级电算化会计

高级电算化会计是将电子计算机在中级阶段的低水平应用发展到高水平的系统应用和网络应用。所谓高水平的系统应用是指吸收中级电算化会计系统应用的精华，保留实时会计核算，扩充随机会计核算，并实现会计核算系统软件的全通用。网络应用就是在电算化会计核算系统中将多台计算机并联或串联形成一定的网络，实现会计数据的分散输入、集中处理。随着计算机和通信技术的发展，电算化会计还将进入远程网络工作方式，相互通信，资源共享，并实现多用户、多任务的同时操作。在这个阶段，企业的各方面工作普遍将利用电子计算机进行管理，建立起集计划、生产、营销和财务会计等子系统于一体的企业经营管理信息系统，电算化会计系统将成为整个管理信息系统的一个重要组成部分，实现信息资源共享，其功能也将得到进一步的增强。

【答疑与解惑】 会计电算化和会计信息化系统之间的联系：首先，两者的目标是相同的。其次，两者的技术平台是相同的。区别：会计信息系统是企业单位生产会计信息的“加工厂”，包括会计数据的采集、数据的加工处理和会计信息的输出。会计电算化则侧重号召会计工作者积极采用计算机、网络等信息技术，并产生规范化的财务报告。而建立计算机环境下的会计信息系统是会计电算化的核心工作。

本章小结

会计工作的组织管理包括设置会计机构、配备会计人员、制定和执行会计行为规范以及保管会计档案等内容。会计工作有几种组织形式：独立核算和非独立核算、集中核算与非集中核算。会计机构应根据业务需要设置会计机构并建立内部岗位责任制、内部稽核制度和内部牵制制度。会计人员必须具有会计证才能按其职责和权限开展会计工作。目前我国会计的专业技术职称有：会计员、助理会计师、会计师和高级会计师。会计职业道德规范是指在一定的社会经济条件下，对会计职业行为及职业活动的系统要求或明文规定。我国会计人员职业道德的内容可以概括为爱岗敬业、诚实守信、廉洁自律、客观公正、坚持准则、提高技能、参与管理和强化服务。会计职业道德教育是会计职业道德活动的重要形式，是使外在的会计职业道德规范得以转化为会计人员内在品质和行为的有效途径。会计职业道德修养是指会计人员在会计职业活动中,按照会计职业道德的基本要求,在自身道德品质方面进行的自我教育、自我改造、自我锻炼、自我提高,从而达到一定的职业道德境界。会计规范是处理会计事务的法律、原则、程序和方法的总称,是进行会计工作的规则和准则。会计法规的基本体系是:会计法、会计准则、会计制度和有关其他法规。财务会计法规的法律责任是有关单位、人员违反《会计法》及有关法律应负的责任。会计档案应定期归档和造册归档;会计档案的保管期限有10年和30年;会计档案的保管、调阅、移交和销毁等有其具体的程序和手续。

电算化会计是指计算机技术在会计工作中的应用,它具有确保会计信息质量、内部控制严格、与企业其他管理子系统联系紧密等特点。电算化会计提高了会计工作的效率、会计信息的质量和会计人员的素质,奠定了管理工作现代化的基础。根据计算机在会计工作中的应用程度,电算化会计分为初级电算化会计、中级电算化会计和高级电算化会计。

应知考核

一、单项选择题

1. 会计法规包括(　　)。
   A. 会计法、会计制度、会计准则
   B. 会计法、会计准则、会计制度和有关其他法规
   C. 会计法、会计制度、会计准则和公司法
   D. 会计法、会计准则、会计制度和税法
2. 会计人员专业技术职称主要包括(　　)。
   A. 高级会计师、总会计师、会计师和助理会计师
   B. 总会计师、高级会计师、注册会计师和会计师
   C. 高级会计师、会计师、助理会计师和会计员
   D. 注册会计师、高级会计师、会计师和会计员
3. 企业财务机构的具体名称一般视(　　)而定。
   A. 企业的行业特性　　B. 企业的规模大小
   C. 企业的组织形式　　D. 企业对财会工作的重视程度
4. 我国开始实行会计专业技术资格全国统一考试制度的年份是(　　)。
   A. 1990 年　　B. 1993 年　　C. 1991 年　　D. 1992 年
5. 新的《会计档案管理办法》的具体实施时间是(　　)。
   A. 2016 年 1 月 1 日起　　B. 1998 年 8 月 21 日
   C. 2015 年 12 月 31 日　　D. 2007 年 1 月 1 日
6. 采用集中核算,整个企业的会计工作主要集中在(　　)进行。
   A. 企业的会计部门　　B. 企业内部的各职能部门

C. 上级主管部门　　D. 会计师事务所

7. 下列哪个不是会计职业道德教育的内容(　　)?

A. 会计职业道德观念教育　　B. 会计职业道德规范教育

C. 会计职业道德警示教育　　D. 会计法律教育

8. 下列不属于会计执业资格的是(　　)。

A. 会计师　　B. 注册会计师　　C. 会计员　　D. 总会计师。

9.《中华人民共和国会计法》明确规定,管理全国会计工作的部门是(　　)。

A. 国务院　　B. 财政部　　C. 全国人大　　D. 注册会计师协会

10. 会计工作组织形式一般分为(　　)。

A. 集中核算和分散核算　　B. 永续盘存制和实地盘存制

C. 应计制和现金制　　D. 确认、计量、记录和报告

二、多项选择题

1. 会计工作组织的内容包括(　　)。

A. 会计机构的设置　　B. 会计人员的配备

C. 会计规范的制定与执行　　D. 会计档案的保管

E. 会计人员的培训

2. 会计法规定会计人员的主要职责是(　　)。

A. 进行会计核算　　B. 会计监督　　C. 经营决策

D. 保管会计资料　　E. 进行商业谈判

3. 下列关于总会计师表述正确的是(　　)。

A. 它是一个专业技术资格　　B. 它是一个行政职务

C. 它是一个会计职称

D. 它必须是会计师以上专业技术资格的人员担任

E. 总会计师直接对单位主要行政领导人负责

4. 下列属于会计人员的违法行为的有(　　)。

A. 伪造、变造、变质虚假会计资料

B. 隐匿或故意销毁依法应当保存的会计资料

C. 不依法进行会计管理、核算和监督

D. 按规定发布企业会计信息　　E. 随意丢失会计档案

5. 会计法规包括(　　)。

A. 会计法　　B. 会计准则　　C. 会计制度　　D. 其他有关法规

E. 企业财经制度

三、判断题

1. 基本会计准则是制定具体会计准则的依据。　　(　　)

2. 企业会计制度规定,既要以会计准则为依据,又要适应各个行业的条件。　　(　　)

3. 会计工作岗位责任制要求一人一岗,以符合内部控制制度的要求。　　(　　)

4. 会计人员专业技术职称分为以下几种:总会计师、高级会计师、注册会计师、会计师、

助理会计师和会计员。（　　）

5. 无论企业采用集中核算还是非集中核算，其所属各车间、部门一般不能与外单位直接发生经济往来。（　　）

6. 为了便于查阅历史证据，各种会计资料应永久保存。（　　）

7. 一个实行独立核算的单位，其工作组织形式既可以选择集中核算形式，也可以选择非集中核算形式。（　　）

8.《会计法》是我国会计法规体系中最高层次的法律规范。（　　）

9. 无论企业规模大小都必须设置总会计师。（　　）

10. 目前，在我国取得注册会计师资格的唯一途径和前提通过全国统一的注册会计师考试。（　　）

应会考核

1. 科学组织会计工作的基本要求是什么？
2. 会计工作组织的形式有哪些？
3. 会计人员的职责与权限有哪些？
4. 会计职业道德的基本内容有哪些？
5. 会计档案销毁的程序是怎样的？
6. 简述会计法规的组成层次。
7. 简析会计电算化的组成内容与特点。

附录:应知考核参考答案

第一章　总　论

一、单项选择题

1.D　2.A　3.D　4.A　5.D　6.D　7.B　8.B　9.D　10.C

二、多项选择题

1.ABCD　2.ABD　3.ABC　4.AC　5.ABC

三、判断题

1.×　2.×　3.√　4.×　5.×

第二章　会计要素和会计等式

一、单项选择题

1.C　2.B　3.D　4.C　5.B　6.C　7.B　8.C　9.A　10.A

11.A　12.D　13.C　14.C　15.C　16.C　17.D　18.C　19.B　20.B

二、多项选择题

1.AC　2.BD　3.BCD　4.AD　5.ACD　6.AD　7.ACD　8.AB　9.BCD

10.ABD　11.ABD　12.AB

三、判断题

1.×　2.√　3.×　4.×　5.×　6.√　7.×　8.√　9.×　10.√

第三章　会计账户和复式记账

一、单项选择题

1.D　2.A　3.A　4.A　5.C　6.D　7.C　8.B　9.B　10.A

11.D　12.A　13.A　14.C　15.D

二、判断题

1.×　2.√　3.√　4.×　5.√　6.√　7.×　8.×　9.×　10.×

第四章　制造企业主要经济业务核算

一、单项选择题

1. B　2. D　3. A　4. D　5. B　6. A　7. C　8. D　9. D　10. D
11. C　12. D　13. D　14. A　15. A　16. B　17. D　18. C　19. C　20. D

二、多项选择题

1. ACD　2. BC　3. ABC　4. ABC　5. ABCD　6. AB　7. BD　8. AB
9. ABC　10. BCD　11. ABD　12. ABCD　13. ABD　14. BC　15. BCD　16. AB
17. ABCD　18. BD　19. BC　20. ABCD

第五章　会计凭证

一、单项选择题

1. D　2. D　3. C　4. A　5. C　6. C　7. A　8. A　9. B　10. B
11. B　12. D　13. B　14. C　15. B　16. A　17. A　18. C　19. D　20. C
21. C　22. A　23. B　24. D　25. C

二、多项选择题

1. BCD　2. BCD　3. ABCD　4. ACD　5. AB　6. ABCD　7. ABD　8. ABC　9. ABCD
10. CD

三、判断题

1. √　2. √　3. √　4. √　5. √　6. ×　7. √　8. ×　9. √　10. √

第六章　会计账簿

一、单项选择题

1. C　2. A　3. A　4. D　5. B　6. B　7. D　8. B　9. A　10. C
11. C　12. D　13. B　14. B　15. C　16. B　17. C　18. C　19. A　20. D
21. A　22. B　23. A　24. D　25. C　26. D　27. D　28. B　29. C　30. C

二、多项选择题

1. ABCD　2. ABCD　3. ABCD　4. ABCD　5. ABCD　6. BCD　7. ABC　8. ABC
9. ABD　10. ABC　11. ABD　12. CD　13. BD　14. BCD　15. AB　16. ABD
17. ABCD　18. ABCD　19. ABD　20. ABCD

三、判断题

1. ×　2. ×　3. √　4. √　5. √　6. ×　7. ×　8. √　9. ×　10. √
11. √　12. ×　13. ×　14. ×　15. ×　16. √　17. √　18. √　19. ×　20. ×

第七章　财产清查

一、单项选择题

1. C　2. C　3. D　4. A　5. A　6. B　7. C　8. C　9. B　10. C

二、多项选择题

1. ABCD　2. ABC　3. ABC　4. ABD　5. ACD　6. CD　7. ABCD　8. ABC　9. BC
10. ACD

三、判断题

1. ×　2. ×　3. ×　4. ×　5. √　6. ×　7. √　8. ×　9. ×　10. ×

第八章　财务报表

一、单项选择题

1. D　2. C　3. B　4. C　5. B　6. C　7. C　8. B　9. C　10. C

二、多项选择题

1. ABCD　2. ABCD　3. ABC　4. ABCD　5. ABCD　6. ABC　7. ABCD　8. ABC
9. BCD　10. ABCD

三、判断题

1. ×　2. ×　3. ×　4. √　5. ×　6. √　7. √　8. ×　9. ×　10. ×

第九章　账务处理程序

一、单项选择题

1. C　2. A　3. D　4. D　5. B　6. D　7. A　8. C　9. D　10. A

二、多项选择题

1. ABCD　2. ABCD　3. ABCD　4. ABC　5. BC　6. ABCD　7. AD　8. ABCD
9. ABD　10. ABD

三、判断题

1. ×　2. ×　3. ×　4. ×　5. √　6. ×　7. √　8. ×　9. √　10. ×

第十章　会计工作的组织

一、单项选择题

1. B　2. C　3. B　4. D　5. A　6. A　7. D　8. D　9. B　10. A

二、多项选择题

1. ABCD　2. ABD　3. BDE　4. ABCE　5. ABCD

三、判断题

1. √　2. √　3. ×　4. ×　5. √　6. ×　7. √　8. √　9. ×　10. √

参考文献

[1] 财政部会计资格评价中心.初级会计实务[M].北京:经济科学出版社,2015.

[2] 财政部企业司.企业财务通则解读[M].北京:中国财政经济出版社,2007.

[3] 陈文铭.基础会计习题与案例(第4版)[M].大连:东北财经大学出版社有限责任公司,2015.

[4] 董惠良.基础会计[M].上海:立信会计出版社,2014.

[5] 湖北省会计学会.基础会计[M].北京:经济科学出版社,2015.

[6] 李海波,蒋瑛.新编会计学原理——基础会计[M].上海:立信会计出版社,2015.

[7] 李会青,高欣,王尉.基础会计学[M].上海:上海财经大学出版社,2015.

[8] 李建玲.基础会计[M].长春:东北师范大学出版社,2014.

[9] 刘燕.会计法(第2版)[M].北京:北京大学出版社,2009.

[10] 刘毅.基础会计[M].上海:上海财经大学出版社,2014.

[11] 孟宪宝.基础会计学[M].长春:东北师范大学出版社,2014.

[12] 明洪盛,赵艳秉,雷艳丽.会计学原理[M].北京:中国财政经济出版社,2012.

[13] 宋平,明洪盛,张立华.会计学基础(第2版)[M].武汉:武汉理工大学出版社,2011.

[14] 宋廷山,李视友,刘承伟.基础会计[M].上海:上海财经大学出版社,2011.

[15] 唐国平.会计学原理(第2版)[M].大连:东北财经大学出版社,2013.

[16] 王虹.基础会计与实务[M].上海:上海财经大学出版社,2011.

[17] 王业可,高云.会计学[M].杭州:浙江大学出版社,2014.

[18] 杨明海.基础会计学[M].南京:南京大学出版社,2014.

[19] 约翰·J.怀尔德,肯·W.肖芭芭拉·基亚佩塔.会计学原理(第21版)[M].崔学刚,译.北京:中国人民大学出版社,2015.

[20] 中华人民共和国财政部.企业会计准则2006[M].北京:经济科学出版社,2006.

[21] 朱继元,基础会计(高等学校经济管理类专业应用型本科系列教材).重庆:重庆大学出版社,2009.